五九炮对屏风马

象棋大师精彩实战集锦

方长勤◎编著

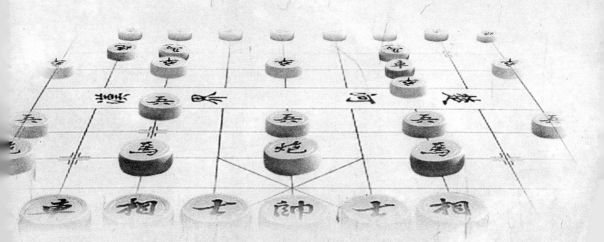

经济管理出版社·棋书中心

前　言

　　五九炮对屏风马是目前较为流行的象棋对局。在全国各种大赛中，象棋大师创新了各种变化，更加发展和丰富了五九炮的攻守内容，由此形成了复杂的新战术体系。深入研究新变化的攻守规律，并从理论上加以理解。必须系统地对精彩的对局加以分析比较，才能不断地提高认识，才能把新的战术内容创造性地运用到实战中去。我们选出典型的局例加以述评，供青少年棋手研究参考，这是学习象棋的最好方法。经过对各种局势认真演示分析，必定对你的棋艺有很大程度的提高，为获取象棋大师的光荣称号，打下坚实的基础。

编著者

2012 年 10 月于北京

目　录

第1局　赵国荣胜李来群

1. 炮二平五　马8进7　　　　2. 马二进三　马2进3

3. 车一平二　车9平8　　　　4. 兵七进一　卒7进1

5. 车二进六　炮8平9　　　　6. 车二平三　炮9退1

7. 马八进七　士4进5　　　　8. 炮八平九　车1平2

红方平边炮，使左车尽快威胁黑方，促成主力全部出动，协调子力全面展开进攻。

9. 车九平八　炮9平7　　　　10. 车三平四　马7进8

11. 车四进二　炮7进5　　　　12. 相三进一　炮2进4

13. 兵五进一　炮7平3　　　　14. 马三进四　车8进3

进车保中卒，容易受到攻击，不如炮2退5打车，车四退三，卒7进1，马四退三，象3进5，阻止红方的进攻，有利于争取时间加强防守。

15. 炮五平三　象7进9　　　　16. 马四退五　炮3平4

17. 车四退三　象3进5

图1，可车8退1加强防守。兵七进一（如车四平六，炮4平1，仕六进五，炮2进1，车六退二，炮1退1，车六平二，卒7进1，炮三平二，炮2平5，炮九平五，车2进9，马七退八，卒7进1，车二进一，卒3进1，相七进九，卒3进1，相九进七，马3进4，马八进九，马4退6，马九进七，炮1平2，黑方可对抗），卒3进1，车四平七，炮4退5，黑方可相机应对。

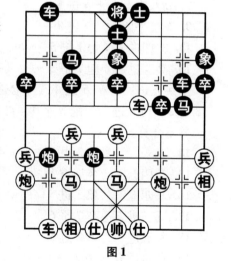

图1

18. 车四平六　炮4平1

19. 仕六进五　炮1退1

20. 车六退二　炮2进1　　　　21. 马五进六　炮2平7

22. 车八进九　马3退2　　　　23. 炮九平三　卒7进1

24. 相一进三　马8退6　　　　25. 马六进七　马2进1

进马兑马，使右侧更加空虚。不如象5退3，还可支撑。

26. 前马进九　炮1退3　　　　27. 马七进八　象9退7

如马6进5，马八进七，象5退3，炮三平八，炮1平2，炮八进四，伏马七进五打车要杀，黑方难以应付。

28. 马八进七　炮1平4　　　29. 马七进九　马6进5

30. 马九进七　将5平4　　　31. 车六平五　车8进4

红方平中车捉马，暗中伏下平炮叫将的杀法，黑方已难对付。

32. 炮三平六　车8平4　　　33. 仕五进六　卒5进1

34. 仕四进五　象5退3　　　35. 车五平八　马5退7

36. 兵七进一　炮4进3　　　37. 相七进五

红方胜。

第2局　李来群胜胡荣华

1. 炮二平五　马8进7　　　2. 马二进三　卒7进1

3. 车一平二　车9平8　　　4. 车二进六　马2进3

5. 兵七进一　炮8平9　　　6. 车二平三　炮9退1

7. 马八进七　士4进5　　　8. 炮八平九　炮9平7

9. 车三平四　马7进8　　　10. 车九平八　车1平2

11. 车四进二　炮7平5　　　12. 相三进一　炮2进4

13. 兵五进一　炮7平3　　　14. 马三进四　……

如兵五进一，卒5进1，马七进五，车8进2，马五进六，炮3平1，红方少兵，并不合算。

14. ……　　　　炮2退5

15. 车四退三　卒7进1

16. 马四退三　象3进5

17. 马三进五　卒7平6

18. 兵五进一　炮2进5

19. 仕六进五（图2）　……

图2，上中仕加强防守，正确。如急于马五进六展开攻击，炮3平6，炮五平二，炮6退2，马六进七，车2进2，炮二进七，卒5进1。红方虽然多一子，但子力位置不好，况且又少兵，黑方主动。

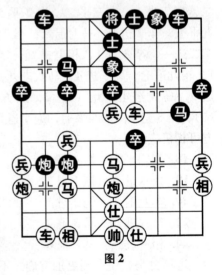

图2

19. ……　　　卒 6 平 5　　　　**20.** 马五进三　后卒进 1

如前卒平 6 捉马，炮五平二，马 8 退 9，车四退一，卒 5 进 1，炮二平五，双方对抢先手。

21. 车四平五　卒 5 平 6　　　　**22.** 炮五平二　马 8 退 9

红方平炮打车，迫使黑方退马防守，然后再跃上河口马抢攻，是较佳的走法。

23. 马三进四　车 8 进 6

如卒 3 进 1，炮二进五，卒 3 进 1，相七进五，红方子力活跃，占有先手。

24. 炮二平五　车 8 平 4

如炮 2 退 3，马四进六，将 5 平 4，炮五平六，车 8 平 4，车八进三，红方优势。

25. 车五平六　车 4 退 2

红方平车兑车，击破了黑方的防守要道。黑车不能避兑，否则马四进六，将 5 平 4，马六退五，红方成杀势。又如卒 6 平 5，车八进三，红方得子占优。

26. 马四退六　卒 6 平 5　　　　**27.** 马六进七　车 2 进 2

28. 炮九进四　卒 9 进 1　　　　**29.** 炮九退二　马 9 进 8

30. 炮九平五　马 8 进 7　　　　**31.** 前炮退一　炮 3 进 3

32. 后马进六　炮 3 退 1　　　　**33.** 相一退三　马 7 进 6

34. 马六进四

黑方已无力防守，红胜。

第 3 局　刘军负李来群

1. 炮二平五　马 8 进 7　　　　**2.** 马二进三　车 9 平 8

3. 车一平二　马 2 进 3　　　　**4.** 兵七进一　卒 7 进 1

5. 车二进六　炮 8 平 9　　　　**6.** 车二平三　炮 9 退 1

7. 马八进七　士 4 进 5　　　　**8.** 炮八平九　车 1 平 2

9. 车九平八　炮 9 平 7　　　　**10.** 车三平四　马 7 进 8

11. 车四平三　马 8 退 7　　　　**12.** 车三平四　马 7 进 8

13. 车四平三　马 8 退 7　　　　**14.** 车三平四　炮 2 进 4

15. 车四进二　炮 7 平 8　　　　**16.** 兵五进一　炮 8 进 5

17. 炮五退一　炮 8 进 1 （图 3）

图 3，红方退中炮，下一步要炮五平二打车，然后再上中相稳住形势。

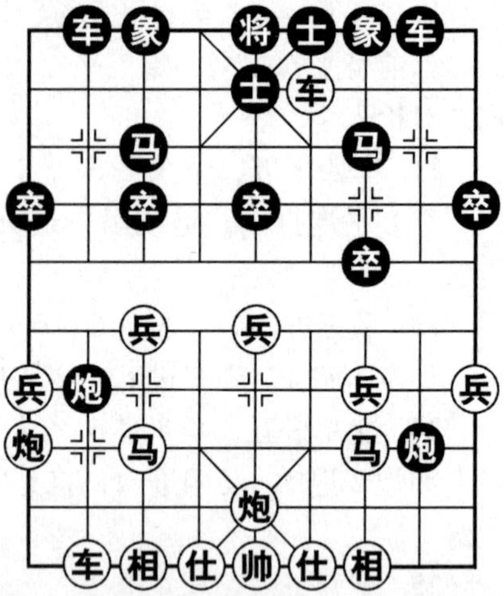

如仕六进五，车 8 进 2，车四退四，象 7 进 5，车八进二，车 2 进 4，黑方阵形稳固，足可对抗。此刻黑方炮 8 进 1 打马，着法灵活有力。如炮 2 进 1，兵九进一，炮 8 进 1，相七进五，车 8 进 2，马七进五，炮 8 退 3，车四退四，象 7 进 5，炮五平七，车 8 进 1，兵三进一，卒 7 进 1，车四平三，马 7 进 6，车三平四，马 6 进 4，车四平二，黑方子力受攻，并不合算。

图 3

18. 马三进五　炮 8 平 1

红方进马兑炮，力图保持中路攻势。如相七进五，车 8 进 2，双方形势平稳。

19. 相七进九　车 8 进 7

黑方进车紧凑，下一步准备车 8 平 4 占据要道，展开反击。

20. 炮五进一　炮 2 平 7　　21. 车八进九　马 3 退 2

22. 相九退七　车 8 退 1

红方可兵五进一，卒 5 进 1，炮五进三，象 3 进 5，车四退二，车 8 平 4，车四平七，炮 7 退 1，红方占有优势。

23. 兵一进一　车 8 退 1

红方如兵五进一采取攻势，炮 7 平 9，马五进六，卒 5 进 1，车四退一，车 8 平 4，红方不占便宜。

24. 车四退二　象 3 进 5　　25. 兵五进一　卒 5 进 1

26. 马五进六　车 8 平 3　　27. 马七进五　车 3 平 4

28. 马六进八　马 2 进 1　　29. 马五退七　车 4 退 1

30. 马八退七　卒 5 进 1

黑方冲中卒，有力地控制了红方的攻势，以多卒之势占优。

31. 车四退三　炮 7 进 1　　32. 后马退五　炮 7 退 2

33. 马七进五　将 5 平 4　　34. 后马进七　车 4 进 3

35. 马五退三　卒 7 进 1　　36. 车四平七　卒 1 进 1

37. 仕四进五　车 4 退 3　　38. 车七平八　车 4 平 2

39. 车八平六　将 4 平 5　　40. 炮五平三　马 7 进 5

41. 相三进五　卒 7 平 8　　42. 车六平三　卒 8 平 9

43. 车三进一　马 5 进 6　　44. 炮三平四　后卒进 1

45. 炮四退一　车 2 平 8　　　**46.** 马七进八　前卒平 8

47. 车三退一　车 8 平 2　　　**48.** 马八退九　卒 9 进 1

49. 仕五进四　车 2 进 3　　　**50.** 车三平四　马 1 进 2

51. 仕四退五　马 6 进 8　　　**52.** 车四平三　马 2 进 4

53. 炮四进一　车 2 退 1

黑方胜。

第 4 局　　宋国强胜万春林

1. 炮二平五　马 8 进 7　　　**2.** 马二进三　卒 7 进 1

3. 车一平二　车 9 平 8　　　**4.** 车二进六　马 2 进 3

5. 兵七进一　士 4 进 5　　　**6.** 马八进七　象 3 进 5

7. 炮八平九　炮 2 进 4　　　**8.** 兵五进一　车 1 平 4

9. 车九平八　车 4 进 6　　　**10.** 马三退五　车 4 平 3

红方退中马意欲威胁黑车，避免炮 2 平 7 打兵，抢先展开攻势，具有新意的应法。

11. 炮九退一　炮 8 平 9　　　**12.** 车二进三　马 7 退 8

13. 炮九平七　车 3 平 7　　　**14.** 炮五进一　炮 2 退 6

红方进中炮捉炮，有利于在左路创造攻势。

15. 炮五进三　炮 2 进 6　　　**16.** 炮五退一　炮 9 进 4

17. 马七进六　炮 2 平 5　　　**18.** 马五进七　炮 5 退 2

19. 兵五进一　车 7 进 3　　　**20.** 马六进七　车 7 退 1

21. 仕四进五　车 7 进 1　　　**22.** 仕五退四　炮 9 进 3

23. 帅五进一　车 7 退 3

红方虽然帅不安位，但左路有较强的攻击力，形势占优。

24. 车八进七　马 3 退 4　　　**25.** 前马进九　车 7 平 4

26. 车八退四　车 4 退 5　　　**27.** 马七进五　马 4 进 2

28. 马五进六　马 2 进 4　　　**29.** 兵五进一　象 5 进 3

30. 兵五平六　象 3 退 1　　　**31.** 兵六进一　车 4 进 1

红方应车八进六，车 4 退 1，车八平六，将 5 平 4，兵六进一，士 5 进 4，马六进七，将 4 进 1，炮七平六，士 4 退 5，马七退六，士 5 进 4，马六进八，士 4 退 5，兵七进一，炮 9 退 4，炮六进三，红方大占优势。

32. 车八进六　车 4 退 2　　　**33.** 马六进四　象 7 进 5

红方应马六进八要杀，才是正确之着。

34. 车八退六	车4进9	35. 炮七平六	象1退3
36. 马四退六	车4平5	37. 帅五平四	车5退6
38. 马六进八	车5平4	39. 炮六平九	炮9平3
40. 炮九进五	车4进5	41. 仕四进五	马8进7
42. 车八平七	炮3退1	43. 炮九进三	士5退4

不如象3进1，可以避免丢子，还可应付下去。

44. 车七退二	车4退5	45. 车七平八	马7进6
46. 车八进二	卒7进1	47. 帅四退一	马6进7
48. 马八进七	车4退2（图4）		

图4，红方乘机跃马叫将，迫使黑车退回防守，然后应车八平六捉车，马7进8，帅四进一，车4平3，车六进六，将5进1，车六平四，红方得车胜定。

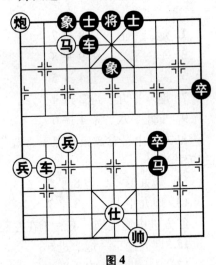

图4

49. 车八平四	马7进8		
50. 帅四进一	士6进5		
51. 炮九退三	马8退7		
52. 帅四退一	士5进6		
53. 车四进四	士4进5		
54. 车四平二	卒7平6		
55. 车二进二	士5退6		
56. 炮九平五	象5进7		
57. 车二退一	将5平4	58. 车二平六	将4进1
59. 兵七进一	卒6进1	60. 兵七进一	卒6平5
61. 马七退六	卒5进1	62. 帅四平五	马7进9
63. 炮五退一	将4进1	64. 仕五退六	马9进7
65. 帅五平四	马7退6	66. 炮五退二	卒9进1
67. 兵七进一	卒9进1	68. 兵七进一	卒9平8
69. 炮五平六	将4平5	70. 兵七平六	士6进5
71. 兵六平五	将5平6	72. 马六进四	马6退5
73. 炮六平四	马5进6	74. 马四进二	

红胜。

第5局　李来群胜胡荣华

1. 炮二平五　马8进7　　　　2. 马二进三　车9平8

3. 车一平二　马2进3　　　　4. 兵七进一　卒7进1

5. 车二进六　炮8平9　　　　6. 车二平三　炮9退1

7. 马八进七　士4进5　　　　8. 炮八平九　车1平2

9. 车九平八　炮9平7　　　　10. 车三平四　马7进8

11. 车四进二　炮2退1　　　　12. 车四退三　象3进5

红方退车河口，是有计划的战术运用，由此创造了较好的变化。

13. 车八进七　炮7进1　　　　14. 炮五平六　马8进7

红方平中炮于六路，着法新颖。如马七进六，马8进7，车四退二，车2平4，马六进七，炮2平3，兵七进一，车8进8，双方尽力展开对攻，形势十分紧张。此刻黑方如车8进3，炮六进四，马8进7，车四进四，士5退6，炮六平二，红方好走。又如卒7进1，兵三进一，马3退4，车八退二，炮7进5，马七进六，马8进9，马六进七，红方少子但好走。

15. 车四进一　马7退8　　　　16. 马七进六　卒7进1

17. 车四平三　士5退4　　　　18. 马六进四　炮2平7

19. 车八进二　后炮进2　　　　20. 车八退二　前炮平6

21. 炮九进四　马3退5

形成了各攻一面的局势，由于红方速度较快，在形势上占了上风。

22. 车八进二　卒5进1

23. 炮九进三　马5退3（图5）

图5，黑方退马防守，无奈之举。如象5退3，炮六进六，马5进4，车八平七，将5进1，炮六平八，将5进1，车七退三，马4进6，车七平五，将5平6，炮九退四，炮7进5，炮九平四，炮6平7，炮四退三，马8进9，炮八退七，车8进8，兵五进一，车8平2，兵五进一，马9进8，车五平四，将6平5，炮四平五，将5平4，车四平六，红胜。

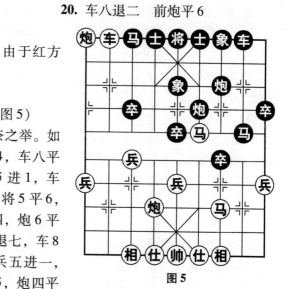

图5

24. 炮六进四　将5进1

红方弃马进炮加快攻击，运子精妙，值得学习。

25. 车八退一　将5退1　　26. 炮六平五　士6进5

27. 车八平五　将5平6　　28. 车五平六　卒7进1

29. 马四进二　炮7进1　　30. 马二进三　炮7平5

31. 前马退五　象7进5

如将6平5，车六平四，黑方仍是败局。

32. 车六进一　将6进1　　33. 车六平二　马8进6

34. 车二退一　将6进1　　35. 车二退一　将6退1

36. 车二进一　将6进1　　37. 车二退四　卒5进1

38. 仕六进五　马3进4　　39. 兵五进一　马6进8

40. 车二进三　将6退1　　41. 车二平五

红胜。

第6局　于幼华负赵国荣

1. 炮二平五　马8进7　　2. 马二进三　车9平8

3. 车一平二　马2进3　　4. 兵七进一　卒7进1

5. 车二进六　炮8平9　　6. 车二平三　炮9退1

7. 马八进七　士4进5　　8. 炮八平九　车1平2

9. 车九平八　炮9平7　　10. 车三平四　马7进8

如炮2进4，车四进二，炮7平8，兵五进一，炮8进4，炮五退一，红方仍持先手。

11. 车四进二　炮7进5

炮打三路兵，积极。如炮2退1，车四退五，卒7进1，兵三进一，炮7进6，炮五进四，马3进5，炮九平三，红方弃子有攻势。

12. 相三进一　炮2进4　　13. 兵五进一　炮7平3

14. 兵五进一　卒5进1

红方如马三进四，炮2退5，车四退三，卒7进1，马四退三，象3进5，形成流行变化，双方对抢先手。

15. 马七进五　车8进2　　16. 马五进六　炮3平1

17. 仕四进五　马8进7

上仕延缓了局势的进展。不如马三进五，炮1平5，炮五进三，车8平5，马六进五，炮5退4，仕四进五，马3进5，炮五进二，象3进5，形成平稳局势。

18. 车八进二　马3退4

19. 兵七进一　马4进5

图6，黑方进马兑中马，正确。如卒3进1吃兵，炮九进四，车2进3，车八进一，车2进3，炮九平五，马4进5，帅五平四，将5平4，后炮平六，车2平4，马六进七，将4平5，车四进一，红方胜。

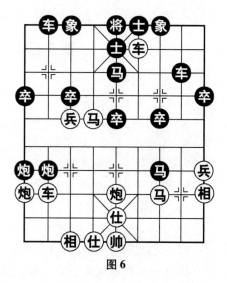

图6

20. 马六进七　车2进2

21. 兵七进一　马5进3

22. 马七进五　士6进5

黑方用马吃兵，迫使红方以马换士，双方的对攻非常紧张。

23. 车四平五　将5平6

红方如车八平七，车8平3，车四平五，将5平6，车七进二，车2进3，车五退二，象3进5，车七进二，车3进1，车五平七，马7进5，相七进五，炮2进3，车七退六，卒5进1，黑方优势。

24. 车五进一　将6进1　　**25. 车五退一　将6退1**

26. 车八平六　车8平4

红方如车五退二，马3进4，车五平四，车8平6，炮五平四，炮2平5，车八平五，将6平5，车四进一，车2进4，车五进一，炮1平5，帅五平四，黑方多卒占优。

27. 车五退二　马3退5　　**28. 车五退一　车4进5**

29. 仕五进六　炮2进1

黑方进炮兑炮，力图减小红方的攻势。以多子之势争得胜局。

30. 炮五平八　车2进5

红方如车五退二，马7进5，相七进五，炮2退1，车五进三，炮2进3，相五退七，车2进5，黑方胜势。

31. 车五退二　马7进9　　**32. 车五平四　将6平5**

33. 马三进二　马9进7　　**34. 车四退二　马7退8**

红方超时判负。

第7局 李来群胜吕钦

1. 炮二平五	马8进7	**2.** 马二进三	车9平8
3. 车一平二	卒7进1	**4.** 车二进六	马2进3
5. 兵七进一	炮8平9	**6.** 车二平三	炮9退1
7. 马八进七	士4进5	**8.** 炮八平九	车1平2
9. 车九平八	炮9平7	**10.** 车三平四	马7进8
11. 车四进二	炮2退1	**12.** 车四退三	象3进5
13. 车八进七	马8进7	**14.** 车四退二	炮7进1
15. 炮九进四	车2平1		

黑方平车捉炮交换子力，是灵活的走法。

16. 炮九退二	炮2平4	**17.** 马七进六	车8进8

黑方进车占据要道，伺机进行反击，紧凑有力之着法。

18. 炮五平九	车8平4	**19.** 马六退五	炮4进1

红方退马中路，暗中防守要津，是"后中有先"之走法。此时黑方运炮强行打车，迫使红车离开要地，否则红方有打双车的凶着。

20. 车八退一　车1平2

黑方兑车力求平稳，但造成右路空虚。不如马7退8，红方一时尚没有可乘之机。

21. 车八进三	马3退2	**22.** 兵五进一	马2进4
23. 仕四进五	炮4平3		

如马7退8，可成对峙局面。

24. 马五进三	卒7进1	**25.** 前炮进五	卒7进1
26. 车四平三	炮7进5	**27.** 车三退一	车4退2
28. 兵九进一	车4平2	**29.** 车三平六	马4进2
30. 车六进四	马2退1	**31.** 车六平七	炮3进3

经过一阵子力交换之后，红方取得了占位和多兵的好处，局势大优。此时红方不打马而先吃卒提炮，先后次序正确，着法紧凑，迫使黑方穷于应付。

32. 炮九进七	炮3平4	**33.** 车七平五	车2退4（图7）

图7，红方车七平五吃中卒，给局势带来了不利因素，此时红方车炮占据在攻击的位置上，应紧急组织进攻才是正确的方针。应兵九进一，加快攻击速

度，黑方很难化解红方的攻势。此时黑方乘机退车，准备平到 1 路捉炮兵，黑方随时可能有谋和的机会。

34. 炮九退三　车 2 进 3

35. 兵九进一　炮 4 进 1

36. 相七进五　炮 4 平 5

37. 车五平七　车 2 平 5

38. 炮九进三　车 5 平 2

39. 车七平一　车 2 平 7

红方应车七平五捉炮，然后再吃边卒，这样有利于局势的进展。

40. 帅五平四　车 7 进 1

41. 兵一进一　炮 5 平 1

42. 兵九平八　炮 1 进 3

43. 相五退七　车 7 进 3

44. 帅四进一　炮 1 退 1

45. 仕五进四　车 7 平 4

46. 帅四平五　将 5 平 4

红方可相七进五，避开黑方车 4 退 1 的攻法。

47. 相七进五　炮 1 退 3

48. 兵八进一　炮 1 平 5

49. 帅五平四　车 4 退 1

50. 帅四退一　车 4 退 1

51. 仕四退五　车 4 平 5

52. 车一平七　车 5 平 1

53. 车七进三　将 4 进 1

54. 兵八进一　象 5 进 3

55. 兵八进一　炮 5 平 3

红方可炮九平四打士，攻势较为有力。

56. 车七退四　车 1 退 7

57. 车七退一　将 4 退 1

58. 兵一进一　象 7 进 5

59. 车七进二　车 1 进 9

60. 帅四进一　车 1 退 5

退车捉兵失误。应车 1 平 9 捉兵，兵一平二，车 9 退 1，帅四退一，车 9 平 5。吃去仕后，可以借助捉兵叫将的手段，谋求和势。

61. 兵一进一　将 4 平 5

62. 车七平八　车 1 平 3

63. 兵一平二　象 5 退 3

64. 兵二平三　车 3 退 2

65. 车八退二　士 5 退 4

66. 车八平四　士 6 进 5

67. 车四平三　士 5 退 6

68. 仕五进四　车 3 进 6

69. 帅四退一　车 3 退 6

70. 兵三进一　车 3 平 5

71. 兵八平七　象 3 进 1

72. 兵七平六　车 5 平 4

73. 兵六平七　车 4 平 5 　　　　**74.** 兵七平六　车 5 平 4

75. 兵六平七　车 4 平 5 　　　　**76.** 帅四进一　象 1 进 3

77. 车三进一　象 3 退 1

红方虽然利用双兵进行攻击，但难以构成杀士的形势。黑方如果防守适当，红方也不易突破黑方阵地。此时黑方退边象失误，被红方乘机而入。如车 5 平 3，兵七平六，车 3 平 4，兵六平七，车 4 平 5，车三进一，车 5 平 3，兵七平六，车 3 平 4，兵六平七，车 4 平 5，兵三进一，车 5 退 1，兵三进一，象 3 退 5，兵三平四，将 5 平 6，车三平二，象 5 退 7，黑方还可防守。

78. 兵三进一　车 5 退 1 　　　　**79.** 兵三进一　车 5 进 6

黑方已很难防守。如车 5 平 6，兵三平四，车 6 退 1，车三平五，士 4 进 5，兵七平六，车 6 进 1，帅四平五，红方可胜。

80. 兵三平四　将 5 平 6 　　　　**81.** 车三进四　将 6 进 1

82. 车三平六　车 5 平 6 　　　　**83.** 帅四平五　车 6 进 1

84. 帅五退一　车 6 退 6 　　　　**85.** 车六退一　将 6 退 1

86. 车六平二　车 6 平 5 　　　　**87.** 帅五平六　将 6 平 5

88. 车二进一　将 5 进 1 　　　　**89.** 兵七平六

红胜。

第 8 局　刘殿中胜徐天红

1. 炮二平五　马 8 进 7 　　　　**2.** 马二进三　卒 7 进 1

3. 车一平二　车 9 平 8 　　　　**4.** 车二进六　马 2 进 3

5. 马八进七　卒 3 进 1 　　　　**6.** 炮八平九　炮 2 进 1

7. 车二退二　炮 8 平 9 　　　　**8.** 车二进五　马 7 退 8

红方兑车利于展开攻势。如车二平八，炮 2 平 3，车九平八，士 4 进 5，兵五进一，各有千秋。

9. 车九平八　车 1 平 2

车 1 平 2 保炮使子力受到牵制，不如炮 2 平 3，对局势的展开可能更有好处。

10. 车八进四　象 3 进 5 　　　　**11.** 兵三进一（图 8）　炮 9 平 7

图 8，红方兑三路兵企图保持复杂局势。如兵七进一，卒 3 进 1，车八平七，炮 2 退 2，车七平八，马 8 进 7，马七进六，红方仍持先手。黑方平 7 路炮，别出心裁。如士 4 进 5，马三进二，炮 9 平 6，炮五平三，红方略优。

12. 马三进四　炮7进3

可马三进二，炮 7 进 3，相三进一，炮 7 进 1，兵七进一，红方先手。

13. 马四进五　炮2平3

14. 车八进五　马3退2

15. 马五退三　士4进5

如炮九进四，士 4 进 5，红方失去攻势，形势反而不好。

16. 马三退五　马2进3

应卒 3 进 1，马七退五，炮 3 进 3，形成平稳之势。

17. 马五进四　炮7平2

18. 兵五进一　卒3进1

19. 马七进五　卒3平4

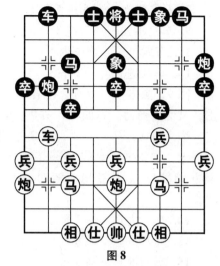

图 8

20. 兵五进一　马8进9

红方冲中兵，力争展开全面攻势。如马四进三，将 5 平 4，炮九平六，士 5 进 4，以下有卒 4 进 1 的反击手段，红方反而难以应付。此时黑方进边马迟缓，不如卒 4 进 1，威胁红方。

21. 马五进六　炮3进6

22. 帅五进一　马3进4

23. 兵五平六　炮2退4

如炮 3 平 1，马四进六，将 5 平 4，马六进八，将 4 平 5，炮五进四，红胜。

24. 炮九进四　卒4进1

25. 兵七进一　马9退7

不如卒 4 平 5，虽然形势落后，但仍可周旋一阵。

26. 马四进六　炮2平4

27. 炮五进四　将5平4

28. 马六进八　炮4平3

29. 炮九平六　卒4平3

30. 兵七进一　将4平5

31. 炮六平七

红胜。

第9局　李家华胜卜凤波

1. 炮二平五　马8进7

2. 马二进三　车9平8

3. 车一平二　马2进3

4. 兵七进一　卒7进1

5. 车二进六　炮8平9

6. 车二平三　炮9退1

7. 马八进七　士4进5

8. 炮八平九　炮9平7

9. 车三平四　马7进8

10. 车九平八　车1平2

11. 车四进二　炮2退1

12. 车四退三　象3进5

13. 车八进七　车2平3

图9，黑方平车保马，既容易受到攻击，又无反弹力。不如马8进7，车四退二，炮7进1，马七进六，车2平4，马六进七，炮2平3，兵七进一，车8进8，黑方的防守较为平稳，随时有反击的机会。

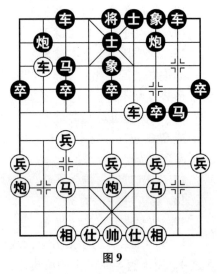

图9

14. 马七进六　炮2平4

15. 马六进五　马8进7

16. 车四退二　马3进5

17. 炮五进四　车8进3

进车捉中炮，遭到红方平边炮的反击。可车8进8，试探一下变化。

18. 炮五平九　卒3进1

19. 前炮进三　炮4退1

20. 前炮平六　车3平4

21. 车四进五　炮7进2

22. 车八平五　炮7平3

红方借捉炮之机白吃一象，使黑方的防守更加不利，红方占优。

23. 车五退二　车4进7

24. 相三进五　车4进1

25. 相五退三　卒3进1

26. 车五平七　炮3平5

27. 仕四进五　车8进5

28. 帅五平四　将5平4

29. 炮九平六　车8平7

30. 车七进四　将4进1

31. 车七退五　将4退1

32. 车七进五　将4进1

33. 车七退三　车7进1

34. 帅四进一　炮5退1

35. 车七平六　炮5平4

36. 车四退六　马7进9

37. 马三进四　马9进8

38. 车六进一　将4进1

39. 马四进六　车4退1

40. 马六进四

红胜。

第10局　郭长顺负李来群

1. 炮二平五　马8进7　　　　**2.** 马二进三　车9平8

3. 车一平二　马2进3　　　　**4.** 兵七进一　卒7进1

5. 车二进六　士4进5　　　　**6.** 马八进七　象3进5

7. 炮八平九　炮2进4

红方如炮八进二或马七进六，则成另一路进攻着法。

8. 兵五进一　炮8平9　　　　**9.** 车二平三　车8进2

10. 车九平八　炮2平4

11. 车三平一（图10）　车1平4

图10，红方平车吃边卒，力图阻挡黑炮打边路兵的攻势。如车三平四，马7进8，车四退三，炮4平7，相三进一，红方仍持先手。

12. 车八进三　车8进6

红方进车本想牵制黑炮的活动，但却使黑方有了可乘之机。应仕六进五，加强防守，仍占先手。

13. 车一平三　车8平3

14. 车八平七　马7退9

15. 炮五进四　车3进1

16. 相三进五　车3退1

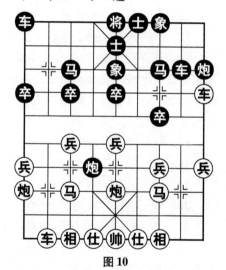

图10

17. 仕四进五　马3进5

红方上仕反而使局势伏下了危险，被黑方轻而易举地扩大了优势。应炮五平六，局势将会复杂多变。

18. 车三平五　炮9平8

平炮是反击的关键之着，使红方无法做出有效的防守。

19. 车五平一　炮8进4　　　　**20.** 马三退一　炮4进1

21. 马一进二　炮4平1　　　　**22.** 帅五平四　炮1进2

23. 帅四进一　车4进9　　　　**24.** 车一进二　车4平5

25. 马二退三　炮1退1

黑胜。

第11局　张元启和孙志伟

1. 炮二平五　马8进7　　　**2.** 马二进三　车9平8

3. 车一平二　卒7进1　　　**4.** 车二进六　马2进3

5. 兵七进一　炮8平9　　　**6.** 车二平三　炮9退1

7. 马八进七　士4进5　　　**8.** 炮八平九　炮9平7

9. 车三平四　马7进8　　　**10.** 车九平八　车1平2

11. 炮五进四　马3进5　　　**12.** 车四平五　卒7进1

13. 兵三进一　马8进6　　　**14.** 马三进四　炮7进8

15. 仕四进五　炮2进6

进炮压车是较好的选择。如炮7平9，车八进四，车8进9，仕五退四，车8退2，仕四进五，车8平3，炮九平八，车3平8，炮八进五，车8进2，仕五退四，车8退7，仕四进五，车2进2，车八进三，车8平2，车五平七，红方多兵占优。

16. 炮九进四　车8进9　　　**17.** 相七进五　炮7平4

18. 仕五退四　炮4平6

19. 马四退三　炮6平2

20. 马三退二　前炮平8

21. 帅五进一（图11）　炮2平3

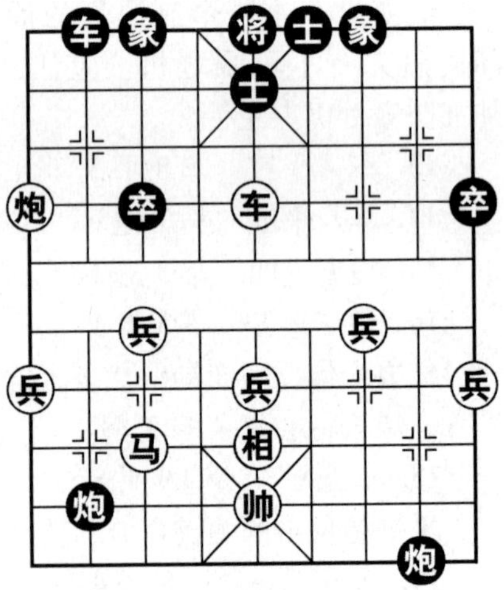

图11，进帅阻拦平炮左路的反击，是有力的防守之着。黑方平3路炮，主要防止红车平七吃卒。如车2进6，马七进六，车2平1，车五平七，炮2平3，车七平八，红方先手。

22. 车五平六　炮8平2

红方可相五退七，比较有利于防守。

23. 马七进六　车2进4

进河口车可以切断红马的进路，着法稳健。如车2进7，马六进四，炮2退1，帅五退一，车2平5，帅五平六，象3进1，马四进二，车5平6，双方对攻。

24. 兵七进一　车2平3　　　**25.** 马六退八　车3进2

26. 马八退七　车3进2　　　**27.** 帅五退一　车3退2

图11

28. 兵三进一　车3平5

红方如车六平五，炮2退3，仍然要失中兵，不占好处。黑方平车吃兵不如炮2退7较为适宜。以下车六平五，车3平1，炮九平八，车1平2，炮八平九，炮2平5，帅五平四，卒3进1，黑方伏下车2进1的先手，仍有展开攻势的机会。

29. 车六平五　车5平3

失去良好的进取机会。应车5平1，车五平七，车1平5，黑方占优。

30. 炮九平八　卒9进1　　　　　**31. 炮八退二　炮2退3**

32. 兵九进一　炮2平9　　　　　**33. 兵三进一　象3进5**

34. 车五平六　车3平2

如车3平5，帅五平六，车5进1，炮八进五，红方好走。

35. 炮八平五　卒3进1　　　　　**36. 帅五平六　炮9平4**

37. 车六退二　卒9进1　　　　　**38. 帅六进一　卒9平8**

39. 帅六进一　车2进1

进车失去胜机。应卒3进1，炮五平七，卒8进1，车六进二，卒8平7，炮七平五，卒7平6，黑胜。

40. 帅六退一　车2平5　　　　　**41. 兵三平四　车5退1**

42. 兵九进一　卒8平7　　　　　**43. 兵九平八　卒7平6**

44. 炮五进二　卒6进1　　　　　**45. 兵八平七　卒6进1**

46. 兵七平六　车5平6　　　　　**47. 兵六平五　车6平7**

红方车炮双兵抢占了要道，已成平局之势。

48. 帅六退一　车7进3　　　　　**49. 帅六进一　车7退1**

50. 帅六退一　车7退2　　　　　**51. 车六进一　车7进3**

52. 帅六进一　车7退1　　　　　**53. 帅六退一　车7退2**

54. 兵四进一　卒6平5　　　　　**55. 炮五退四　士5进6**

56. 炮五平九　士6进5　　　　　**57. 炮九进七　将5平6**

58. 兵五进一　炮4平3　　　　　**59. 兵五平四　炮3退4**

60. 炮九退七　车7平1　　　　　**61. 炮九平六**

和局。

第 12 局　张录胜杨官璘

1. 炮二平五　马8进7　　　　　**2. 马二进三　车9平8**

3. 车一平二　卒7进1　　　4. 车二进六　马2进3

5. 兵七进一　炮8平9　　　6. 车二平三　炮9退1

7. 马八进七　士4进5　　　8. 炮八平九　炮9平7

9. 车三平四　马7进8　　　10. 车九平八　车1平2

11. 车四进二　炮7进5　　　12. 相三进一　炮2进4

13. 兵五进一　炮7平3　　　14. 马三进四　炮2退5

红方如兵五进一，卒5进1，马七进五，车8进2，马五进六，炮3平1，仕四进五，马8进7，黑方有一定的反击能力。此时黑方如卒7进1，马四进五，炮3平5，马七进五，马3进5，车四退三，马5进4，黑方较为好走。

15. 车四退三　卒7进1　　　16. 马四退三　卒7进1

17. 马三退五　炮2进5　　　18. 兵七进一　炮3平9

19. 兵七进一　炮2平5　　　20. 车八进九　马3退2

如兵七进一吃马，车2进9，马七退八，车8进2，马八进七，车8平3，马七进五，炮9平5，车四平二，车3进7，车二平六，车3退2，车六退二，车3平1，车六平五，卒7平6，车五平四，车1平5，形成平稳局势。

21. 炮九进四　卒5进1

22. 兵五进一　象7进5

23. 兵五平六（图12）　马8退7

图12，黑方如马2进1，兵六进一，马8退7，车四平五，卒7平6，黑方虽有反击之力，但也非常艰苦。第22回合时如象3进5，还可应付。

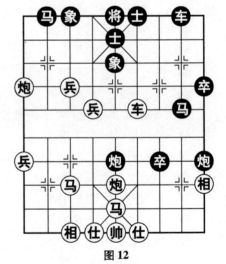

图 12

24. 车四平五　卒7平6

25. 炮九进三　士5退4

可象5退7，仍可坚持防守。

26. 炮九平七　士4进5

27. 车五进二　车8进3

28. 兵六进一　马7进8

29. 车五平八　马8退6　　　30. 车八进二　马6进5

31. 炮七退二　士5退4　　　32. 兵六进一　车8平3

33. 炮七进二　车3退3　　　34. 车八平七　士6进5

35. 车七退五　马5进7　　　36. 车七平三　将5平6

37. 马七进五

红方胜定。

第13局　孙寿华胜傅光明

1. 炮二平五　马8进7　　　　2. 马二进三　卒7进1
3. 车一平二　车9平8　　　　4. 车二进六　马2进3
5. 兵七进一　炮8平9　　　　6. 车二平三　炮9退1
7. 马八进七　士4进5　　　　8. 炮八平九　车1平2
9. 车九平八　炮9平7　　　　10. 车三平四　马7进8

黑方如炮2进4封住车路，车四进二，炮7平8，兵五进一，炮8进5，炮五退一，炮2进1，兵九进一，炮8进1，相七进五，车8进2，马七进五，炮8退3，车四退四，象7进5，炮五平七，车8进1，兵三进一，卒7进1，车四平三，马7进6，车三平四，马6进4，车四平二，红方优势。

11. 车四进二　炮7进5　　　　12. 相三进一　炮2进4
13. 兵五进一　炮7平3　　　　14. 马三进四　车8进3
15. 炮五平三　象7进9　　　　16. 马四退五　炮3平4

17. 车四退三　象3进5（图13）

图13，黑方如车8退1，兵七进一，卒3进1，车四平七，炮4退5，各有千秋。此时又如炮4退4，兵七进一，炮2平5，仕六进五，车2进9，马七退八，卒5进1，双方形成对攻之势。

18. 车四平六　炮4平1
19. 仕六进五　炮2进1
20. 车六退二　炮1退1

如炮2平5打马，炮九平五，车2进9，马七退八，炮1退2，兵五进一，红方占优。

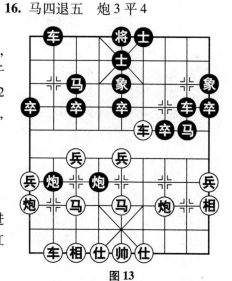

图13

21. 马五进六　炮2平7
22. 车八进九　马3退2　　　　23. 炮九平三　马2进4

黑方进4路马，位置并不稳固，容易受到攻击。不如马2进1，炮三平五，象9退7，马六进五（如炮五进四，卒7进1，相一进三，马8进6，炮五退一，车8平4，黑方可以对抗），炮1平5，帅五平六，车8平6，双方各有攻守。

24. 炮三平六　马4进2

红方平炮攻击4路马，含蓄有力。黑方如炮1平4打马，马七进六，卒5进1，兵五进一，车8平4，炮六退二，红方占优。

25. 车六平八　马2退3　　26. 车八进一　炮1退1

27. 马六进七　象9退7　　28. 车八进五　士5退4

29. 前马进六　车8退2　　30. 马七进六　炮1平4

如马3进4，后马进七，士6进5，炮六进四，炮1平4，车八退四，红方仍是胜势。

31. 车八退一　炮4平6

红方退车暗伏得车之着，老练。如前马退四，车8平6，炮六进三，车6进1，炮六平二，车6平8，黑车捉死红炮，红方不占便宜。

32. 车八平七　马8进7　　33. 车七进一　炮6平4

34. 车七退一

红方胜定。

第14局　于幼华负王平

1. 炮二平五　马8进7	2. 马二进三　车9平8
3. 车一平二　马2进3	4. 兵七进一　卒7进1
5. 车二进六　炮8平9	6. 车二平三　炮9退1

7. 马八进七　士4进5

8. 炮八平九　车1平2

9. 车九平八　炮9平7

10. 车三平四　马7进8

11. 车四进二　炮7进5

12. 相三进一　炮2进4

13. 兵五进一　炮7平3

14. 马三进四　马8进7

黑方进马控制要道，力求弃马反攻，变化十分复杂，是流行着法。

15. 马四进五　炮3平9

16. 马五进三（图14）　炮2平5

图14，红方进马三路，不如马五进

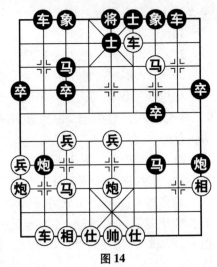

图14

七吃马较好，炮2平5，仕六进五，车2进9，后马退八，车8进2，马八进七，马7进9，帅五平六，车8平4，炮五平六，马9进7，车四退七，马7退8，车四平二，马8退6，前马退九。形成红方多子、黑方有攻势，其变化较多，一时难以预料。

17. 炮五平三　车2进9　　　　**18.** 马三进二　车2退3

19. 马二退三　马3进5

红方退马效力不大，不如马七进五兑炮。虽然局势落后，但还可维持。

20. 车四退二　马7进9　　　　**21.** 马七进五　车2平5

22. 仕四进五　马9进7　　　　**23.** 帅五平四　车5平8

红方应车四退五捉马，不至于立成败势。此时黑方平车弃马，车马炮归边已形成猛烈的攻势，红方已难对付。

24. 车四平五　车8进3　　　　**25.** 帅四进一　炮9进2

26. 帅四进一　车8退3　　　　**27.** 车五平四　卒7进1

28. 马三进五　象7进5

如士6进5，炮三进七，车8平6，车四退三，马7退6，形成马炮多卒的胜利之势。

29. 马五退七　士6进5　　　　**30.** 炮九退一　车8进1

黑胜。

第15局　喻之青胜刘星

1. 炮二平五　马8进7　　　　**2.** 马二进三　车9平8

3. 车一平二　卒7进1　　　　**4.** 车二进六　马2进3

5. 兵七进一　炮8平9　　　　**6.** 车二平三　车8进2

7. 马八进七　象3进5　　　　**8.** 车九进一　士4进5

9. 车九平六　炮2进1

黑方上士意在抢出右车，迫使红方左车占肋道，进而升右炮威胁红方右车。

10. 兵五进一　车1平4　　　　**11.** 车六进八　将5平4

12. 马七进六　卒3进1　　　　**13.** 马六进七　卒3进1

14. 马三进五　卒3平4　　　　**15.** 炮五平七　卒5进1（图15）

图15，黑方进中卒打车失误。应象5进3，车三退一，象7进5，车三平六，将4平5，马五进三，黑方局势虽然落后，但不少子，仍可支撑下去。

16. 炮七进五　卒 5 进 1

黑炮不能打车，否则红方有炮八进
七的攻杀手段，黑方无法解救。

17. 马七进五　炮 2 平 5

18. 炮八平六　卒 4 平 3

19. 炮七平六　卒 5 平 4

20. 车三平五　马 7 进 5

21. 前炮平二　卒 4 平 5

22. 前马进七　卒 5 进 1

23. 炮二退六

红胜。

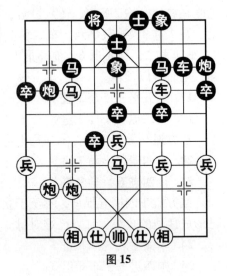

图 15

第 16 局　郭长顺和蔡福如

1. 炮二平五　马 8 进 7	**2.** 马二进三　车 9 平 8
3. 车一平二　卒 7 进 1	**4.** 车二进六　马 2 进 3
5. 兵七进一　炮 8 平 9	**6.** 车二平三　炮 9 退 1
7. 马八进七　士 4 进 5	**8.** 炮八平九　炮 9 平 7

9. 车三平四　马 7 进 8

10. 车九平八　车 1 平 2

11. 车八进六　卒 7 进 1

12. 车四进二　炮 7 进 5

红方进车捉炮容易遭受反攻，不如
车四平三及车四退一。此时黑方炮打三
路兵反击急攻，可炮 7 进 1，有较好的牵
制作用，比较稳健。

13. 马三退五　马 8 进 6

14. 炮九进四　车 8 进 7

15. 马七进六（图 16）　象 3 进 5

图 16，黑方如不上中象而马 6 进 4，
炮九平七，象 3 进 5，马六进五，红方有

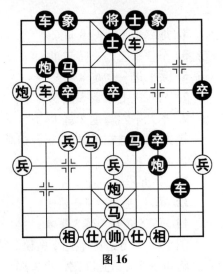

图 16

攻势占优。

16. 炮五平九　炮2平1

红方如炮九进一打马，马6进4，车八退五，炮2退1，黑方反而占优。

17. 车八进三　马3退2　　　　　**18.** 车四退三　车8平2

平车占据要道，是及时有效的防守之着。

19. 马六进五　车2退1　　　　　**20.** 前马退四　卒7平6

21. 车四退一　炮1进4　　　　　**22.** 马五进七　车2平3

23. 马七进九　车3平1　　　　　**24.** 前炮平一　车1平5

25. 仕四进五　马2进4　　　　　**26.** 车四平三　炮7平8

27. 车三平二　马4进5　　　　　**28.** 炮一平七　马5进7

29. 车二平三　炮8进3　　　　　**30.** 相三进一　车5平9

31. 兵七进一　炮8退6　　　　　**32.** 炮七平四　车9平6

33. 车三进一　车6退3

和局。

第17局　罗中才胜黄勇

1. 炮二平五　马8进7　　　　　**2.** 马二进三　车9平8

3. 车一平二　马2进3　　　　　**4.** 兵七进一　卒7进1

5. 车二进六　士4进5　　　　　**6.** 马八进七　象3进5

7. 马七进六　炮2进3

红方如车二平三，炮2进4，兵五进一，车1平4，形成对攻形势。此时黑方进炮骑河打马抢先，正确。如急于车1平4捉马，炮八进二，下一步可炮五平六打车，红方主动。

8. 马六进七　炮2进1　　　　　**9.** 兵五进一　炮8平9

10. 车二进三　马7退8

兑车可减少复杂的争夺，利用平稳的方法控制局势。如车二平三，车8进2，炮八平七，炮2平3，形成对攻之势。

11. 兵五进一　车1平4　　　　　**12.** 兵五进一　马3进5

13. 马七退五　马8进7　　　　　**14.** 炮八平九　炮9进4

15. 车九平八（图17）　炮2平5

图17，黑方平中炮叫将，抓紧时机进行攻击。如车4进4捉马，兵三进一，炮2平7（若炮9平7，车八进三，炮7进3，仕四进五，车4平5，马三

进五，红得子胜势），马三进一，车4平5，车八进三，炮7进2，炮九进四，红方有攻势，占优。

16. 仕四进五　车4进4

17. 马三进五　炮9平5

18. 帅五平四　卒1进1

黑方如炮5进2打仕，仕六进五，车4平5，炮九进四，车5平1，车八进九，士5退4，车八退三，红方得子胜势。

19. 车八进三　炮5退1

退炮必然。如炮5进2，马五退六，炮5平4，兵七进一，马5进3，车八进六，车4退4，马六进七，红方胜定。

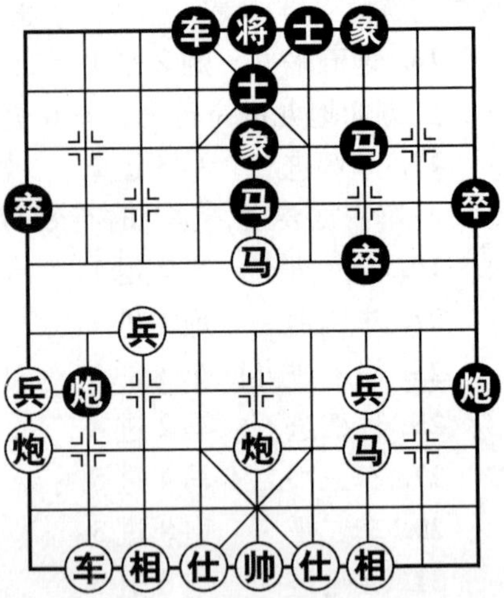

20. 车八平四　炮5进3

炮打中仕，迫使红方兑马。虽然变化减少，但有兵卒的存在，形势仍然复杂，稍有不慎，便容易发生危险。

图 17

21. 仕六进五　车4平5　　　　**22.** 炮五进四　马7进5

23. 炮九平五　马5退7

红方由于少仕，又是双炮，攻击力一时难以发挥，所以打马兑子，明智。否则黑方双马的攻击力较强大，红方不好对付。

24. 车四平八　车5进1　　　　**25.** 兵七进一　马7进6

26. 车八平四　马6退7　　　　**27.** 车四平八　马7进8

28. 兵七进一　象5退3　　　　**29.** 兵七进一　象7进5

30. 车八平四　马8退7　　　　**31.** 车四平七　马7进6

32. 兵七进一　车5进1　　　　**33.** 车七进四　士5退4

红方车炮兵有力地控制了局势，现在及时进车牵制双象，黑方局势危险。

34. 兵七平六　士6进5　　　　**35.** 帅四平五　将5平6

36. 炮五平七　象3进1

如车5平4捉兵，炮七进七，将6进1，车七退一，马6进7，车七平四，士5进6，车四平一，红方有攻势。

37. 车七平九　车5平3　　　　**38.** 炮七平四　马6进7

39. 车九平五　马7进8

红方平车杀中象，计算准确，由此保持了优势。黑方进马也是必然之举。如车3进3，仕五退六，车3退3，兵六进一，将6进1，车五进一，将6进1，车五退二，红胜。

40. 炮四退一　车3平7　　　**41. 仕五退四　将6平5**

可仕五进四叫将，将6平5，车五平二，车7平5，帅五平六，士5退6，兵六进一，将5进1，车二退六，红方胜势。黑方此时如车7进2（如车7进3，车五平四，将6平5，炮四平八，红胜），车五平四，将6平5，车四退一，红方胜势。

42. 车五平二　车7平5　　　**43. 相七进五　将5平6**

进中相巧妙。如车5进1，炮四平五，捉车又要杀，红方必得子而取胜。

44. 车二进二　将6进1　　　**45. 车二退八　车5进1**

46. 仕四进五　车5退2　　　**47. 炮四退一　将6退1**

48. 车二进八　将6进1　　　**49. 车二退三　将6退1**

50. 车二平四　将6平5　　　**51. 炮四进二　车5平4**

52. 炮四平五　士5进6　　　**53. 车四平一　将5平6**

54. 炮五平四　士6退5　　　**55. 车一平四　将6平5**

56. 炮四平八

红胜。

第18局　王洪杰负赵国荣

1. 炮二平五　马2进3　　　**2. 兵七进一　卒7进1**

3. 马二进三　马8进7　　　**4. 车一平二　车9平8**

5. 车二进六　炮8平9　　　**6. 车二平三　炮9退1**

7. 马八进七　士4进5　　　**8. 炮八平九　车1平2**

9. 车九平八　炮9平7　　　**10. 车三平四　马7进8**

如象7进5，车八进六，车8进5，兵五进一，卒7进1，兵三进一，车8平7，马三进五，车7进3，各有千秋。

11. 车四进二　炮7进5　　　**12. 相三进一　炮2进4**

13. 兵五进一　炮7平3

如马七进六，马8退7，仕四进五，车8进5，双方对抢攻势。

14. 马三进四　炮2退5　　　**15. 车四退三　卒7进1**

16. 马四退三　象3进5　　　**17. 马三进五　卒7平6**

18. 兵五进一　炮2进5　　　**19. 仕六进五　卒6平5**

20. 马五进三　马8退7

退马捉车，加强对中路的防守。

21. 车四进一　后卒进1

22. 车四平三（图18）　马7进5

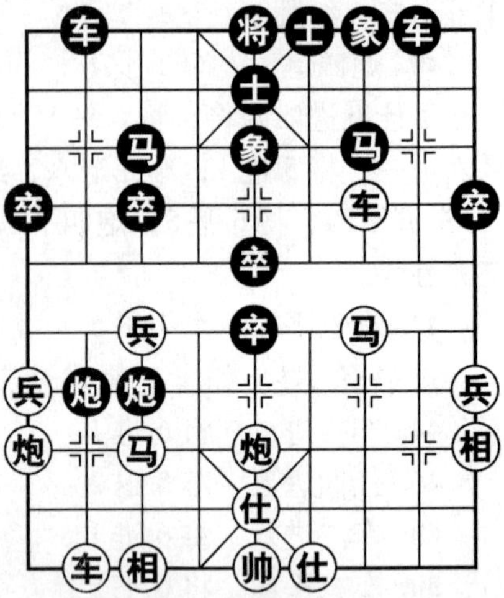

图18，红方平车压马，不会得到好处，因为黑方进中马之后，红方仍难有好的进攻手段。不如炮五进三打中卒，马7进5，相七进五，对攻中红方较为好走。

图18

23. 马三进二　车8进2

24. 炮五平二　炮3平8

平炮打车，不如炮五进三打卒，这样较易控制局势。

25. 车三退三　炮2平5

如相七进五，马5进7，红方局势落后，仍然受制难走。

26. 相七进五　车2进9　　**27.** 马七退八　炮8退2

28. 马八进七　车8平7　　**29.** 车三进四　马5退7

应车三平四，闪开兑车的变化，还可维持局势。兑车之后，黑方多卒，红方不好应付。

30. 马七进八　炮5平3　　**31.** 炮二进一　前卒平4

32. 炮九平六　炮8平7　　**33.** 炮二平三　马3进5

34. 相一进三　卒4平3　　**35.** 炮三进二　前卒平2

经过交换子力，黑方又白得一兵，由此形成胜势。

36. 炮三进一　卒3进1　　**37.** 炮三平九　卒5进1

38. 炮九平八　士5进4　　**39.** 炮六进四　士6进5

40. 炮八平五　马7进5　　**41.** 马二进三　将5平6

42. 炮六平一　卒5平6　　**43.** 炮一进三　将6进1

44. 马三退四　士5进6　　**45.** 炮一退五　炮3平8

46. 仕五进六　将6平5　　**47.** 马四退二　象5进7

48. 仕四进五　将5平4　　**49.** 炮一进二　士4退5

50. 兵一进一　炮8平4　　**51.** 炮一平四　卒3进1

52. 马二进三　卒3进1　　**53.** 兵一进一　象7进9

54. 兵一平二　将4退1　　**55.** 兵二进一　马5进4

56. 兵二进一　炮4平1　　**57.** 炮四平二　炮1退4

58. 炮二退二　马4退5　　**59.** 马三退二　卒2进1

60. 相三退一　炮1进2

以下红方只好马二进三，马5退7，兵二平三，炮1退2，红方败局已定。

第19局　刘世镇负王嘉良

1. 炮二平五　马8进7　　　　**2. 马二进三　卒7进1**

3. 车一平二　车9平8　　　　**4. 车二进六　马2进3**

5. 兵七进一　炮8平9　　　　**6. 车二平三　炮9退1**

7. 兵五进一　士4进5

红方冲兵从中路展开攻势，企图在快攻中寻求有利的局势。

8. 兵五进一　炮9平7　　　　**9. 车三平四　象3进5**

10. 马三进五　车1平4　　　　**11. 马五进六　卒5进1**

黑方进卒弃马争先，进一步导致局势复杂化。

12. 马六进七　车4进2　　　　**13. 马七进八　马7进8**

14. 后马进七　卒5进1

黑方冲中卒华而不实，使右路受到攻击。不如炮2退1，伏下车4退2捉马以及卒7进1的反击手段。

15. 炮八平九　卒7进1　　　　**16. 车四平三　炮2退1**

17. 车九平八　卒7平6

红方出车力争展开攻势。如车三退二吃卒，卒5平6，车三平二，车4退2，形成复杂的变化。

18. 炮九进四　象5退3

19. 炮九进三　象7进5

20. 相三进一　车8进2

红方上边相效果不好，不如车三平七，快速发动攻势。

21. 车三平七　马8进7

22. 炮五进五　车8平5

23. 车七进三　士5退4

24. 车七退一（图19）　**马7进9**

图19，双方激烈对攻。红方退车打将，使局势发生了变化。应车八进八吃炮为好，马7进9，车八平三，卒6平7，

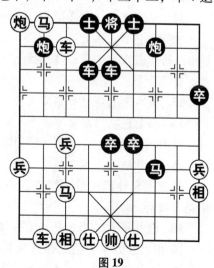

图19

车七退二，卒5平4，相七进五，马9进7，帅五进一，车5进5，帅五平四，黑方不能入杀，红方胜定。

25. 车七平三　卒6平7

黑方抓住战机，马吃边相进行攻杀，终于又夺得了优势。

26. 车三平六　马9进7

红方如车八进一，仍难抵挡黑方的攻击。以下黑方可卒5平6，仕四进五，车4进4，马七进六，车5进3，车八进一，马9进7，帅五平四，车4平6，车八平四，车6进1，仕五进四，车5进4，帅四进一，马7退9，仕四退五，马9退7，帅四进一，车5平8，黑胜。

27. 帅五进一　马7退6　　**28.** 帅五退一　卒5平6

29. 仕四进五　马6进4　　**30.** 帅五平四　车5进4

黑胜。

第20局　李家华和吕钦

1. 炮二平五　马8进7　　**2.** 马二进三　车9平8

3. 车一平二　马2进3　　**4.** 兵七进一　卒7进1

5. 车二进六　炮8平9　　**6.** 车二平三　炮9退1

7. 马八进七　士4进5　　**8.** 炮八平九　车1平2

9. 车九平八　炮9平7　　**10.** 车三平四　马7进8

11. 车四进二　炮2退1　　**12.** 车四退三　象3进5

如炮2进5，兵七进一，马8进7，车四平三，马7进5，炮九平五，炮7进6，马七进六，炮7退1，兵七进一，象7进5，车三进一，红方少子有攻势，各有千秋。

13. 车八进七　马8进7　　**14.** 车四退二　炮7进1

15. 马七进六　车2平4

红方可兵五进一，从中路展开攻势。

16. 马六进七　炮2平3　　**17.** 兵七进一　车8进8

黑方进车针锋相对。如卒7进1，兵五进一，车8进4，兵五进一，红方中路有攻势。

18. 炮九平七　车8平4　（图20）

图20，红方平七路炮强行展开攻势，如仕四进五，车8平7，兵五进一，车7进1，仕五退四，车4进8，兵五进一，卒7进1，兵五平六，炮3平4，

仕六进五，炮7平8，黑方有攻势。此刻黑方如车8平3捉炮（也可马7退8，车八进一，炮7退1，马七进九，炮3进3，黑方占优），马七进五，象7进5，炮七进五，车3退4，炮七平三，炮3进8，仕六进五，炮3平1，仕五进六，红方多子，较为有利。

19. 仕四进五　前车平3

20. 马七进五　象7进5

21. 炮七进五　炮3进3

如车3退4，炮五进四，炮7平3，车八平七，车3退2，帅五平四，车4进9，仕五退六，将5平4，车四平三，红方多子占优。

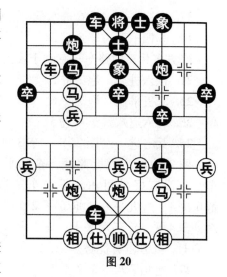

图20

22. 炮五进四　炮7平3

23. 相七进五　车4平3

24. 炮五平七　前车平2

25. 炮七进三　车2退6

26. 炮七退四　象5进3

27. 车四平三　炮3平7

28. 车三进二　炮7进5

29. 车三退三　车2进4

和局。

第21局　何连生和胡荣华

1. 炮二平五　马8进7

2. 马二进三　车9平8

3. 车一平二　卒7进1

4. 车二进六　马2进3

5. 兵七进一　炮8平9

6. 车二平三　炮9退1

7. 马八进七　士4进5

8. 炮八平九　炮9平7

9. 车三平四　炮2进4

10. 兵五进一　象7进5

11. 车九平八　车1平2

12. 马三进五　马7进8

13. 兵五进一　卒7进1

14. 车四平三　炮7退1

15. 车三退二　卒5进1

16. 相三进一　马8退6

红方上边相先避开7路炮的攻击。如马五进六，马8退6，马六进七，炮2平5，马七进五，车2进9，车三进二，卒5进1，马五进三，马6进7，兵三进一，卒5进1，黑方优势。

17. 车三平四　马6进5
18. 炮五进二　卒5进1
19. 车四平五　车8进3
20. 相七进五　炮7进2

红方多兵，中路车马有利于攻击，占有优势。

21. 仕六进五　炮2进2
22. 相一退三　车8平6
23. 车五平三　炮7平6
24. 马五进六　车6平4
25. 马六退八　车4进5
26. 兵七进一（图21）　卒3进1

图21，红方弃七路兵，企图平炮打车，并没有好处可占。不如车三进二，炮6进4，炮九平八，炮6平2，车八平六，车4平3，车六平七，车3平4，车三平七，红方占有优势。

27. 炮九平八　车2平1
28. 车三进二　炮6进4
29. 马八进七　炮6平2
30. 车八平六　车4平3
31. 车六进八　车1进1
32. 车六平九　马3退1

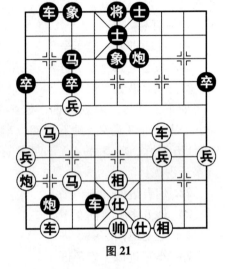

图 21

33. 后马进五　前炮进1
34. 仕五进四　后炮退3
35. 马七退五　车3平2
36. 炮八退二　车2进1

红方被迫兑去一炮，局势由此趋向平稳。红方如炮八平六，后炮进4，炮六进二，后炮平1，炮六平九，炮1退2，兵九进一，马1进2，黑方好走。

37. 帅五进一　车2退3
38. 前马退三　卒1进1
39. 车三平七　炮2退1
40. 马五进六　车2退3
41. 车七进二　车2平4
42. 车七平九　车4进1
43. 车九退三　车4平6
44. 车九进一　车6进3
45. 车九平一　车6进2
46. 车一平八　炮2平3
47. 马三进四　车6退3
48. 车八平六　车6平7
49. 兵九进一　车7退4
50. 兵九进一　象5退7
51. 兵九平八　象3进1
52. 兵一进一　炮3平5
53. 帅五平六　卒3进1
54. 相五进七　车7进6
55. 帅六退一　车7进1
56. 帅六进一　炮5平6
57. 兵八进一　象7进5
58. 兵一进一　车7退1
59. 帅六退一　车7退6
60. 兵一平二　炮6退1

61. 兵二进一　车 7 平 6　　　　　　**62.** 兵二平三　象 5 退 3

63. 兵八平七　炮 6 进 2　　　　　　**64.** 兵三平四

和局。

第 22 局　任观松负王隆生

1. 炮二平五　马 8 进 7　　　　　　**2.** 马二进三　车 9 平 8

3. 车一平二　卒 7 进 1　　　　　　**4.** 车二进六　马 2 进 3

5. 兵七进一　炮 8 平 9　　　　　　**6.** 车二平三　炮 9 退 1

7. 马八进七　士 4 进 5　　　　　　**8.** 炮八平九　炮 9 平 7

9. 车三平四　马 7 进 8　　　　　　**10.** 车九平八　车 1 平 2

11. 车四进二　炮 7 进 5

如炮 2 退 1 打车，车四退三，象 3 进 5，车八进七，马 8 进 7，车四退二，炮 7 进 1，马七进六，车 2 平 4，马六进七，炮 2 平 3，兵七进一，形成对抢先手之势。

12. 相三进一　炮 2 进 4　　　　　　**13.** 兵五进一　炮 7 平 3

14. 兵五进一　卒 5 进 1　　　　　　**15.** 马七进五　车 8 进 2

16. 马五进六　炮 3 平 1

17. 仕四进五（图 22）　车 8 平 4

图 22，如马三进五，炮 1 平 5，炮五进三，车 8 平 5，马六进五，炮 5 退 4，仕四进五，马 3 进 5，炮五进二，象 3 进 5，炮九平五，马 5 进 4，炮五进二，马 8 退 7，帅五平四，车 2 进 4，车八进二，车 2 平 5，炮五平二，车 5 进 2，相一退三，马 7 进 6，相七进五，卒 1 进 1，炮二进一，车 5 平 9，帅四平五，车 9 平 6，车四退二，卒 1 进 1，黑方好走。

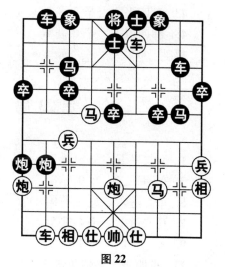

图 22

18. 帅五平四　马 8 退 7

19. 马六进七　车 4 平 3

20. 炮九进四　卒 5 进 1

红方可马三进二，等待一下变化为好。

21. 马三进二　将 5 平 4　　　　　　**22.** 车八进二　卒 5 进 1

23. 炮五平三　卒 9 进 1　　**24.** 车四退二　象 7 进 9

红方应马二进一兑马，可稳持先手。

25. 马二进三　马 7 退 8　　**26.** 炮三平六　车 3 平 8

27. 炮六进二　车 8 进 7

红方应炮六进三，车 2 进 4，兵七进一，红方占优。

28. 帅四进一　车 8 退 1　　**29.** 帅四退一　车 8 进 1

30. 帅四进一　炮 1 进 2　　**31.** 车八退一　车 8 退 4

红方如仕五进六，车 8 退 1，帅四退一，炮 1 平 4，车四平六，将 4 平 5，炮六平五，象 3 进 5，马三进五，炮 4 退 5，炮九平六，车 8 退 3，炮五进一，车 8 平 4，马五退六，红方胜势。

32. 炮九退二　炮 2 退 3

黑方以上的走法紧凑有力，而红方的应着效力较差，黑方终于取得了获胜的条件。

33. 炮六进二　车 8 进 3　　**34.** 帅四退一　车 8 进 1

35. 帅四进一　车 8 退 1　　**36.** 帅四退一　车 8 进 1

37. 帅四进一　卒 3 进 1　　**38.** 炮六退五　车 8 退 1

39. 帅四退一　车 8 进 1　　**40.** 帅四进一　炮 1 平 4

41. 车八平六　将 4 平 5　　**42.** 车六平八　炮 2 退 1

43. 车四平七　卒 5 平 6　　**44.** 马三退五　车 8 退 1

45. 帅四退一　卒 6 进 1

黑胜。

第 23 局　王斌负郭福人

1. 炮二平五　马 8 进 7　　**2.** 马二进三　马 2 进 3

3. 车一平二　车 9 平 8　　**4.** 兵七进一　卒 7 进 1

5. 车二进六　炮 8 平 9　　**6.** 车二平三　炮 9 退 1

7. 马八进七　士 4 进 5　　**8.** 炮八平九　炮 9 平 7

9. 车三平四　车 1 平 2　　**10.** 车九平八　马 7 进 8

11. 车四进二　炮 7 进 5　　**12.** 相三进一　炮 2 进 4

13. 兵五进一　炮 7 平 3　　**14.** 马三进四　车 8 进 3

看守中卒容易受到攻击，所以这种走法没有流行起来。

15. 炮五平三　象 7 进 9　　**16.** 马四退五　炮 3 平 4

17. 马五进六　卒7进1

红方如车四退三，仍是先手。

18. 兵七进一　炮2平9　　　　**19. 兵七进一　车2进9**

红方可车八进九兑车，马3退2，兵七进一，马8退6，兵五进一，马6进5，兵五进一，车8进3，形成对攻之势。

20. 马七退八　卒5进1

黑方进中卒弃马，是展开反击的有效走法。如马3退4，炮九进四，红方优势。

21. 炮三平七（图23）　炮4平3

图23，红方平七路炮攻马，作用并不明显，被黑方抢得了反击的机会。不如兵五进一，炮9平5，相一进三，炮5退1，帅五进一，炮4平5，帅五平六，前炮退2，车四退三，红方仍有对攻的机会。此时黑方炮4平3拦炮，着法细致有力。如卒5进1，炮七进五，卒5平4，炮九进四，红方打车要杀胜定。

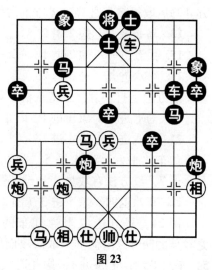

图23

22. 炮七平八　马8进6　　　　**23. 炮八进四　车8进5**

红方进炮打车反使黑车占据好的位置，不如兵七进一吃马，展开混战，还有一定的希望。

24. 兵七进一　炮9平7　　　　**25. 炮八进三　象3进1**
26. 兵七进一　炮7进3　　　　**27. 仕四进五　炮7平9**
28. 兵七进一　士5退4　　　　**29. 兵七平六　将5平4**
30. 车四进一　将4进1　　　　**31. 马六进五　马6退5**
32. 帅五平四　炮3进2

黑方抢先攻杀而取胜。

第 24 局　刘殿中负林宏敏

1. 炮二平五　马8进7　　　　**2. 马二进三　车9平8**
3. 车一平二　卒7进1　　　　**4. 车二进六　马2进3**
5. 兵七进一　炮8平9　　　　**6. 车二平三　炮9退1**

7. 马八进七　士4进5　　　8. 炮八平九　车1平2

9. 车九平八　炮9平7　　　10. 车三平四　马7进8

11. 车四进二　炮2退1　　　12. 车四退五　炮2进7

红方退车兵线，是流行的走法，双方对抢攻势，局势较为紧张。黑方如急于反攻而卒7进1，兵三进一，炮7进6，炮五进四，马3进5，炮九平三，红方弃马后取得多兵之势，黑方不占好处。

13. 马七进六　炮2退2　　　14. 炮五进四　象7进5

15. 兵五进一　炮2退1　　　16. 马六进七　炮2平5

17. 车八进九　马3退2　　　18. 炮九进四　马2进1

红方边炮打卒意在创造攻势。如炮五平三，局势较为平稳。

19. 马七进九　象3进1　　　20. 车四平八　将5平4

21. 车八进六　将4进1

如车八平六，将4平5，帅五进一，马8退7，红方没有攻势。

22. 车八退四　象5进3（图24）

图24，黑方进象阻拦红车的攻击，是较佳的防守之着。如采取对攻而炮7进5，车八平六，士5进4，炮九退二，炮7进3，帅五进一，双方对攻，红方好走。

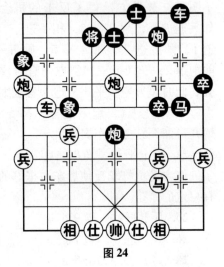

图24

23. 车八进三　将4退1

24. 车八退二　车8进2

25. 车八平六　士5进4

如车8平4兑车，车六进一，士5进4，炮九平六，将4平5，炮五平三，红方多兵有利。

26. 车六退二　马8进7　　　27. 炮九平六　炮7平4

28. 炮六进二　将4进1　　　29. 炮五平六　将4平5

30. 炮六平三　炮5退3　　　31. 炮三退三　车8进5

32. 车六退二　卒7进1　　　33. 炮三平八　卒7进1

34. 炮八进四　将5平4　　　35. 车六进四　炮5退2

双方对杀紧张而又精彩。此时红方车六进四力争取势。如炮八平五，象3退5，仕六进五，卒7进1，兑子将成为和势。此刻黑方如炮5平2去炮，马三进五，红占优势。

36. 炮八退一　卒7进1　　　37. 车六平一　车8退1

38. 炮八平六　士 4 退 5　　　　**39.** 相三进五　车 8 平 4

40. 仕四进五　卒 7 进 1　　　　**41.** 炮六平八　士 5 进 6

42. 帅五平四　车 4 平 6

红方平帅解杀，被黑方车 4 平 6 打将后进炮，由此抢占了优势。不如车一平五，较有利于防守。

43. 帅四平五　炮 5 进 6　　　　**44.** 炮八退三　炮 5 平 1

45. 车一平六　将 4 平 5　　　　**46.** 车六平五　将 5 平 4

47. 车五平六　将 4 平 5　　　　**48.** 车六平五　将 5 平 4

49. 车五平八　象 3 退 5　　　　**50.** 兵一进一　卒 7 平 6

51. 车八退一　将 4 退 1　　　　**52.** 兵一进一　士 6 进 5

53. 兵一平二　炮 1 进 2　　　　**54.** 炮八退一　车 6 平 8

红方炮八退一静观变化，其实效力不大，不如炮八退二，力争打卒谋和才是上策。

55. 仕五退四　车 8 平 4　　　　**56.** 仕四进五　炮 1 进 1

红方上右仕对防守不利。走仕六进五，炮 1 进 1，炮八退二，以下红方有车八平九及车八退三之着，仍有和局之势。再者黑方如车 4 进 2，炮打中仕做杀，炮八平六，炮 1 平 5，车八平六，将 4 平 5，兵二进一，红方并没有危险，仍是和局。

57. 相五进三　车 4 进 2

如炮八平六，车 4 平 8，仕五退四，车 8 进 3，黑方仍是胜局。

第 25 局　杨平负于振声

1. 炮二平五　马 8 进 7　　　　**2.** 马二进三　车 9 平 8

3. 车一平二　卒 7 进 1　　　　**4.** 车二进六　马 2 进 3

5. 马八进七　炮 8 平 9　　　　**6.** 车二平三　炮 9 退 1

7. 炮八平九　炮 9 平 7　　　　**8.** 车三平四　马 7 进 8

9. 车九平八　车 1 平 2　　　　**10.** 车八进六　卒 7 进 1

11. 车四平三　马 8 退 7　　　　**12.** 车三平四　卒 7 进 1

13. 马三退五　马 7 进 8　　　　**14.** 车四平三　炮 7 进 1

红方可车四退一牵制马炮，比较稳健。此时黑方炮 7 进 1 生根，以下再上中象守卫右马，积蓄反攻力量。

15. 兵七进一　卒 7 平 6　　　　**16.** 马七进六　卒 6 平 5

17. 炮五平七　车2进1　　　　**18.** 马六进四　车2平6

平车要道而弃去中卒，从而化解了右路的牵制之势，是较为灵活的应法。

19. 马四退五　马8进6　　　　**20.** 车三退二　炮7平5

21. 前马退三　马6进4　　　　**22.** 炮七平六　车8进6

23. 相七进五　马4退5　　　　**24.** 车三平五　车6平4

25. 马五退七　车8平3　　　　**26.** 仕四进五　马5退7

27. 车五平三　马7进9　　　　**28.** 车三平一　卒5进1

29. 炮九进四　车3平6

30. 炮九退二（图25）　……

图25，红方退炮河口，力图加强防守，稳健。如车八平七捉马，炮2进3，兵七进一，马3进1，车七平九，卒5进1，黑方胜势。

30. ……　　　　马3进5

进中马弃炮，伏下巧妙的攻法，以下可以进马捉车奔卧槽马，红方难以防守，黑方形成胜势。

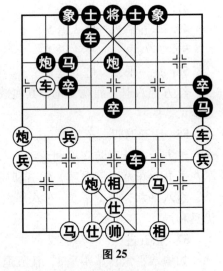

图 25

31. 车八进一　马5进7

32. 车一平四　马9进8

33. 车四退一　马7进6

34. 马三进四　马6进7　　　　**35.** 帅五平四　车4平6

36. 仕五进四　马8退6　　　　**37.** 炮九平四　车6进4

38. 车八退二　卒5进1

黑方先弃后取之后，仍然控制着局势，并有一卒过河助战，已有取胜之势。

39. 车八平五　卒5平4　　　　**40.** 马七进八　车6进1

41. 马八进九　卒4进1　　　　**42.** 炮六退一　车6进1

43. 炮六平四　士4进5　　　　**44.** 马九进八　炮5平2

45. 兵七进一　车6退4　　　　**46.** 仕六进五　车6平4

47. 兵七平六　炮2平6

红方形势十分危险，此时应车五平六谋取和局，虽然缺一仕，仍可坚持防守。

48. 仕五进四　车4退1　　　　**49.** 兵六进一　车4平2

50. 兵六平七　卒4进1　　　　**51.** 车五平三　卒4平5

黑方平卒吃相弃马，算度深远，再次发起反攻。

52. 车三退四　车 2 平 4　　**53.** 帅四平五　炮 6 平 5

54. 仕四退五　将 5 平 4　　**55.** 炮四退一　卒 5 进 1

56. 帅五进一　车 4 进 6　　**57.** 帅五进一　车 4 平 7

58. 炮四平六　车 7 进 1　　**59.** 炮六进五　车 7 平 5

60. 帅五平四　车 5 平 3　　**61.** 兵七平六　将 4 平 5

62. 帅四退一　车 3 退 3　　**63.** 兵九进一　炮 5 平 6

64. 帅四平五　车 3 平 5　　**65.** 帅五平六　炮 6 退 1

66. 兵九进一　士 5 进 4　　**67.** 炮六退三　炮 6 平 4

68. 马八退六　车 5 退 2

应车 5 进 2，帅六退一，车 5 退 1，帅六进一，士 4 退 5，黑胜。

69. 马六退七　炮 4 进 2　　**70.** 炮六平五　炮 4 平 5

71. 炮五平六　车 5 平 1　　**72.** 炮六平五　车 1 平 5

黑胜。

第 26 局　赵国荣胜陈新全

1. 炮二平五　马 8 进 7　　**2.** 马二进三　车 9 平 8

3. 车一平二　卒 7 进 1　　**4.** 车二进六　马 2 进 3

5. 兵七进一　炮 8 平 9　　**6.** 车二平三　炮 9 退 1

7. 兵五进一　士 4 进 5　　**8.** 兵五进一　炮 9 平 7

9. 车三平四　象 3 进 5

黑方上中象防守，虽然比较平稳，但容易受到攻击，不如卒 7 进 1 反击，比较主动。

10. 马三进五　卒 7 进 1　　**11.** 兵五进一　马 7 进 8

红方抓紧时机吃去中卒，由此打开了中路的攻势。如卒 7 进 1，兵五进一，象 7 进 5，车四进二，炮 7 退 1，车四平三，红方有攻势。

12. 车四平三　马 8 退 9　　**13.** 车三退二　车 1 平 4

14. 马八进七　车 4 进 6　　**15.** 兵五进一　象 7 进 5（图 26）

图 26，红方用兵吃去中象，使黑方的防守处于危机之中。如炮 2 平 5，炮五进五，象 7 进 5，马五进四，象 5 退 7，马七进五，红方优势。

16. 炮八平九　马 3 退 4　　**17.** 车九平八　炮 2 进 4

18. 马五进四　车 8 进 4

红方可炮九进四，炮 2 平 5，马七进五，车 4 平 5，车八进九，红方大占优势。

19. 马七进六　炮 7 进 2

20. 兵七进一　卒 3 进 1

21. 马四进六　炮 7 平 5

22. 车三平五　炮 2 平 3

如车 8 平 4，前马进七，车 4 退 3，炮五进四，车 4 平 3，车八进三，红方胜定。

23. 车五进二　车 4 退 1

24. 仕六进五　马 9 退 7

25. 炮九进四　马 4 进 3

26. 马六进七　将 5 平 4

27. 车五退三　马 3 进 1

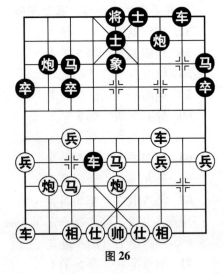

图 26

28. 车五平七　卒 3 进 1

29. 车八进九　将 4 进 1

30. 车七平五　马 1 进 3

31. 炮五平六　马 3 退 4

32. 马七退九　车 8 平 3

33. 车五进三　士 5 进 6

34. 车八平四　将 4 平 5

35. 车五平三　马 7 进 9

36. 车三平二　车 3 平 7

37. 车四退二　马 9 退 7

38. 炮六平五　马 4 进 5

39. 车二进二　车 4 平 5

40. 车四进二　车 7 进 2

41. 马九退八　马 5 退 4

42. 车四平九

红胜。

第 27 局　李来群负吕钦

1. 炮二平五　马 8 进 7　　**2.** 马二进三　车 9 平 8

3. 车一平二　卒 7 进 1　　**4.** 车二进六　马 2 进 3

5. 兵七进一　炮 8 平 9　　**6.** 车二平三　炮 9 退 1

7. 马八进七　士 4 进 5　　**8.** 炮八平九　车 1 平 2

9. 车九平八　炮 9 平 7　　**10.** 车三平四　马 7 进 8

11. 车四进二　炮 2 退 1　　**12.** 车四退三　象 3 进 5

13. 车八进七　马 8 进 7　　**14.** 车四退二　炮 7 进 1

15. 炮九进四　马 7 退 8

黑方马7退8，以退为进。如车8进8，炮九进一，马3退4，车八退一，炮7平1，车四平三，红方仍有优势。

16. 马三退五　卒7进1

红方退马中路，稳健。如马七进六，马3退4，车八退一，炮7进5，马六进七，红方弃子抢攻，也是一种变化。

17. 车四平二　卒3进1

红方平车牵制车马，遏制黑方的反击，力求在平稳中扩展优势。黑方弃3路卒，企图寻机对攻。如卒7进1，车二进一，马8退9，车二进五，马9退8，马七进六，车2平4，炮九退二，红方稳持先手。

18. 兵七进一　马3进4　　　　　**19. 车八退三　马4进6**

20. 炮五平二　车2平1　　　　　**21. 炮九平七　炮2平3**

红方平炮正确。如炮九退二，卒7进1，车二进一，马6退7，黑方反占主动。此时黑方平炮准确。如卒7进1，车二进一，炮7平8，车二平四，红方占优。

22. 炮二进三　卒7进1　　　　　**23. 车二平三　马6退8**

24. 车三平二　炮3进3　　　　　**25. 炮七平一　车8进3**

红方可马七进六谋求攻势，会有更好的进展。

26. 炮一平五　车8平5　　　　　**27. 车二进二　车1平4**

28. 相七进五　车4进7　　　　　**29. 车八平五　车5平1**

30. 车二退一　炮3进2

31. 车五平六　车4退2

图27，红方平车兑车，虽然丢失一兵，可使多兵之势保持稳固，并可减去麻烦。如兵一进一保兵，车1平4，以下黑方可以出将要杀，红方防守，大为被动。

32. 车二平六　炮3平9

33. 兵九进一　象5进7

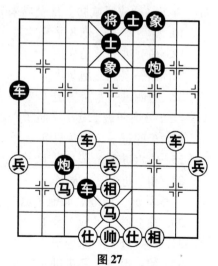

图27

进河口象是步佳着，使红方在取势上增加困难。

34. 车六平一　炮9平6

35. 马五退七　炮6退4

36. 仕四进五　炮6平1

37. 后马进八　炮7平2　　　　　**38. 马七进八　车1平2**

39. 后马进六　炮2进3　　　　　**40. 马六进八　炮1平5**

41. 车一平三　象7退9　　42. 车三平五　车2进1

43. 马八退七　炮5平3　　44. 马七进八　炮3平5

45. 马八退七　炮5平3　　46. 车五平六　车2进2

47. 兵五进一　车2平3　　48. 马七退八　车3退2

49. 马八进九　炮3平8　　50. 车六进二　炮8进3

红方在多兵的形势下，力图进取，不幸超时而告负。

第28局　吕钦和赵国荣

1. 炮二平五　马8进7　　2. 马二进三　车9平8

3. 车一平二　马2进3　　4. 兵七进一　卒7进1

5. 车二进六　炮8平9　　6. 车二平三　炮9退1

7. 马八进七　士4进5　　8. 炮八平九　车1平2

9. 车九平八　炮9平7　　10. 车三平四　马7进8

11. 马三退五　卒7进1　　12. 车四退一　卒7进1

13. 车八进六　象7进5　　14. 马七进六　马8进9

15. 相三进一　炮7平8

红方竭力在左路展开攻击，在一定程度上控制了局势。而黑方一卒过河，对红方车马构成了威胁。从全局来分析，双方各有千秋。

16. 炮五平二　炮8平9　　17. 炮二平六　车8进5

18. 马五进七　马9进7　　19. 炮六平四　马7进8

20. 相一退三　炮9平7　　21. 相七进五　卒7进1

22. 炮四进一　卒7进1

红方可炮四进二，卒7进1，炮四平五，仍有攻击力。

23. 车四进一　炮7进3　　24. 炮四退一　卒7平6

25. 仕六进五　车8进1　　26. 车四退三　马8退7

27. 相三进一　车8平6　　28. 马六退四　炮7平1

平炮兑炮，稳健。如炮7退1，比较复杂多变。

29. 马七进六　炮2平1　　30. 车八进三　马3退2

31. 兵五进一　前炮平8　　32. 相五退七　炮8进5

33. 相一退三　马7进9　　34. 马四退二　卒6进1

35. 仕五退四　马9退8　　36. 炮四平七　马2进3

不如炮1进4展开攻击。红方缺一仕，于防守不利，黑方仍有取势的机会。

37. 兵七进一　象 5 进 3　　　　　**38.** 马六进八　马 3 退 4

39. 炮九进四　马 8 退 7　　　　　**40.** 炮七平三　象 3 退 5

41. 马二进三　卒 3 进 1　　　　　**42.** 兵五进一　卒 5 进 1

43. 炮九平四　马 7 退 8

44. 马三进五（图 28）　马 4 进 3

图 28，红方如不马三进五而炮四平五，炮 1 进 1，炮三平七，马 8 进 7，炮七进七，马 4 进 3，马八进七，马 7 退 5，马七退五，象 5 退 3，马五退七，炮 1 退 1，仍是和势。

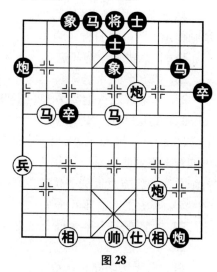

图 28

45. 炮四平七　马 3 进 5

46. 炮七平一　炮 1 平 4

47. 炮一平二　炮 8 退 3

48. 兵九进一　炮 8 平 5

49. 马八退七　炮 4 进 3

50. 炮三平二　马 8 进 6

51. 前炮平五　炮 5 退 3　　　　　**52.** 炮二平五　炮 5 进 4

53. 相三进五　马 6 退 4　　　　　**54.** 马五进六　士 5 进 4

和局。

第 29 局　胡荣华胜赵汝权

1. 炮二平五　马 8 进 7　　　　　**2.** 马二进三　卒 7 进 1

3. 车一平二　车 9 平 8　　　　　**4.** 车二进六　马 2 进 3

5. 马八进七　士 4 进 5

上士等待变化。也可卒 3 进 1，形成两头蛇阵式，双方各有攻守。

6. 炮八平九　炮 8 平 9　　　　　**7.** 车二平三　炮 9 退 1

8. 车九平八　车 1 平 2　　　　　**9.** 炮九进四　卒 3 进 1

10. 车八进六　炮 9 平 7　　　　　**11.** 车三平四　象 7 进 5

如卒 7 进 1，兵三进一，马 7 进 8，兵三进一，炮 7 进 6，炮五进四，红方先手。

12. 车八平七　炮 2 进 1　　　　　**13.** 炮九退二　马 3 退 1

14. 炮九平八　车 2 平 1　　　　　**15.** 兵五进一　车 8 进 6

红方冲中兵，配合车马炮发动攻势，紧凑有力。

16. 马七进五　炮 2 进 1

17. 车四进二　炮 7 平 8

18. 炮八退一　车 8 进 2

红方退左炮用意深远，对双车产生牵制作用，为取势打开了道路。

19. 仕六进五　炮 8 进 3

20. 炮五平九　炮 2 退 2

21. 车七进二　炮 2 平 1（图 29）

22. 炮九进五　象 3 进 1

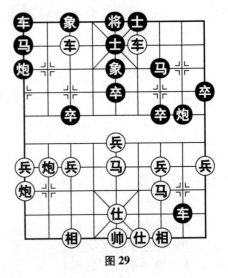

图 29

图 29，可炮九平八，仍是优势。但不能车七平九吃边马，因黑方可炮 1 进 5 打炮兑车，红方反而失去优势。

23. 车七平八　车 8 平 7

24. 车四平二　卒 5 进 1

25. 车二退一　马 7 进 6

26. 兵五进一　马 6 进 7

27. 兵五进一

黑方已无法防守，认负。

第 30 局　宗永生负邬正伟

1. 炮二平五　马 8 进 7

2. 马二进三　车 9 平 8

3. 车一平二　马 2 进 3

4. 兵七进一　卒 7 进 1

5. 车二进六　炮 8 平 9

6. 车二平三　炮 9 退 1

7. 马八进七　车 1 进 1

8. 炮八平九　车 1 平 6

9. 车三退一　士 6 进 5

10. 兵三进一　车 6 进 1

11. 马七进六　车 8 进 8（图 30）

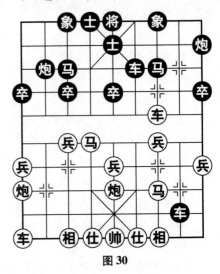

图 30

图 30，红方进河口马容易被黑方所利用，不如车九平八，炮 2 退 1，车八进七，炮 9 平 7，车三平六，炮 2 平 3，马七进八，红方较为主动。现在黑方乘机进车下

2路，控制红方右路子力，以下准备平7路炮打车攻相，争取主动反击。

12. 车九平八　车8平4　　　　**13.** 马六进四　马7进6

黑方上回合平车4路捉马，红方可车八进七吃炮，车4退3，兵七进一，车4平3，兵七平八，仍是红方好走。而现在红方马六进四之后，黑方反而走出马7进6的弃象反攻之着，由此夺得主动。

14. 车三进四　士5退6　　　　**15.** 车八进七　马6进4

16. 仕四进五　炮9平5　　　　**17.** 炮九进四　车6进6

黑方进车弃马抢攻，凶悍有力，令红方进退两难，由此进入佳境。

18. 车八平七　马4进5　　　　**19.** 炮九平五　象3进5

20. 炮五退四　象5退7

红方不得已而丢车。如车七平五，马5进7，车五平六，炮5进5，黑胜。

21. 炮五进六　士6进5　　　　**22.** 马三退四　车4平3

23. 车七退一　车3进1　　　　**24.** 车七平一　车3退4

25. 车一退二　车3进2　　　　**26.** 兵三进一　车3平7

27. 车一平四　车6退3　　　　**28.** 马四进三　车6平7

29. 兵三平四　车7进2

如马三退四，车7进4，兵三平四，车7退4，然后再设法捉去红兵，仍难以成和。

30. 兵五进一　车7进2　　　　**31.** 仕五退四　车7退3

32. 兵五进一　车7平9　　　　**33.** 仕六进五　车9平1

应兵九进一，车9平1，仕四进五，车1退1，仕五进四，车1平6，仕六进五，士5进4，帅五平四，黑方取胜较为困难。

34. 仕五退六　士5退6

如兵四进一，士5退6，兵五进一，闪开黑象的控制，仍难有求和之望。

35. 仕六进五　车1平6　　　　**36.** 帅五平六　象7进9

37. 帅六平五　将5进1　　　　**38.** 帅五平六　车6平4

39. 帅六平五　将5平4

黑方运子巧妙。如兵五进一，车4平2，黑方得兵胜定。

第31局　甘小晋负童本平

1. 炮二平五　马8进7　　　　**2.** 马二进三　车9平8

3. 车一平二　马2进3　　　　**4.** 兵七进一　卒7进1

5. 车二进六　士4进5　　　**6.** 马八进七　炮8平9

7. 车二平三　炮9退1　　　**8.** 炮八平九　炮9平7

9. 车三平四　马7进8　　　**10.** 车九平八　车1平2

11. 车八进六　卒7进1　　　**12.** 车四退一　象3进5

13. 马三退五　卒7进1

可马8退7，车四进一，卒7进1，黑方有一定的反击力。

14. 马七进六　马8退7　　　**15.** 车四退一　车8进4

16. 车八平七　车2平3　　　**17.** 炮九平七　炮2进3

如兵七进一，车8平3，车七退一，象5进3，炮九平七，马3进4，车四进四，象3退5，车四平三，车3进5，黑方先弃后取，较为有利。

18. 炮七退一　炮2平4

红方退炮正确。如车七进一吃马，车3平4，红方没有便宜。

19. 车四平六　马3退1　　　**20.** 车七进三　马1退3

21. 车六平四　马3进4　　　**22.** 车四进四　炮7平9

23. 马五进七　炮9进5　　　**24.** 炮七平三　象5进7

25. 车四退四　炮9进3

26. 炮三平九（图31）　　　象7退5

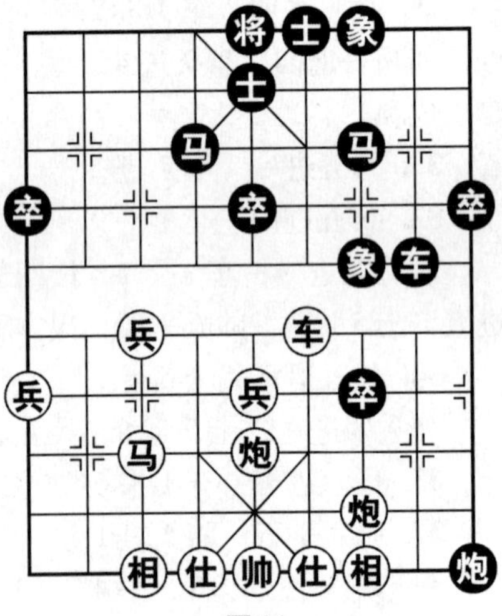

图31，不如车四平三捉卒，车8进5，马七退五，象7进5，车三退一，红方虽然费尽周折吃去黑卒，但消除了隐患，局势还可保持一定的平稳性。

27. 炮九平三　马7退9

28. 炮五进四　卒7进1

29. 炮三平九　马9进7

30. 炮五退二　卒7进1

31. 相七进五　卒7进1

32. 车四进二　卒7平6

运卒攻击，打破了红方的防守，抢占了主动攻势。此时红方如相五退三吃卒，马4进5捉七路兵，黑方好走。

图31

33. 帅五平四　马7进6　　　**34.** 帅四平五　马6进7

35. 车四平九　马7退5　　　**36.** 兵五进一　卒9进1

37. 车九平六　车8进5

可马七进五，再从中路跃出展开攻势，还有一定的对攻机会。

38. 帅五进一　车8退3　　　**39.** 马七进六　车8平1

40. 炮九平六　车 1 平 4　　　**41.** 兵五进一　炮 9 退 4

42. 兵七进一　炮 9 平 5　　　**43.** 相五退三　马 4 退 3

44. 兵七平八　卒 9 进 1　　　**45.** 兵八进一　卒 9 进 1

46. 炮六平九　车 4 平 1

可马六进八，寻机进攻，还可支撑下去。

47. 马六退七　车 1 进 1　　　**48.** 车六平七　马 3 进 4

49. 兵五平六　象 5 进 3

上象可使右马跃出展开攻势，黑方已成胜势。

50. 兵六进一　马 4 进 6　　　**51.** 车七进三　士 5 退 4

52. 车七退四　炮 5 退 3　　　**53.** 帅五退一　马 6 进 5

54. 炮九平五　士 6 进 5　　　**55.** 炮五进六　象 7 进 5

56. 车七进一　马 5 进 4　　　**57.** 帅五进一　马 4 退 6

58. 帅五平四　车 1 退 2　　　**59.** 帅四退一　马 6 进 4

退帅导致速败。如车七退三，仍是黑方优势，黑胜。

第 32 局　柳大华和徐天红

1. 炮二平五　马 8 进 7　　　**2.** 马二进三　车 9 平 8

3. 车一平二　马 2 进 3　　　**4.** 兵七进一　卒 7 进 1

5. 车二进六　炮 8 平 9　　　**6.** 车二平三　炮 9 退 1

7. 马八进七　士 4 进 5　　　**8.** 炮八平九　车 1 平 2

9. 车九平八　炮 9 平 7　　　**10.** 车三平四　马 7 进 8

11. 炮五进四　马 3 进 5

红方炮打中卒交换子力，是一种变化。近年来多马三退五，卒 7 进 1，车四退一，卒 7 进 1，车八进六，象 3 进 5，形成相互牵制之势。

12. 车四平五　卒 7 进 1　　　**13.** 兵三进一　马 8 进 6

14. 马三进四　炮 7 进 8　　　**15.** 仕四进五　炮 2 进 6

进炮限制红车的活动。如炮 7 平 9，车八进四，车 8 进 9，仕五退四，车 8 退 2，仕四进五，车 8 平 3，炮九平八，车 3 平 8，仕五进四，双方各有千秋。

16. 炮九进四　车 8 进 9　　　**17.** 相七进五　炮 7 平 4

18. 仕五退四　炮 4 平 6　　　**19.** 马四退三（图 32）　炮 6 平 2

图 32，黑方兑车之后得还一马，正确。如贪于攻击而炮 2 平 7，帅五进一，车 2 进 9，马七进八，炮 6 退 2，相五退三，车 8 平 7，马八进七，车 7 平

3，马七进六，车3退1，帅五进一，炮6进1，车五平七，红方多子占优。

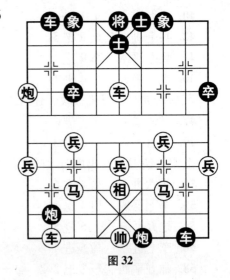

图32

20. 马三退二 前炮平8	
21. 车五平七 车2进7	
22. 车七平二 车2平3	
23. 炮九平五 象3进5	
24. 车二退六 炮2退1	
25. 车二进六 炮2平5	
26. 炮五平一 炮5平9	
27. 炮一退四 车3平9	
28. 车二平五 车9退1	
29. 兵九进一 车9进3	
30. 帅五进一 车9退1	
31. 帅五退一 车9平1	**32.** 兵七进一 车1退3
33. 兵七平六 车1平4	**34.** 兵六进一 车4平7
35. 兵五进一 车7进1	**36.** 兵五进一 车7平5
37. 帅五平四	

和局。

第33局　曾东平负陈鱼

1. 炮二平五 马8进7	**2.** 马二进三 车9平8
3. 车一平二 马2进3	**4.** 兵七进一 卒7进1
5. 车二进六 炮8平9	**6.** 车二平三 炮9退1
7. 马八进七 士4进5	**8.** 炮八平九 车1平2
9. 车九平八 炮9平7	**10.** 车三平四 马7进8
11. 车四进二 炮2退1	**12.** 车四退三 象3进5
13. 车八进七 炮7进1	**14.** 炮五平六 马8进7

红方平仕角炮是稳健的攻法。

15. 车四进一 马7退8	**16.** 相七进五 卒3进1

红方上中相效力较差，应马七进六较有攻势。此刻黑方进3路卒加强攻击，是争先夺势的妙着。

17. 兵七进一 马3进4	**18.** 车八进一 车2进1

19. 兵七平六　车 2 进 5　　　20. 车四平五　卒 7 进 1

21. 马三退五　车 2 平 3　　　22. 车五平三　炮 7 平 6

23. 炮九进四（图33）　马 8 进 6

图33，红方炮打边卒力图进取，使防守更加空虚。不如车三退二吃卒，马 8 退 6，车三平七，马 6 进 4，车七退一，马 4 进 3，相五进七，在加强防守中谋求和局，较为适当。

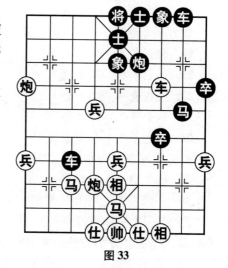

图 33

24. 车三平八　车 8 进 8

25. 车八进三　士 5 退 4

26. 车八平六　将 5 进 1

27. 车六退一　将 5 退 1

28. 炮六进二　士 6 进 5

29. 炮六平五　车 3 退 3

30. 马七进八　车 8 平 6

31. 马五进七　车 6 进 1　　　32. 帅五进一　车 6 退 1

33. 帅五退一　马 6 进 7　　　34. 仕六进五　车 3 平 6

35. 帅五平六　前车平 5

以下如马七退五，车 6 进 6，帅六进一，炮 6 进 6，帅六进一，车 6 平 4，黑胜。

第 34 局　于幼华和柳大华

1. 炮二平五　马 8 进 7　　　2. 马二进三　车 9 平 8

3. 车一平二　马 2 进 3　　　4. 兵七进一　卒 7 进 1

5. 车二进六　炮 8 平 9　　　6. 车二平三　炮 9 退 1

7. 马八进七　士 4 进 5　　　8. 炮八平九　车 1 平 2

9. 车九平八　炮 9 平 7　　　10. 车三平四　马 7 进 8

11. 车八进六　卒 7 进 1

红方急进左路车，力图展开对攻，在复杂的变化中扩大攻击力。

12. 车四退一　象 7 进 5　　　13. 马三退五　卒 7 进 1

14. 马七进六　马 8 退 7　　　15. 车四进三　炮 2 退 1

16. 车四退四　炮 2 平 1

黑方平炮兑车是较好的应法，如车8进4，车八进一，马3退4，马六进七，红方形势主动。

17. 车八平七　　车2进2

红方平车吃卒压马，力求进取。如车八进三兑车，局势较为平稳。

18. 炮五平七　　马3退2	**19. 兵七进一　　马2进1**
20. 车七平六　　车8进4	**21. 兵七平八　　车2平3**
22. 兵八进一　　卒1进1	**23. 兵八平七　　车3平2**
24. 兵七平八　　车2平3	**25. 兵八平七　　车3平2**
26. 兵七平八　　车2平3	**27. 马六进七　　车8平3**

红方不愿意成为和局，设法谋求变化争斗下去，表现了勇于进取的决心。

28. 炮九退一　　后车平4	**29. 车六进一　　士5进4**

30. 车四进四　　马1退3（图34）

图34，黑方退马打车，企图利用弃子战术，打乱红方的攻击。如士4退5，马七进八，炮7退1，兵八平九，炮1进2，马八退九，车3退1，捉死红马之后，红方仍落后手。

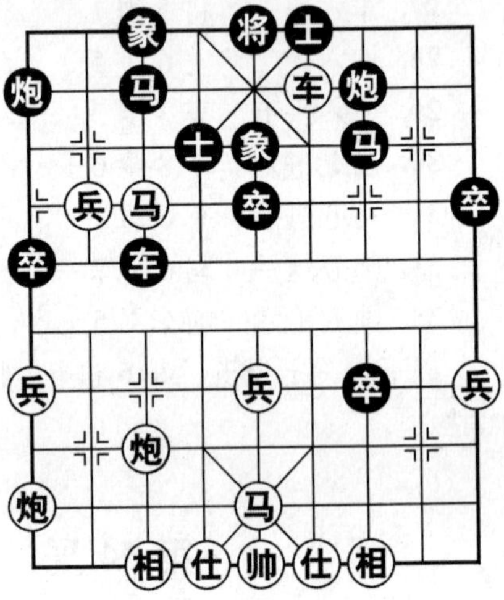

31. 车四平七　　士6进5

32. 车七退一　　马7进6

33. 兵八进一　　马6进5

黑方虽然丢失一马，但子力比较活跃，形势上并不吃亏。

34. 马七进五　　象3进5

红方在多子受困的形势下，弃马吃

图34

象兑车，使局势得到了缓解。如炮七平五，马5退4，红车被捉死，局势难以应付。

35. 车七退二　　象5进3	**36. 炮七平五　　炮1进5**
37. 炮五进四　　将5平6	**38. 马五进六　　炮7进8**

红方跃马弃相加紧攻击，争取主动。如相七进五，炮7进3，红方仍难化解被困之势。

39. 仕四进五　　炮1退1	**40. 相七进五　　炮7平9**
41. 炮五退二　　炮1平4	**42. 炮九进二　　卒7平6**
43. 帅五平四　　炮9平8	**44. 炮九平五　　炮8退4**
45. 后炮进五　　士4退5	**46. 马六进八　　炮8平6**

47. 帅四平五　炮6退1　　　48. 马八退七　炮4平1

如马八进七，炮4退2，红方没有攻击方法，形势并不见好。

49. 仕五退四　炮6平5

应炮五平八，炮1进4，相五退七，卒1进1，炮八平四，炮6平5，帅五平四，红方仍可对抗。

50. 仕六进五　炮5进3　　　51. 帅五平六　炮5平8
52. 炮五进一　炮8进2　　　53. 帅六进一　炮8退1
54. 仕五进六　炮1平7　　　55. 马七进六　卒6平5
56. 炮五平九　卒5平4　　　57. 马六退四　卒4平5
58. 马四进五　炮7平4　　　59. 帅六平五　炮4平5
60. 帅五平六　炮5平4　　　61. 帅六平五　炮4平5
62. 帅五平六　卒5进1　　　63. 炮九退二　炮5平4
64. 炮九平六　炮4退5　　　65. 马五退三　炮8退6
66. 兵八平七　将6进1

如卒5平4吃仕，帅六平五，炮4平5，炮六平五，炮5进6，马三退五，象3退5，兵七进一，炮8退1，马五进四，炮8平3，马四进三，将6进1，马三退一，炮3退1，帅五退一，卒4进1，仕四进五，炮3平5，仕五进四，和势。

67. 帅六退一　炮8平5　　　68. 仕四进五　卒5进1
69. 炮六进五　将6退1　　　70. 兵七平六　士5进4
71. 仕六退五　将6进1　　　72. 仕五进六　炮5平9
73. 炮六平八　炮4平9　　　74. 炮八退七　前炮进4
75. 马三进四　后炮进2　　　76. 炮八平四　后炮平6
77. 马四退三　炮9平6　　　78. 炮四进六

黑方进将吃炮后，红方可进马吃回一炮，形成和局。

第35局　廖二平负郑一泓

1. 炮二平五　马8进7　　　2. 马二进三　车9平8
3. 车一平二　马2进3　　　4. 兵七进一　卒7进1
5. 车二进六　炮8平9　　　6. 车二平三　炮9退1
7. 马八进七　士4进5　　　8. 炮八平九　车1平2
9. 车九平八　炮9平7　　　10. 车三平四　马7进8

11. 车四进二　炮2退1　　　12. 车四退五　炮2进7

13. 马七进六　车8进3　　　14. 车四退二　炮2退3

红方退车捉炮，其目的是准备平车牵制车马，限制黑方子力的活动。如马三退五，马8进7，炮五平三，象7进5，马六进七，红方先手。

15. 马六进七　炮2进1　　　16. 车四平二　炮7进5

17. 马三退一　卒7进1

红方不回中心马而退马边路，主要是防止炮7平8封车。

18. 马七退六　象3进5

19. 兵七进一（图35）　象5进3

图35，红方弃七路兵力求打乱黑方的阵地，其实没有必要白丢一兵。可马六进四，车8退1，马四进六，车2平4，车二平六，炮2平4，车八进六，马3进4，兵七进一，炮4退3，车六进四，炮4退1，炮五进四，马8进6，炮五退二，车8进6，仕六进五，车8平9，炮九进四，伏下车六进二强吃炮的手段，红优。

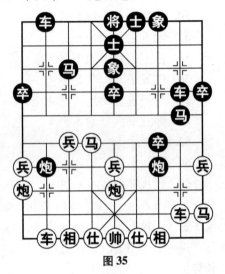

图35

20. 马六进四　车8退1　　　21. 炮九平七　象3退1

22. 炮七进四　车2平4　　　23. 炮七平六　象1进3

24. 炮五平六　车4平2　　　25. 车八进二　炮2退2

26. 马四退六　炮7平1　　　27. 车八进一　炮1退1

28. 相三进五　炮2平1　　　29. 车八进六　马3退2

30. 车二平八　马2进3　　　31. 车八平七　象3退1

32. 车七进五　后炮平3

应前炮平八，切断黑方象路，才能发挥攻击能力。

33. 后炮平七　马8进6　　　34. 相七进九　马3退4

35. 车七平九　炮1平2

如炮六平九，马4进2，车七平八，马2进4，黑方占优。

36. 车九平八　炮2平1　　　37. 车八平九　炮1平2

38. 车九平八　炮2平1　　　39. 仕六进五　卒7进1

40. 车八平九　炮1平2　　　41. 车九平八　炮2平1

42. 车八退一　炮3平5　　　43. 相五进三　炮5平8

44. 车八平四　炮8进5　　　45. 马一退三　卒7进1

46. 马六进五　炮1平7

可炮七进二，炮1平4，车四退一，炮4退1。红方虽然形势落后，还能应付一阵。

47. 帅五平六　炮7进4　　　**48.** 帅六进一　车8平2

49. 马五退四　车2进6　　　**50.** 帅六进一　车2退1

51. 马四退五　车2退1　　　**52.** 炮六平五　象7进5

黑胜。

第36局　赵国荣和徐天红

1. 炮二平五　马8进7　　　　**2.** 马二进三　车9平8

3. 车一平二　马2进3　　　　**4.** 兵七进一　卒7进1

5. 车二进六　炮8平9　　　　**6.** 车二平三　炮9退1

7. 马八进七　车1进1　　　　**8.** 炮八平九　车1平6

9. 马七进六　士6进5

如炮9平7打车，马六进五，马7进5，车九平八，士6进5，车八进七，马5进6，车三平七，形成对攻，红方仍持先手。

10. 车三退一　车6进1

如车九平八出车吃炮，炮9平7，车八进七，炮7进2，车八平七，车8进8，双方对抢攻势，后果难料。黑方此刻进车士角稳健。如炮2平1或炮9平7，不及车6进1含蓄有力。

11. 车九进一　炮2进4　　　**12.** 炮五平七　炮9平7

13. 车三平八　炮2平7　　　**14.** 相三进五　车8进5

进车捉马，紧凑。如前炮平8，车九平二，黑方不占好处。

15. 马六进七　将5平6　　　**16.** 车九平一　象7进5

17. 炮九退一　马7进8

红方退炮准备加强右路的防守，稳健。如车八进二，强行在左路寻找攻势，变化较为复杂，难以预料效果。

18. 炮九平四　将6平5　　　**19.** 马七进五　象3进5

红方马踏中象，发动攻势。

20. 炮七进五　士5进4

上士力求化解攻势，正确。如象5退3，炮四平七，黑方一时难以解除威胁。

21. 炮七平九　后炮进6（图36）

图36，红方竭力展开攻击，希望在抢攻中取得机会。如炮四平九，后炮进6，炮九进五，车6进4，黑方反而抢先取得攻势。

22. 炮九进二　士4进5

23. 车八进四　士5退4

24. 车八退四　士4进5

25. 炮四平八　后炮平1

黑方形势危机，只好献炮解围。如将5平6，车八进四，士5退4，车八平六，将6进1，炮八进七，黑方无法防守。

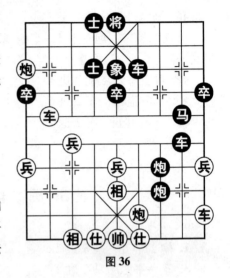

图 36

26. 炮九退六　车8进4　　　27. 仕六进五　马8进6

如车6进6，车一平三，黑方难有攻势。

28. 车一平二　车8退1　　　29. 炮八平二　炮7平9

30. 炮二平一　炮9平8　　　31. 炮一平二　炮8平9

32. 炮二平一　炮9平8　　　33. 相五退三　炮8进2

如双方不变，可形成和局，但红方求变，争胜之心跃然枰上。

34. 车八退三　车6平7　　　35. 车八平二　炮8平9

36. 相七进五　车7进6

如马6进5，车二平五，车7进7，车五平二，车7退1，车二退二，车7平9，黑方有边卒作战，形势较好。

37. 炮九退二　车7退2

退炮打车效力较差，不如炮一进一，马6进4，车二进七，士5退6，车二退九，炮9退3，车二进三，仍可和黑方周旋。

38. 兵五进一　马6进8　　　39. 炮一平三　卒1进1

进边卒迟缓，不如车7平2扩大攻击范围。

40. 炮三进一　卒1进1　　　41. 车二退二　车7平2

42. 相五退七　车2平3　　　43. 相七进五　车3平2

双方不变形成和局。

第37局 廖二平负邓颂宏

1. 炮二平五 马8进7   **2.** 马二进三 车9平8

3. 车一平二 卒7进1   **4.** 车二进六 马2进3

5. 兵七进一 炮8平9   **6.** 车二平三 炮9退1

7. 马八进七 士4进5   **8.** 炮八平九 炮9平7

9. 车三平四 马7进8   **10.** 车九平八 车1平2

11. 车四进二 炮2退1   **12.** 车四退五 炮2进7

红方退车兵行线，是保持局势稳健的走法。

13. 马七进六 炮2退2   **14.** 炮五进四 象7进5

炮打中卒急攻，容易遭到黑方牵制，不如车四进五捉炮。

15. 兵五进一 炮2退1

16. 马六进七 炮2平5

17. 车八进九 马3退2

18. 炮五平三（图37） 卒7进1

图37，平炮三路，打算防范黑方进7路卒的反击，但不如炮九进四，马2进1，马七进九，象3进1，炮九退二，炮5平1，兵九进一，红方消除了空头炮的威胁，平稳局势，比较适宜。

19. 兵三进一 炮7进4

20. 马三进四 马2进1

21. 马七进九 象3进1

22. 炮九进四 炮7退1

23. 帅五进一 炮7平5   **24.** 帅五平六 马8进6

黑方兑去红马之后，已无后顾之忧，可以利用车马双炮乘势进攻，着法紧凑有力。

25. 车四进一 车8进6   **26.** 仕六进五 车8平4

27. 仕五进六 将5平4

出将要杀，红方难以防守。

28. 仕四进五 车4平5   **29.** 兵七进一 象1进3

30. 炮九退二 车5进2   **31.** 帅六退一 车5进1

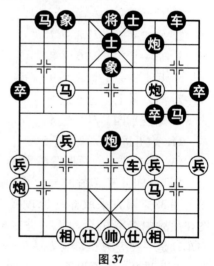

图37

32. 帅六进一　将4平5　　**33.** 炮九平六　前炮进1

34. 车四进一　后炮退1　　**35.** 车四进一　后炮进1

36. 车四退一　后炮退1　　**37.** 车四平五　后炮平6

38. 车五平七　炮5平4

吃象贪攻失误。应仕六退五，炮6进5，帅六进一，红方还可应付。

39. 仕六退五　车5平7　　**40.** 炮六平五　炮4退6

退炮解杀还杀，迫使红方丢子而失利。

41. 仕五进四　车7退6　　**42.** 车七平五　车7进5

43. 帅六退一　车7进1　　**44.** 帅六进一　车7平5

以下有炮6平4和士5进4的攻势，黑胜。

第38局　　陈孝堃胜王嘉良

1. 炮二平五　马8进7　　**2.** 马二进三　卒7进1

3. 车一平二　车9平8　　**4.** 车二进六　马2进3

5. 兵七进一　炮8平9　　**6.** 车二平三　炮9退1

7. 马八进七　士4进5　　**8.** 炮八平九　炮9平7

9. 车三平四　马7进8　　**10.** 车九平八　车1平2

11. 炮五进四　马3进5　　**12.** 车四平五　卒7进1

13. 兵三进一　马8进6　　**14.** 马三进四　炮7进8

15. 仕四进五（图38）　炮2进6

图38，黑方采取弃马抢攻战术，企图在乱战中夺取机会。此时进右炮封住左车，是一种应法。如炮7平9，车八进四，车8进9，仕五退四，车8退2，仕四进五，车8平3，炮九平八，车3平8，仕五进四，车8进2，帅五进一，车8退1，帅五退一，象3进5，车五平六，车8平2，双方各有攻守。红方多兵好走。

16. 炮九进四　车8进9

17. 相七进五　炮7平4

如马四退三捉车，车8退2，车五平二，车8平7，车二退六，车7平3，车

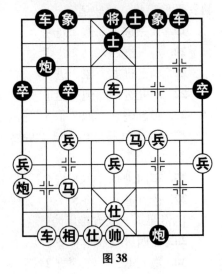

图38

二平三，炮2退2，相七进九，车3退1，兵五进一，车3平9，车八进二，双方各有攻守。

18. 仕五退四　炮4平6　　　**19. 马四退三　炮6平2**

如炮2平7要杀，帅五进一，车2进9，马七退八，炮6退3，马八进七，炮6平8，帅五平六，车8平3，车五平二，炮8平6，车二退五，车3退2，各有千秋。

20. 马三退二　前炮平8　　　**21. 车五平七　车2进7**

可帅五进一，阻挡黑炮移到左路，如车2进6，马七进六，车2平1，车五平七，炮2平3，车七平八，车1平5，马六进四，车5平1，马四进二，士5进4，马二进三，将5平4，炮九平一，红方多兵占优。

22. 车七平二　车2平3

红方多兵，力求兑子稳占优势。如马七进六，炮2平7，车七平二，车2进2，帅五进一，车2退1，帅五退一，炮7平8，车二平四。红方虽有多兵之利，但黑方有对攻的机会。

23. 炮九平五　象3进5		**24. 车二退六　车3退1**	
25. 兵五进一　车3平9		**26. 车二进六　卒9进1**	
27. 炮五退一　炮2退8		**28. 车二平一　卒9进1**	
29. 兵七进一　车9平6		**30. 车一退二　车6退1**	
31. 帅五进一　车6平5		**32. 车一进一　炮2进5**	

伸炮打兵，有利于防守。如炮2进6，兵七进一，炮2平5，炮五退二，车5进1，兵九进一，红方多兵，胜势。

33. 兵七平六　炮2平7		**34. 车一退二　炮7退1**	
35. 车一平六　炮7平6		**36. 帅五平六　炮6退2**	
37. 车六退一　象7进9		**38. 炮五平二　象5进7**	
39. 兵六进一　车5平8		**40. 炮二平一　炮6平2**	
41. 炮一进一　车8进3		**42. 帅六退一　车8退5**	
43. 炮一退二　炮2退2		**44. 炮一平五　象7退5**	
45. 兵六平七　车8平5		**46. 车六进二　炮2平4**	
47. 车六平七　士5进4		**48. 帅六平五　士6进5**	
49. 兵七进一　将5平6			

进兵展开攻击，有很大的威力，黑方如应对有误，就有失势的危险。

50. 兵七进一　将6进1		**51. 相五进三　炮4平7**	
52. 炮五退二　将6退1		**53. 车七平四　将6平5**	
54. 车四进四　象9进7		**55. 车四平三　炮7平6**	

56. 车三平二　车 5 进 3　　　**57.** 兵九进一　车 5 退 1

58. 兵九进一　车 5 平 7　　　**59.** 兵七平六　车 7 平 5

60. 帅五进一　象 7 退 9　　　**61.** 车二平一　象 9 进 7

62. 兵九进一　炮 6 平 7　　　**63.** 兵九平八　将 5 平 6

64. 兵八平七　炮 7 进 2　　　**65.** 车一进一　将 6 进 1

66. 兵七平六　车 5 进 1　　　**67.** 车一退三　将 6 退 1

退将造成受攻之势。不如车 5 退 1，还可应付一阵。

68. 后兵进一　士 5 进 4　　　**69.** 车一平四　将 6 平 5

70. 帅五平四　士 4 退 5　　　**71.** 车四进二

红胜。

第 39 局　　郭长顺和吕钦

1. 炮二平五　马 8 进 7　　　**2.** 马二进三　车 9 平 8

3. 车一平二　卒 7 进 1　　　**4.** 车二进六　马 2 进 3

5. 兵七进一　炮 8 平 9　　　**6.** 车二平三　炮 9 退 1

7. 马八进七　士 4 进 5　　　**8.** 炮八平九　车 1 平 2

9. 车九平八　炮 9 平 7　　　**10.** 车三平四　马 7 进 8

11. 马三退五　卒 7 进 1　　　**12.** 车四退一　炮 7 进 5

可卒 7 进 1，车八进六，象 3 进 5，马七进六，马 8 进 9，相三进一，炮 7 平 8，双方对攻。

13. 车八进六　马 8 进 6　　　**14.** 炮五平三　车 8 进 2

如马七进六，仍持有先手。

15. 炮三进二　车 8 平 6　　　**16.** 马七进六　炮 7 平 1

红方进马正确。如车四进二，炮 2 平 6，车八进三，马 3 退 2，炮九进四，马 2 进 3，炮九退二，马 6 退 4。红方虽多一兵，但黑马位置好，红方不占便宜。

17. 炮九进四　车 6 进 2　　　**18.** 马六进四　炮 2 平 1

19. 车八进三　马 3 退 2　　　**20.** 炮九平五　后炮平 5

21. 炮五退二　马 2 进 1　　　**22.** 兵一进一　马 1 进 2（图 39）

图 39，红方进边兵力争保持实力，然后和黑方周旋。如马五进七，炮 1 平 9，马七进六，红方较为主动。

23. 马五进七　炮 1 退 2

黑方退炮打马并控制河口，是较好的走法。如炮1平3，相七进五，黑方双马没有攻势，不占好处。

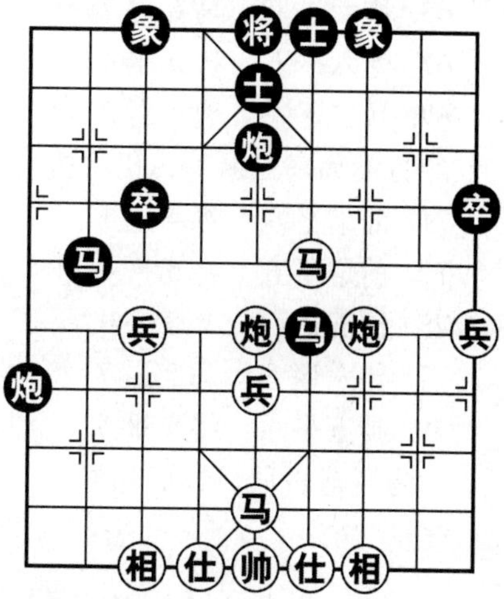

24. 马四进三　象7进9

25. 马三退一　马6进7

26. 仕四进五　马2退4

27. 炮五进二　马4进3

红方进中炮无可奈何。如相三进五，马7退5，马七进五，马4进5，黑方较为合适。

28. 相三进五　马3进5

29. 马一退二　马5进3

30. 马二退三　将5平4

31. 马三进四　卒3进1

图39

32. 炮五平九　炮5进2

33. 马四进三　象9进7

34. 炮三平二　炮5进1

可象3进5，形势较为平稳。

35. 炮九平七　马3退5

36. 马三进四　炮1进5

37. 炮二进五　将4进1

38. 马四退五　象7退5

39. 马五退四　炮1退4

40. 马四进二　炮5退1

41. 炮七平四　马5进3

42. 炮二平七　马3退2

43. 马二退三　马2进4

44. 炮四退五　炮1进4

45. 马三进四　象5进7

46. 兵一进一　卒3进1

黑方乘机过3路卒加强攻势，稳健。如马4进5贪得一仕，马四退五困马，黑方反而不利。

47. 马四退五　卒3平4

48. 马五进三　马4退6

49. 炮七退八　炮5退1

50. 炮七平六　士5进4

51. 兵一平二　卒4进1

52. 帅五平四　炮1退1

如马6进5，形成较为复杂的局势。

53. 炮六平八　象7退5

54. 马三进四　炮1进1

55. 炮八退一　卒4平5

56. 仕五进四　马6进7

57. 炮四平三　士4退5

58. 马四退三　卒5平6

59. 炮八进二　士5进6

60. 炮八平六　将4平5

61. 相五进七　马7退8

62. 炮三平五　炮1退4

63. 马三进五　卒6平5

64. 帅四平五　马8退6

65. 炮六进三　马6进7　　　　**66.** 马五进三　炮5平3

67. 炮六平五　将5平4　　　　**68.** 相七进九　象5退7

69. 兵二平三　炮1退2　　　　**70.** 马三进二　士6进5

红方不如马三退一，仍有机会。

71. 前炮平六　将4退1　　　　**72.** 炮五平六　将4平5

73. 前炮平五　将5平4　　　　**74.** 仕六进五　象7进5

75. 仕五进六　卒5平4　　　　**76.** 炮六进二　马7退5

77. 仕六退五　马5退7　　　　**78.** 炮六退二　炮3平2

79. 帅五平六　将4平5　　　　**80.** 仕五进六　炮2平3

双方各难进取，终成和局。

第40局　　王卫东负童本平

1. 炮二平五　马8进7　　　　**2.** 马二进三　车9平8

3. 车一平二　马2进3　　　　**4.** 兵七进一　卒7进1

5. 车二进六　士4进5　　　　**6.** 马八进七　炮8平9

如象3进5，车二平三，炮2进4，形成复杂的弃马抢攻形势，双方各有占先的机会。

7. 车二平三　炮9退1　　　　**8.** 炮八平九　炮9平7

9. 车三平四　马7进8　　　　**10.** 车九平八　车1平2

11. 车四进二　炮7进5　　　　**12.** 相三进一　炮2进4

13. 马七进六　马8退7

红方进马容易遭受牵制，可兵五进一较为有力。

14. 车四退四　炮2进1

进炮控制红方炮马的活动，正确。如象7进5，马六进七，车8进8，仕四进五，炮2进1，车四退一，卒7进1，兵五进一，红方先手。

15. 马六进七　象7进5　　　　**16.** 仕四进五　卒7进1

冲7路卒捉车是有力的反击之着，迫使红车让开要道。

17. 车四平六　马7进6

如车四平三，炮2平7，车八进九，前炮退2，车八退二，后炮平8，黑方占优势。

18. 车六进四　车8进2（图40）

图40，黑方在防守反击中取得了先手。此时可炮7平8，车六平七，炮2

平3，车八进九，炮3退4，炮九平七，炮3退2，炮七进五，马6进4，黑方占优。

19. 仕五进六　马6进8

如车六平七，炮2平3，黑方优势。

20. 马三退二　马8退7

21. 车八进二　车8进7

22. 帅五进一　车8退1

23. 帅五退一　车2进7

24. 炮五平八　车8平2

黑方先平车捉炮，可以加强右路的防守，稳健之着。如炮7平8，炮九进四，象3进1，炮八进五，黑方还要进行防守，反而失去主动。

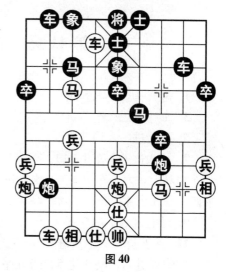

图40

25. 炮八进二　卒7平6　　　　　**26.** 车六平七　卒6进1

红方平车捉马失策，容易遭受黑方的反击。不如炮八平四，马7进6，马七进五，士5进6，马五进七，车2退7，车六平四，将5平4，车四进一，将4进1，车四退二，车2平3，车四退三，伏兵七进一和炮九平七，有一定的攻击能力。黑方进卒弃马，争取攻势。如马7进5，车七退一，马5退3，车七退一，车2退3，炮九进四，各有千秋。

27. 车七退一　炮7平5　　　　　**28.** 炮九进四　士5退4

退士加强防守，使红方车马炮无计可施，黑方由此大占优势。

29. 车七平六　士6进5　　　　　**30.** 车六退四　车2平9

31. 炮八退一　马7进8　　　　　**32.** 炮八退一　马8进9

如炮八平五，卒6平5，车六进一，马8进7，相一退三，车9进1，相七进五，前卒进1，黑胜。

33. 炮九平五　马9进7

如炮八平一打马，卒6进1，黑方胜定。

34. 帅五平四　炮5平9

如帅五进一，马7退8，帅五退一，卒6进1，马七进八，马8进7，帅五进一，马7退5，黑胜。

第41局　陈孝堃胜言穆江

1. 炮二平五　马8进7　　　　2. 马二进三　车9平8

3. 车一平二　卒7进1　　　　4. 车二进六　马2进3

5. 兵七进一　炮8平9　　　　6. 车二平三　炮9退1

7. 马八进七　车1进1　　　　8. 炮八平九　车1平6

如马七进六，车1平4，炮八进二，卒3进1，相七进九，炮9平7，车三平四，马3进4，炮五平六，马4退6，炮六进六，车8进7，黑方主动。

9. 马七进六　炮9平7　　　　10. 马六进五　马7进5

11. 兵五进一　士6进5

如炮五进四，马3进5，炮九平五，士6进5，红方不占便宜。此时黑方上左士，效力不高，不如车6平2，兵五进一，炮7平5，兵五进一，炮2进1，黑方不难走。

12. 兵五进一　马5退7　　　　13. 车三平七　车6进1

14. 车九平八　炮2平1

如炮2退1，车八进七，炮2平3，车七进一，车6平3，车八平七，红方优势。

15. 车八进七　象7进5

16. 车八平七　马7进8（图41）

图41，如炮1进4打边兵，兵五进一，炮1平3，兵五进一，象3进5，炮九平八，将5平6，炮八进七，将6进1，炮八平二，炮3退3，车七退一，红方优势。

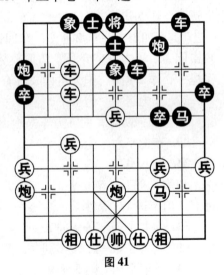

图41

17. 后车平三　马8退9

18. 车三平六　炮7进5

19. 相三进一　卒7进1

20. 兵五平四　车6进2　　　　21. 车七进二　将5平6

22. 车七退二　炮1进4

23. 车七平五　炮7平8　　　　24. 仕六进五　卒7进1

25. 炮五平四　将6平5　　　　26. 炮九进四　车6平1

27. 炮四平八　炮1平2　　　　28. 炮九平八

红胜。

第42局 孟立国胜蒋志梁

1. 炮二平五　马8进7　　　2. 马二进三　卒7进1

3. 车一平二　车9平8　　　4. 车二进六　马2进3

5. 兵七进一　炮8平9　　　6. 车二平三　炮9退1

7. 马八进七　士4进5　　　8. 炮八平九　车1平2

9. 车九平八　炮9平7　　　10. 车三平四　马7进8

11. 车四进二　炮7进5　　　12. 相三进一　炮2进4

13. 兵五进一　炮7平3　　　14. 马三进四　炮2退5

15. 车四退三　卒7进1　　　16. 马四退三　卒7进1

17. 兵七进一　卒3进1

红方弃马冲兵展开对攻，争取机会。如马三退五，炮2进5，兵七进一，炮3平9，兵七进一，炮2平5，双方对攻。此刻黑方如卒7进1吃马，兵七进一，马3退4，炮五进四，象3进5，车四退二，炮3退2，炮九平三，红方弃子有攻势。

18. 车四平七　马3进2

19. 车八平九（图42）　炮2平1

图42，红方平车闪开黑方攻击，稳健。如车七平八，炮2进8，车八进四，炮3进3，帅五进一，马8进6，帅五平六，卒7进1，车八退九，炮3平6，车八进三，红方虽然多得一子，但黑方有攻势，后果尚难预料。

20. 炮九平八　象3进5

21. 炮八进七　象5进3

22. 车九平八　马8进6

23. 马七进五　马2退3

24. 炮八平九　炮1进5

25. 炮五平九　炮1退6

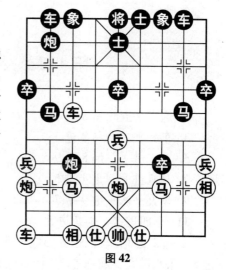

图42

26. 炮九进七　炮3平1

弃炮是为了化解红方底炮的攻势。如卒7进1，车八进九，士5退4，车八退四，士4进5，车八平七，车8进2，车七退二，红方占先。

27. 炮九退六　马6进7　　　28. 马五进三　马7进6

由于马卒的位置不好，而弃马攻杀没有把握，不如车8进4，力争谋和才是上策。

29. 帅五平四　车8进9	30. 帅四进一　车8退1
31. 帅四退一　车8进1	32. 帅四进一　车8平4
33. 车八进二　将5平4	34. 兵五进一　车4退1
35. 帅四退一　象3退5	36. 帅四平五　卒5进1
37. 马三进五　车4退4	38. 车八平五　马3进2
39. 炮九平六　将4平5	40. 车五进一　卒7进1
41. 马五退三　马2进1	42. 马三进四　车4平7
43. 炮六进一　马1退3	44. 相七进五　马3进4
45. 帅五平六　马4进2	46. 帅六平五　马2退4
47. 帅五平六　车7退1	48. 车五平四　卒7进1
49. 炮六进二　车7进4	50. 车四平六　马4进2

红方车马炮占据进攻要点，可以构成有力的攻击，已使黑方难防守。

51. 帅六进一　士5进4	52. 马四进六　将5进1
53. 炮六平五　象5进3	54. 马六进七　将5退1
55. 车六进六　将5进1	56. 车六退一

红胜。

第43局　吴贵临负柳大华

1. 炮二平五　马8进7	2. 马二进三　车9平8
3. 车一平二　马2进3	4. 兵七进一　卒7进1
5. 车二进六　炮8平9	6. 车二平三　炮9退1
7. 马八进七　士4进5	8. 炮八平九　车1平2
9. 车九平八　炮9平7	10. 车三平四　马7进8
11. 车四进二　炮7进5	

如炮2退1，车四退五，炮2进5，兵五进一，炮2平7，炮五进四，象7进5，车八进九，前炮进3，仕四进五，马3退2，车四平二，卒7进1，车二退三，卒7进1，马三进五，马8退9，车二进九，马9退8，兵五进一，双方对攻，红方有利。

12. 相三进一　炮2进4	13. 兵五进一（图43）　卒7进1

图43，如炮7平3，马三进四，炮2退5，车四退三，卒7进1，马四退

三，象 3 进 5，兵五进一，卒 5 进 1，相
一进三，炮 2 进 5，车四平五，车 8 进 3，
炮九退一，马 8 进 7，炮九平三，马 7 进
5，相七进五，红方可取得主动。

14. 车四退五　炮 2 进 2

15. 相一进三　象 7 进 5

16. 仕六进五　车 8 平 7

17. 相三退一　车 7 进 4

18. 炮九平八　炮 2 平 3

19. 相七进九　卒 3 进 1

20. 车八进一　炮 3 进 1

21. 车八平九　炮 3 平 2

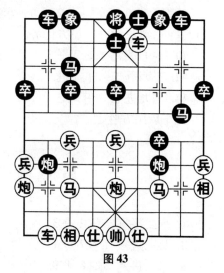

图 43

可炮 3 退 4 打兵，相九进七，卒 3 进
1，黑方控制右路，形势较好。

22. 炮八退一　炮 2 平 3　　　　　　**23.** 炮八退一　炮 3 退 1

24. 炮八平七　炮 3 平 2　　　　　　**25.** 炮七平八　炮 2 平 3

如兵七进一吃卒，炮 2 退 1，炮五平八，车 2 进 7，马三进五，炮 7 平 5，
马七进五，车 2 退 1，兵七进一，马 3 退 2，车九平七，车 7 平 4，车七进一，
车 4 进 2，车七平二，马 8 退 9，车二进五，象 5 进 7，车四平三，象 3 进 5，
车二退四，马 2 进 4，形成平稳局势。

26. 炮八进二　炮 3 退 3　　　　　　**27.** 相九进七　卒 3 进 1

28. 炮八退二　马 3 进 4　　　　　　**29.** 车九平六　马 4 进 3

30. 炮五进四　马 8 退 7　　　　　　**31.** 兵五进一　马 7 进 5

如车四进四，炮 7 平 8，帅五平六，车 2 进 9，马七退八，马 3 进 4，马八
进六，炮 8 退 4，黑方先手。此时黑方兑去一炮，力求化解威胁，可竭尽全力
牵制红方，取得优势。

32. 兵五进一　炮 7 平 8　　　　　　**33.** 马三退二　炮 8 进 2

34. 车四退二　炮 8 退 1

退炮牵制红方子力。红方虽然多子，但形势被动。

35. 车四进三　炮 8 平 5　　　　　　**36.** 帅五平六　马 3 进 1

37. 炮八平七　卒 3 进 1

如车四平七吃卒，马 1 进 2，车六进七，马 2 退 3，车七退二，车 7 平 5，
仍是黑方占优。

38. 马七退九　炮 5 平 2　　　　　　**39.** 车六进七　炮 2 进 2

如炮七平八打车，炮2平4，车六进一，车2进9，帅六进一，车2退1，帅六退一，车2平1，黑方优势。

40. 炮七进九　车2平3　　41. 兵五进一　卒3平2

42. 车四退二　车3进9　　43. 帅六进一　马1退3

44. 马九进七　车3退1　　45. 帅六退一　车7平4

兑车后黑方胜定。

第44局　吕钦负徐天红

1. 炮二平五　马2进3　　2. 马二进三　马8进7

3. 兵七进一　卒7进1　　4. 车一平二　车9平8

5. 车二进六　炮8平9　　6. 车二平三　炮9退1

7. 马八进七　士4进5　　8. 炮八平九　车1平2

9. 车九平八　炮9平7　　10. 车三平四　马7进8

11. 车八进六　卒7进1　　12. 车四进二　炮2退1

13. 车四退三　卒7进1　　14. 马三退五　象3进5

15. 车八进一　车2平3

如车八平七，车2平3，车七平六，马8退7，车四退一，车8进4，黑方防守稳健，足可对抗。

16. 炮九进四　马8退7

黑方退马攻守兼备。如马8进9，相三进一，车8进5，炮九退二，车8平3，马七进八，车3进1，马八进六，车3退2，兵五进一，红方优势。

17. 车四退一　炮2平4

18. 炮九退二　车8进8

19. 马七进六　马7进8

红方进河口马效果不好，不如炮五平六，攻守两利。

20. 车四平三　炮4进1

21. 车八退一　马8退7

22. 车三平四　马7进8

23. 车四平三（图44）　马8退7

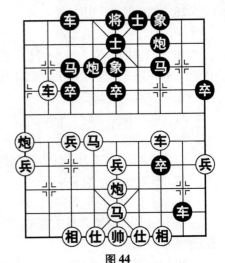

图44

图44，如车8平6，马五进七（如车三进四吃炮，炮4退1，车三退四，马8进9，车三退一，马9进8，红方失车败定），炮7进1，黑方仍可对抗。

24. 车三平四　卒7进1　　　**25.** 炮五平九　炮4进2

26. 马五进三　炮7进6

红方进马企图先弃后取，不料遭到黑方的暗算，反而形成落后之势。应相三进五，卒7进1，马五进三，马7进8，车四进一，形势变化复杂，红方可以应付。

27. 车四平三　车8平7　　　**28.** 相三进五　车7平4

29. 后炮平三　车4进1

红方吃炮弃仕失算，导致老帅不安于位，使防守更加艰难。不如后炮退二保仕，马7进8，车三退二，马8进6，车三进二，马6进4，仕四进五，马4进3，帅五平四，红方不吃亏。

30. 帅五进一　车4退1　　　**31.** 帅五退一　车4进1

32. 帅五进一　车4退1　　　**33.** 帅五退一　车4进1

34. 帅五进一　马7进8　　　**35.** 车三平二　卒5进1

36. 马六退四　车3平4　　　**37.** 车八退四　炮4平1

如马四进五，仍可支撑一阵。

38. 帅五平四　后车进3　　　**39.** 炮三退二　前车退3

40. 仕四进五　前车平5　　　**41.** 马四退二　车5平1

42. 兵七进一　车4平6　　　**43.** 仕五进四　车1进2

黑胜。

第45局　邬正伟胜童本平

1. 炮二平五　马8进7　　　**2.** 马二进三　车9平8

3. 车一平二　马2进3　　　**4.** 兵七进一　卒7进1

5. 车二进六　士4进5　　　**6.** 马八进七　炮8平9

7. 车二平三　炮9退1　　　**8.** 炮八平九　炮9平7

9. 车三平四　马7进8　　　**10.** 车九平八　车1平2

11. 马三退五　卒7进1　　　**12.** 车四退一　卒7进1

13. 车八进六　象3进5　　　**14.** 炮九进四　炮2退1

可以马8进9，展开对攻之势。

15. 车八进一　马8退7　　　**16.** 车四退一　车2平3

平车保马容易遭受攻击，不如车8进8，车八平七，马7进8，车四平三，车8平6，相三进一，炮7平6，以下有马8进6或马8退6的攻法，较为积极主动。

17. 炮九进一 马3退4

18. 马七进六 卒3进1

19. 兵七进一 车3进4

20. 车八退二 车8进4（图45）

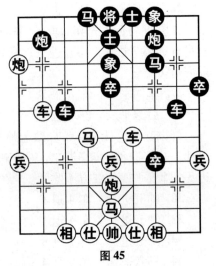

图45

图45，红方退车兑车，以求攻势，但进展比较缓慢。可炮九进二，车3退4，炮五平九，车8进4，相三进五，先牵制黑方车马，然后再设法展开攻击，前景较好。

21. 车八平七 象5进3

22. 炮九进二 马4进3

23. 马六进七 车8平4

不如象3退5，马七进九，车8平3，炮五平七，马7进6，变化复杂，黑方还可应付。

24. 马五进七 炮2平3　　　**25. 后马进八 车4退1**

26. 炮五平七 卒7平6　　　**27. 仕四进五 卒6平5**

28. 兵九进一 象7进5　　　**29. 兵九进一 后卒进1**

30. 炮七平八 炮3平2　　　**31. 炮八平七 车4平5**

平中车反而失去机会。应马7进5，车四进二，后卒进1，马八进九，炮2进2，兵九平八，马3进1，兵八进一，马1进2，双方各有牵制，黑方可以对抗。

32. 马七退五 车5进1　　　**33. 炮七进五 车5平7**

34. 相三进五 马7进5　　　**35. 炮七进二 炮2退1**

36. 车四平五 马5退7　　　**37. 炮七退一 士5退4**

38. 车五平六 炮7退1　　　**39. 车六进四 卒5进1**

40. 相七进五 车7退1　　　**41. 炮七进一 士4进5**

42. 炮七退一 炮2进1　　　**43. 炮九平八**

红胜。

第46局 李来群胜柳大华

1. 炮二平五 马8进7　　　　**2.** 马二进三 车9平8

3. 车一平二 马2进3　　　　**4.** 兵七进一 卒7进1

5. 车二进六 炮8平9　　　　**6.** 车二平三 炮9退1

7. 马八进七 士4进5　　　　**8.** 炮八平九 炮9平7

9. 车三平四 马7进8　　　　**10.** 车九平八 车1平2

11. 车四进二 炮7进5　　　　**12.** 相三进一 炮2进4

13. 兵五进一 炮7平3　　　　**14.** 马三进四 炮2退5

红方马三进四是流行走法，也可兵五进一，卒5进1，马七进五，成另一路变化。

15. 车四退三 卒7进1　　　　**16.** 马四退三 象3进5

如卒7进1，马三退五，黑方不占好处。

17. 马三进五 卒7平6

18. 兵五进一 炮2进5

19. 仕六进五 卒6平5（图46）

图46，如马8进7，车四退一，炮2平5，车八进九，马3退2，马七进五，马7进5，相七进五，卒5进1，马五进三，车8进6，马三进四，士5进6，各有千秋。

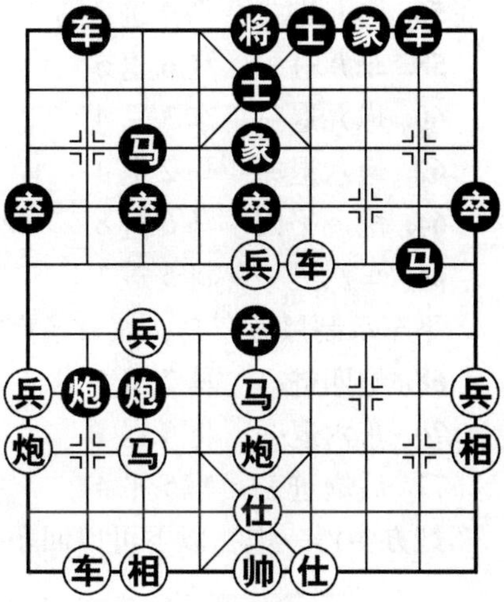

20. 马五进三 前卒平6

21. 炮五平二 马8退9

平炮打车，可消除黑马的威胁，保持优势。

22. 马三进四 炮3平6

23. 车四退一 炮6退3　　　　**24.** 车四进二 炮2平5

25. 炮二平五 车2进9　　　　**26.** 马七退八 卒5进1

27. 马八进七 车8进6　　　　**28.** 马七进五 车8平5

29. 车四平七 马3退4　　　　**30.** 炮五平六 车5平1

可车5平3提相，对攻更加紧张。

31. 炮六进六 车1平2　　　　**32.** 炮六平九 马4进2

图46

33. 车七进二　车2退3　　34. 前炮进一　士5进6

35. 兵七进一　象5进3　　36. 车七进一　将5进1

37. 车七退四　象7进5　　38. 车七平五　马9进7

39. 车五平四　马2进4　　40. 后炮平五　马4进5

41. 车四退二　车2平3　　42. 相七进九　车3进4

43. 车四平五　马5进4　　44. 帅五平六　马4进3

进3路马效力太低，不如马7进6，炮五平六，车3平2，相一退三，车2进2，帅六进一，卒1进1，各有千秋。

45. 炮五平六　车3退3

红方平炮避免兑子，是保持攻势的紧要之着。

46. 相一退三　马7进5　　47. 相三进五　卒1进1

48. 相五退七　卒1进1　　49. 炮九退三　车3退1

50. 炮九进一　车3进1　　51. 炮九退一　车3退1

52. 炮九退一　马5进7　　53. 车五进一　马7进9

54. 车五平九　车3进1　　55. 炮九进二　车3平2

56. 炮九进二　马9进7　　57. 车九退一　马7退6

58. 车九进三　马6退5　　59. 车九平八　车3进4

60. 炮九退三　车3平4　　61. 炮九平一　马3退2

62. 炮六退一　马4进4　　63. 炮一退五　马5进6

64. 炮一平四　马6进8　　65. 车八进四　将5退1

66. 车八进一　将5进1　　67. 车八平六　马8退7

平车牵制黑方车马，红方已有得子的机会，黑方难以应付。

68. 炮四进一　马7退5　　69. 炮四平六　车4平5

70. 车六退一　将5退1　　71. 车六进一　将5进1

72. 后炮进三　车5平4　　73. 前炮进一

红方多得一炮，以下可以回车捉马，黑方已难防守，红胜。

第 47 局　胡荣华和赵国荣

1. 炮二平五　马8进7　　2. 马二进三　车9平8

3. 车一平二　马2进3　　4. 兵七进一　卒7进1

5. 车二进六　炮8平9　　6. 车二平三　炮9退1

7. 马八进七　士4进5　　8. 炮八平九　炮9平7

9. 车三平四　马7进8　　　　**10.** 车九平八　车1平2

11. 车四进二　炮7进5　　　　**12.** 相三进一　炮2进4

13. 兵五进一　炮7平3　　　　**14.** 马三进四　炮2退5

如兵五进一，卒5进1，马七进五，车8进2，马五进六，炮3平1，仕四进五，马8进7，车八进二，马3退4，兵七进一，马4进5，双方对抢攻势。

15. 车四退三　卒7进1　　　　**16.** 马四退三　象3进5

上中象稳健。如卒7进1，兵七进一，双方对攻，红方的进攻较快。

17. 兵五进一　卒5进1　　　　**18.** 马七进五　卒5进1

19. 炮五进二　卒7平6

20. 马三进四　马8进6（图47）

图47，黑方兑马力求简化局势。如马8进7，车四平五，炮2进5，炮五进三，象7进5，马五进六，马3退4，马六退七，马7进9，马四退五，炮2进1，车八进一，红方形势较好。

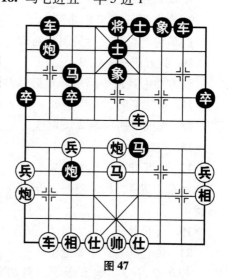

图47

21. 车四退一　车8进6

22. 马五进三　炮3平2

23. 车八平九　前炮平5

24. 炮九平三　马3进5

25. 车四退二　车2平4

如车四进二，炮2进6，形势反而不好。

26. 车九进二　车4进5　　　　**27.** 马三进四　卒3进1

28. 车九平八　炮5平2　　　　**29.** 炮三进二　车4进1

30. 车八平六　卒3进1　　　　**31.** 炮三平七　后炮平3

黑方平炮打相失去了抢夺优势的机会。应前炮退3牵制红马的活动。马四退三，马5进3，炮五退一，前炮平5，仕六进五，车8平5，马三退五，车4平5，帅五平六，车5平3，黑方优势。

32. 仕六进五　炮2退3　　　　**33.** 车六平八　车4平2

34. 车八进一　车8平2　　　　**35.** 相七进九　炮2平6

可炮3平4，略占优势。

36. 车四进四　马5进3　　　　**37.** 炮七进四　马3进5

38. 车四平九　车2平9

和局。

第48局　董旭彬负喻之青

1. 炮二平五　马8进7　　　**2.** 马二进三　车9平8

3. 车一平二　卒7进1　　　**4.** 车二进六　马2进3

5. 兵七进一　士4进5　　　**6.** 马八进七　炮8平9

7. 车二平三　炮9退1　　　**8.** 炮八平九　车1平2

9. 车九平八　车8进8

进车别出心裁，容易引起对攻。

10. 兵五进一　炮9平7

红方冲中兵从中路展开攻势，并可化解黑方车炮对三路施加的压力。

11. 车三平四　马7进8　　　**12.** 车四平三　马8退9

13. 车三平四　炮2进4　　　**14.** 兵五进一　卒7进1

15. 兵三进一　卒5进1　　　**16.** 马七进五　象7进5

17. 炮五进三　车8退2　　　**18.** 仕四进五　炮7进6

如车2进4，兵七进一，车2平3，车八进三，车3平5，炮九平五，红占优。

19. 马五退三　马9退7　　　**20.** 车四进二　车2进4

21. 兵七进一　车2进1

如车2平3，炮五退二，红方得子胜势。

22. 相三进五　车2平5

23. 兵七平六　马7进8

24. 帅五平四　马8退6（图48）

图48，黑方退士角马防守，必然。如将5平4，炮九平六，炮2平4，车八进七，红方胜势。

25. 车四退一　车5退1

26. 车四进二　士5退6

27. 兵六平五　卒3进1

28. 车八进一　车8平7

29. 车八平六　卒3进1　　　**30.** 车六进五　马3进2

31. 车六平七　卒3进1　　　**32.** 车七退二　炮2进1

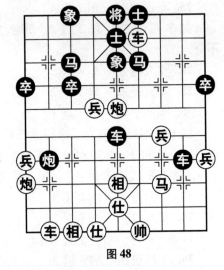

图48

33. 马三退一　车7平6　　　　**34.** 帅四平五　马2进1

35. 车七平五　马1退2　　　　**36.** 兵五进一　士6进5

37. 马一进三　车6平7　　　　**38.** 马三进五　卒3平4

39. 车五平八　车7平5　　　　**40.** 车八进一　炮2平3

运车吃马比较稳健。如车八退二，马2进4，兵五进一，象3进5，各有千秋。

41. 兵五平六　车5平9　　　　**42.** 炮九平八　车9退2

应车八平七，炮3平2，兵三进一，发挥双兵的攻杀力，较为适应当前形势。

43. 车八退一　车9平3　　　　**44.** 车八平六　车3平2

如卒4平5，炮八进七，象3进1，车六平五，红方优势。

45. 炮八平九　卒4平3　　　　**46.** 车六平五　卒1进1

如炮3平2，车五平九，车2退1，炮九进四，象3进1，炮九退一，双方局势平稳。

47. 兵六平五　卒9进1　　　　**48.** 炮九退一　炮3进1

49. 车五退一　车2进2

退车捉卒给了黑方乘势进车的机会。应兵五进一，象3进5，车五进三，卒1进1，车五平九，红方仍可对抗。

50. 相七进九　卒3平4　　　　**51.** 车五平二　车2进1

52. 车二进六　士5退6

进车打将效力不佳。应相九退七，炮3平2，车二进六，士5退6，帅五平四，车2平1，车二平四，将5进1，车四退一，将5退1，车四平六，红方形势较好。

53. 帅五平四　车2平5　　　　**54.** 兵五平六　车5平7

55. 车二平四　将5进1　　　　**56.** 车四退一　将5退1

57. 仕五进六　卒4进1　　　　**58.** 炮九进四　车7进2

59. 帅四进一　车7平5

平车控制中路，伏卒4进1的攻势，至此红方已难应付。

60. 车四进一　将5进1　　　　**61.** 车四退一　将5退1

62. 车四平八　象5退7　　　　**63.** 炮九进四　象3进5

64. 车八进一　将5进1　　　　**65.** 车八退六　象5进7

66. 兵六平五　车5退6

黑胜。

第49局　钱洪发胜傅光明

1. 炮二平五　马8进7	2. 马二进三　车9平8
3. 车一平二　卒7进1	4. 车二进六　马2进3
5. 兵七进一　炮8平9	6. 车二平三　炮9退1
7. 马八进七　士4进5	8. 炮八平九　炮9平7
9. 车三平四　马7进8	10. 车九平八　车1平2
11. 车四进二　炮7进5	12. 相三进一　炮2进4
13. 兵五进一　炮7平3	14. 马三进四　车8进3

进车保中卒是一种变化，不如炮2退5打车主动。

15. 炮五平三　象7进9	16. 马四退五　炮3平4

黑方如走炮3平1，马五进六，炮1退1，兵七进一，炮1平5，车八进三，车2进6，马六退八，红方多子有利。

17. 马五进六　炮2平3

可车四退三，伏车四平六及兵七进一的攻击手段。

18. 车八进九　马3退2

19. 炮九进四　马8进7

20. 相七进五（图49）　马7进9

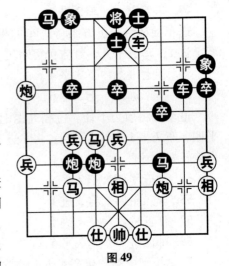

图49

图49，红方上中相防守不是当务之急。应炮九平五，象3进5，兵五进一，马2进4，相一退三，马4进5，兵五进一，车8进2，马六退四，车8平5，相七进五，车5退2，车四退四，车5平4，双方局势平稳。此刻黑方马吃边相过急，不如车8进2，相一进三，卒7进1，炮九平五，象3进5，炮五平三，车8进2，车四退六，炮4平9，黑方主动。

21. 炮九平五　象3进5	22. 兵五进一　车8进2
23. 马六退四　车8进1	24. 相五退三　马9进8

25. 炮三平四　将5平4

如车8平6，车四退五，炮3平6，马七退五，红方占优。

26. 马四进六　马2进4	27. 马六进四　马4进5

28. 马四进五　马5退7

红方弃炮运马吃象，突破了黑方的防线，着法紧凑有力。

29. 车四退二　炮4退5　　　　**30.** 车四平六　炮3平5

黑方平炮打马效力太低，不如车8平6，仕六进五，马8退7，马五退七，炮3退3，车六平七，将4平5，炮四平五，车6平3，兵五平四，后马进5，马七退六，马7退6，车七平五，马6进8，黑方仍可周旋。

31. 马五退七　炮4进1　　　　**32.** 后马进五　车8平5

33. 仕六进五　车5平2　　　　**34.** 炮四平六　将4平5

35. 炮六进五　士5进4　　　　**36.** 车六进一　马7进8

37. 马七进五　后马进7

不如车2进3，仕五退六，车2退8，还可支撑下去。

38. 马五进三　将5进1　　　　**39.** 马三退四　将5退1

40. 车六进一　士6进5　　　　**41.** 车六平五　将5平4

42. 马四进六

红胜。

第50局　郭长顺负蒋全胜

1. 炮二平五　马8进7　　　　**2.** 马二进三　卒7进1

3. 车一平二　车9平8　　　　**4.** 车二进六　马2进3

5. 兵七进一　炮8平9　　　　**6.** 车二平三　炮9退1

7. 马八进七　士4进5　　　　**8.** 炮八平九　炮9平7

9. 车三平四　马7进8　　　　**10.** 车九平八　车1平2

11. 车八进六　卒7进1　　　　**12.** 车四退一　象3进5

上中象巩固中路，而不急于卒7进1捉马，引而不发，寻求机会再作攻击。如卒7进1，马三退五，双方对抢攻势，形势复杂。

13. 马三退五　马8退7　　　　**14.** 车四进一　卒7进1

15. 车八平七　车2平3　　　　**16.** 兵七进一　炮2退1

兵七进一过早，不如马七进八较为稳妥。此刻黑方及时退2路炮，力求化解红方的攻势。

17. 车七平六　车3平4　　　　**18.** 车六进三　马3退4

19. 兵七进一　车8进5　　　　**20.** 炮五进四　马7进5

21. 车四平五　车8平3　　　　**22.** 相七进五　车3进1

23. 炮九退二　炮 2 平 3

24. 炮九平七　车 3 平 4

25. 兵七进一（图 50）　炮 3 退 1

图 50，进七路兵捉炮容易被黑方利用，不如马七进八捉车，车 4 进 2，炮七进八，炮 7 平 3，车五平一，以后再伺机车一平六兑车，红方并不难走。

26. 兵七进一　马 4 进 3

黑方乘机跃马捉中车，化解了红方的攻势，取得了反击的机会。

27. 炮七进七　炮 3 进 2

28. 车五平七　车 4 退 4

29. 兵七进一　士 5 进 6

30. 车七平九　车 4 进 6

及时进车控制红方双马，是获取优势的重要手段。

31. 车九退二　象 5 退 3

如车九平七，炮 3 进 5，车七退四，炮 7 平 2，车七平八，炮 2 平 5，车八进一，象 5 退 3，红方难以应付。

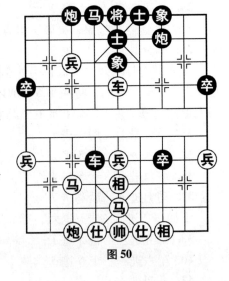

图 50

32. 车九平六　炮 7 平 2　　**33.** 车六平八　炮 2 平 3

34. 马五进三　后炮进 6　　**35.** 车八平七　前炮平 7

36. 车七进三　象 7 进 5　　**37.** 车七退四　车 4 平 9

黑方胜定。

第 51 局　赵国荣胜邬正伟

1. 炮二平五　马 8 进 7　　**2.** 马二进三　卒 7 进 1

3. 车一平二　车 9 平 8　　**4.** 车二进六　马 2 进 3

5. 兵七进一　炮 8 平 9　　**6.** 车二平三　炮 9 退 1

7. 马八进七　士 4 进 5　　**8.** 炮八平九　炮 9 平 7

9. 车三平四　车 1 平 2　　**10.** 车九平八　马 7 进 8

11. 车四进二　炮 7 进 5　　**12.** 相三进一　炮 2 进 4

13. 兵五进一　炮 7 平 3　　**14.** 马三进四　炮 2 退 5

退炮打车，迫使红方退车阻挡马的进路，有利于进行反击。

15. 车四退三　卒 7 进 1　　　　16. 马四退三　象 3 进 5

17. 兵五进一　卒 5 进 1　　　　18. 相一进三　炮 2 进 5

用相吃去 7 路卒，可以保持退车捉炮的先手。如车四平五，卒 7 进 1，马三进五，马 8 进 6，仕六进五，马 6 进 4，车五平六，双方对抢先手，红方不合算。

19. 车四平五　马 8 进 9

可车 8 进 3 守住卒林，黑方局势较为平稳。

20. 马三进五　车 8 进 3　　　　21. 相三退一　车 8 平 4

22. 仕六进五　车 4 平 5　　　　23. 车五进一　马 3 进 5

24. 马五进六（图 51）　炮 3 平 6

图 51，红方进马捉炮紧凑有力。如炮五进三打马，炮 2 平 5，相七进五，车 2 进 9，马七退八，炮 5 平 1，炮五平九，卒 9 进 1，马八进七，炮 1 平 2，黑方形势占优。

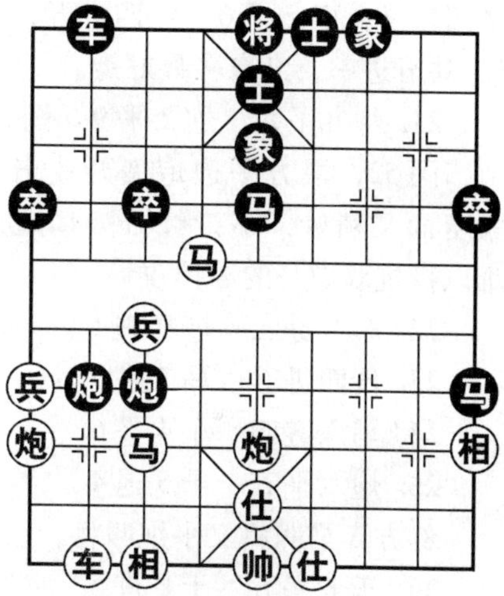

25. 马六进四　车 2 进 2

黑方进右车防守，预防红马打将之后，红方有炮打中象的凶着。

26. 马七进五　马 5 进 4

27. 车八进二　卒 3 进 1

28. 炮九进四　车 2 进 1

29. 马五进六　炮 6 平 5

30. 车八平六　炮 2 退 1　　　　31. 兵七进一　炮 2 进 4

32. 相七进九　车 2 进 2　　　　33. 兵七平八

红方各子展开攻击，黑方防不胜防，红胜。

图 51

第 52 局　徐乃基负杨官璘

1. 炮二平五　马 8 进 7　　　　2. 马二进三　车 9 平 8

3. 车一平二　卒 7 进 1　　　　4. 车二进六　马 2 进 3

5. 兵七进一　炮 8 平 9　　　　6. 车二平三　炮 9 退 1

7. 马八进七　士 4 进 5　　　　8. 炮八平九　车 1 平 2

9. 车九平八　炮 9 平 7　　　　10. 车三平四　马 7 进 8

11. 炮五进四　马3进5　　　　12. 车四平五　炮7进5

13. 相三进五　炮2进6

可马三退五，在攻守上比较灵活。

14. 马七进六　车2进7　　　　15. 车五平七　象3进1

16. 马六进四　车8进2　　　　17. 马四进六　车8平4

18. 炮九进四　卒7进1　　　　19. 炮九退二　马8进6

20. 兵七进一　马6进7

红方贸然弃马强攻，失策，因黑方车马炮已潜伏着有力的反击。不如炮九平四打马，卒7平6，仕四进五，卒6进1，兵五进一，红方多兵好走。

21. 炮九平六　炮2平9（图52）

图52，黑方平边炮展开攻击，攻法紧凑而又精妙，不论红方如何应付，都难以抵抗双炮马的凶悍攻势。

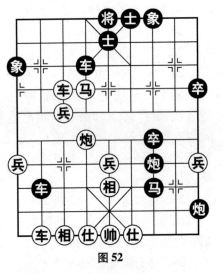

图52

22. 车八进二　炮9进1

23. 仕四进五　马7进9

24. 马六进四　车4平6

25. 炮六平五　士5退4

红方弃马叫将又平炮叫将，已是无可奈何之举，只好暂时解救危局。

26. 车七平五　士6进5　　　　27. 车五平二　将5平6

28. 仕五进四　马9进7

进马叫将正确。如车6进5吃士，车二退五，黑方一时无法取胜。

29. 车二退六　车6平8

以下红方车二平一，马7退6，帅五进一，车8进6，黑胜。

第53局　李子基负刘殿中

1. 炮二平五　马8进7　　　　2. 马二进三　卒7进1

3. 车一平二　车9平8　　　　4. 车二进六　马2进3

5. 兵七进一　象7进5　　　　6. 马八进七　车1进1

7. 炮八平九　炮2进4　　　　8. 兵五进一　车1平4

9. 车九平八　车4进5

如兵五进一，从中路打开局面，也是一种变化。

10. 马七进八（图53） 车4平3

图53，可马三退五，车4平3，炮九退一，炮8平9，车二进三，马7退8，炮九平七，车3平7，炮五进一，炮2退6，车八进三，卒7进1，马七进六，炮2平1，兵五进一，车7平9，兵五进一，红方占优。

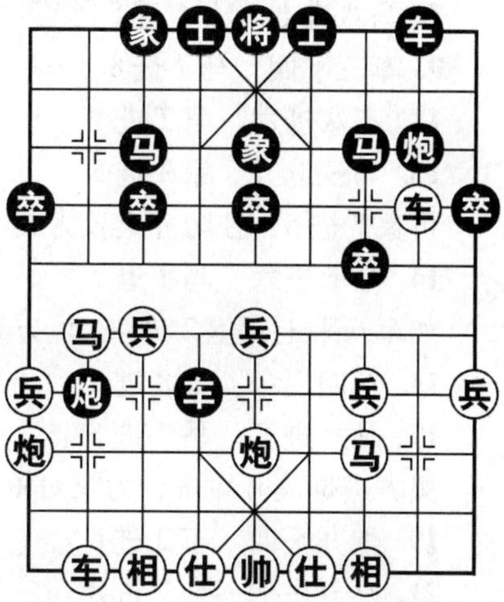

图53

11. 马八进九　炮8平9
12. 车二进三　马7退8
13. 马九进七　炮9平3
14. 炮五进四　士6进5
15. 相七进五　马8进7
16. 兵五进一　炮3平2
17. 车八平七　车3平7
18. 兵九进一　卒7进1
19. 兵九进一　车7平4
20. 仕六进五　卒7进1
21. 马三退二　前炮进1
22. 车七进二　车4平2

进车反而招来麻烦。应炮九退二，还可对抗下去。

23. 相五退七　前炮进2
24. 仕五退六　前炮平1
25. 兵九进一　炮2进2
26. 仕四进五　马7进5

及时用马换炮，可以展开攻势。如卒3进1，也是一步好着。

27. 兵五进一　炮2平5
28. 帅五平四　车2平6
29. 仕五进四　车6平5
30. 车七退一　炮5平6
31. 仕四退五　卒7平6
32. 帅四平五　炮6平5
33. 车七平九　卒6进1
34. 车九退一　卒6进1
35. 炮九平五　车5平6
36. 马二进三　车6进1

黑胜。

第54局　孟立国负蔡玉光

1. 炮二平五　马8进7
2. 马二进三　车9平8
3. 车一平二　卒7进1
4. 车二进六　马2进3
5. 兵七进一　炮8平9
6. 车二平三　炮9退1

7. 马八进七　士4进5　**8.** 炮八平九　炮9平7

9. 车三平四　马7进8　**10.** 车九平八　车1平2

11. 车八进六　卒7进1　**12.** 车四退一　卒7进1

13. 马三退五　象3进5

可象7进5，在防守上较为灵活。

14. 马七进六　马8退7

如车八平七，炮2进4，黑方弃马抢攻，红方不占优势。

15. 车四退一　车8进4　**16.** 车八平七　马3退4

17. 马六进五　马7进5　**18.** 炮五进四　炮2进7

黑方进炮展开攻击，力求对抢主动。

19. 炮九平四　车2进6　**20.** 兵五进一　车8平4

21. 马五进七　炮7进8　**22.** 仕四进五　炮2平1

23. 车七进二　车2进3

如帅五平四，车2平6兑车，形成平稳局势。此时红方进车，黑方如车2平6，车四进五，形成杀势。

24. 帅五平四（图54）　炮1平3

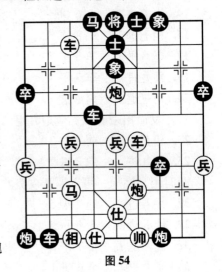

图54

图54，如马七退九化解黑方的杀势，炮7平4，帅五平四，炮4退1，炮四平五，卒7平6，仕五退六，车4进2，黑方优势。

25. 帅四进一　炮3退1

26. 仕五进六　车2退1

如帅四退一，车4进5，仕五退六，炮7平4，炮四平五，炮4退4，黑方胜势。

27. 炮四平五　炮3退3

应车四进四，黑方还没有攻杀手段，红方仍有攻势。现不慎失车，黑胜。

第55局　王若平负于幼华

1. 炮二平五　马8进7　**2.** 马二进三　车9平8

3. 车一平二　马2进3　**4.** 兵七进一　卒7进1

5. 车二进六　车1进1　**6.** 马八进七（图55）　车1平4

图55，如炮八平七，车1平4，炮七进四，象3进1，马八进七，车4进2，兵七进一，象1进3，车九平八，车4平3，车八进七，马7进6，车八退三，形成平稳局势。

7. 炮八平九　炮2进4

如车二平三，炮8退1，兵五进一，成另一路变化。

8. 车九平八　炮2平7

9. 相三进一　炮8平9

10. 车二进三　马7退8

11. 兵五进一　车4进5

12. 马七进八　车4平3

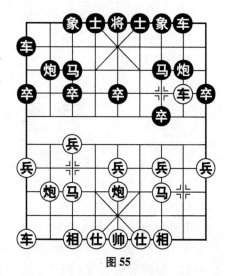

图55

红方进马效力不大，容易被黑方乘机控制局势。不如兵五进一，士6进5，兵五进一，马3进5，车八进五，炮9平5，炮五进五，象7进5，车八平五，马8进7，车五退二，红方仍有进取的能力。

13. 马八进九　象7进5 　　　**14. 马九进七　炮9平3**

15. 炮五进四　士6进5 　　　**16. 相七进五　马8进7**

17. 炮五退一　炮3平4

双方虽然子力相等，但黑方子力占据要道，控制了红方子力的活动，黑方已取得了优势。

18. 车八进六　炮4进1

红方进车受到反击，局势一落千丈。应炮九平六，仍可支撑下去。

19. 车八平七　炮4平5 　　　**20. 仕四进五　车3进1**

21. 车七平八　车3平1

只好弃炮平车。如炮九退一，炮7平3，车七平八，车3平5，红方失势，已成败局。

22. 车八退三　炮7平1 　　　**23. 马三进四　炮1退4**

24. 马四进五　马7进5 　　　**25. 车八进三　马5退7**

26. 相一退三　车1退1 　　　**27. 车八平三　车1平3**

28. 炮五平九　车3平5 　　　**29. 炮九退一　车5平9**

30. 兵五进一　车9平1 　　　**31. 炮九平八　车1平2**

32. 炮八平九　车2退2 　　　**33. 兵五进一　卒9进1**

34. 兵五平四　马7退6 　　　**35. 相五退七　车2平6**

36. 车三平一　马6进7
38. 车三平一　马9退7
红方认负。

37. 车一平三　马7退9
39. 车一退一　马7进8

第 56 局　　陈孝堃胜蒋全胜

1. 炮二平五　马8进7
3. 车一平二　车9平8
5. 兵七进一　炮8平9
7. 马八进七　士4进5
9. 车三平四　马7进8
11. 车四平三　马8退7
13. 车八进六　卒7进1
15. 马三退五　卒7进1

2. 马二进三　卒7进1
4. 车二进六　马2进3
6. 车二平三　炮9退1
8. 炮八平九　炮9平7
10. 车九平八　车1平2
12. 车三平四　马7进8
14. 车四退一　象3进5
16. 马七进六　炮2退1

退炮形成了机动的防守阵形。如马8退7，车四退一，车8进4，红方先手。

17. 相三进一　卒7平8

18. 马五进七（图56）　　马8进7

图56，如车八平七捉马，马8进7，车四退二，车8进5，马六进五，马3进5，炮五进四，车8平4，马五进七，车4进1，黑方有一定的反击能力。

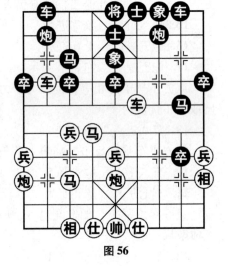

图 56

19. 车四退一　车8进4
20. 马六进五　马3进5
21. 炮五进四　车2平3
22. 马七进六　车8平5
23. 仕四进五　车5进2
24. 炮五平三　炮7平9

25. 炮三退二　炮2平3
26. 马六进四　车5退3
27. 马四进三　车5平7
28. 马三进一　炮3平9
29. 炮九平三　车7平5

红方经过一系列的巧妙攻守，使车炮占据在良好的位置上，形势主动。黑方对潜在的威胁认识不足。应车7平8，可以加强左路的防守，还可应付下去。

30. 车四进四　炮 9 进 5

黑方陷入危机。如车 3 进 2，前炮平二，马 7 退 5，炮三平五，马 5 进 7，炮五进五，车 5 退 1，车八进三，士 5 退 4，炮二进一，黑方仍是败势。

32. 后炮退一　士 5 进 6

34. 后炮进八　士 6 进 5

36. 车八平六　车 5 平 8

38. 炮三进一　车 8 退 3

红方多子胜定。

31. 前炮进四　卒 8 进 1

33. 车八进二　马 7 退 5

35. 相七进五　炮 9 平 3

37. 前炮平一　卒 8 平 9

39. 车四平二

第 57 局　赵国荣和吕钦

1. 炮二平五　马 8 进 7

3. 车一平二　马 2 进 3

5. 车二进六　炮 8 平 9

7. 马八进七　士 4 进 5

9. 车九平八　炮 9 平 7

11. 车四进二　炮 7 进 5

13. 兵五进一　卒 7 进 1

先送 7 路卒是 20 世纪 90 年代出现的新变化。意图压制住红方三路马，准备在左路加强反击。

14. 相一进三　炮 7 平 3

如车四退五，炮 2 进 2，相一进三，象 7 进 5，以下黑方有车 8 平 7 捉相的手段。

15. 兵五进一　卒 5 进 1

16. 马七进五　车 8 进 2

17. 马五进六　炮 3 平 1（图 57）

图 57，黑方炮打边兵，由此形成多卒之势，比较好走。也可车 8 平 4 捉马，

2. 马二进三　车 9 平 8

4. 兵七进一　卒 7 进 1

6. 车二平三　炮 9 退 1

8. 炮八平九　车 1 平 2

10. 车三平四　马 7 进 8

12. 相三进一　炮 2 进 4

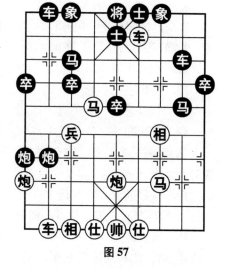

图 57

马三进五，炮 2 平 5，炮五进三，象 3 进 5，车八进九，马 3 退 2，马六退五，车 4 进 4，马五进四，马 8 进 9，形成各有攻守的局势。

18. 仕四进五　马 8 进 7

19. 车八进二　马 3 退 4

黑方退马准备增强中路的防守能力。因红方有出帅要杀的攻击手段，所以要事先做好防范。

20. 兵七进一　马4进5　　　21. 马六进七　车2进2

22. 炮九进四　马7进5　　　23. 相三退五　卒3进1

24. 炮九进三　士5退4　　　25. 马七退五　马5进7

26. 车四平三　马7进6　　　27. 车八平六　车2退2

28. 马五退三　车8平1　　　29. 炮九平七　车2平3

30. 后马进四　象7进9　　　31. 车三平八　象9进7

32. 车八退五　车3进3　　　33. 车六进三　卒5进1

34. 车六平五　车1平5　　　35. 车五进二　象7退5

36. 车八平九　卒5平6　　　37. 车九进一

以下黑方车3平6，兵一进一，和局。

第58局　徐健秒胜尚威

1. 炮二平五　马8进7　　　2. 马二进三　卒7进1

3. 车一平二　车9平8　　　4. 车二进六　马2进3

5. 兵七进一　炮8平9　　　6. 车二平三　炮9退1

7. 马八进七　士4进5　　　8. 炮八平九　炮9平7

9. 车三平四　马7进8　　　10. 车九平八　车1平2

11. 车四进二　炮7进5　　　12. 相三进一　炮2进4

13. 兵五进一　炮7平3　　　14. 马三进四　炮2退5

15. 车四退三　卒7进1　　　16. 马四退三　象3进5

17. 兵五进一　卒5进1

如相一进三吃卒，炮2进5，兵五进一，马8退7，车四进三，红方有攻势。

18. 马七进五　卒5进1

可车四平五，炮2进5，相一进三，红方主动。

19. 炮五进二　卒7平6　　　20. 炮五进一（图58）　马8进7

图58，如马三进四吃卒，马8进6，车四退一，车8进6，马五进三，炮3平2，车八平九，炮2平5，双方兑子后形成平稳局势。此刻马8进7正入红方的算计之中。应马8退7，车四退一，车8进4，炮九平五，炮2进6，黑炮牵制红右马，可以进行对抗。

21. 相一进三　炮 2 进 3

22. 车四退一　车 8 进 4

如马五进六，马 7 进 5，红方难以应付。

23. 炮五平六　车 8 平 5

24. 车八进三　炮 2 进 1

进炮打车形成相互对捉之势，正确。如马 3 进 5，车四进二，马 7 退 5，炮九平五，炮 3 进 2，炮六退三，伺机运炮兑马之后，再平中炮打车，红方可大占优势。

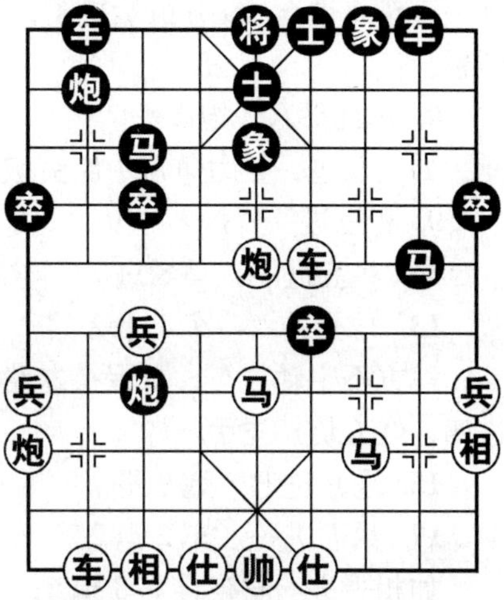

25. 炮六退一　炮 2 平 4

26. 车八进六　马 3 退 2

27. 车四平六　马 2 进 3

应车 5 进 1 兑车，仍可抵抗下去。

图 58

28. 仕四进五　卒 3 进 1

29. 马五退四　车 5 进 1

30. 车六退一　车 5 平 7

31. 车六平三　车 7 平 3

32. 马四进二　马 3 进 5

33. 马二进三　马 5 进 7

34. 炮九平五　炮 3 进 2

35. 车三平八　炮 3 平 4

36. 前马退五　车 3 平 4

37. 马五进四　车 4 退 5

红方回马捉马，巧妙取得一子之后，现在乘机运马展开攻击，已成胜局。

38. 马三进二　炮 4 退 6

39. 马二进三　炮 4 平 3

40. 相七进九　炮 3 退 2

41. 马三进五　象 7 进 5

42. 马四进五　车 4 进 2

43. 车八进六

红胜。

第 59 局　吕钦胜钱洪发

1. 炮二平五　马 8 进 7

2. 兵七进一　卒 7 进 1

3. 马二进三　马 2 进 3

4. 马八进七　象 3 进 5

5. 车一平二　车 9 平 8

6. 车二进六　士 4 进 5

7. 炮八平九　炮 2 进 4

平九路炮稳健。如车二平三捉马，炮 2 进 4，兵五进一，车 1 平 4，车三进一，车4进6，红方虽然得子，但容易受攻。双方冲突尖锐，红方有一定的顾忌。

8. 车九平八　炮2平7

如兵五进一，力争从中路突破，成另一路攻法。

9. 相三进一　炮8平9　　　10. 车二进三　马7退8

11. 兵五进一　马8进7　　　12. 车八进三　马7进8

13. 马七进六　车1平2　　　14. 车八平七　车2进4

红方不主动兑车，可保持左路的攻击力度。如车八进六，马3退2，炮五进四，红方仍持先手。

15. 马六进七　炮9平7　　　16. 炮九平七　卒7进1

17. 兵七进一　车2退2　　　18. 兵七平六　卒7平6

如相一进三吃卒，马8退6，相三退一，马6进5，车七平五，马5退7，互相牵制。

19. 兵五进一　卒5进1　　　20. 兵六平五　卒6平5

21. 兵五平四　前炮退3　　　22. 马三进二　前炮平4（图59）

图59，平炮阻挡红马活动，力求稳健。如前炮平8打马，马七进五，象7进5，炮五进五，士5进4，马二退四，形成对攻之势。

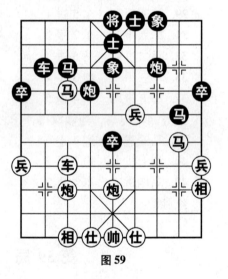

图59

23. 兵四平五　炮4退3

及时平中兵好着。既威胁中象，又可闪开马路，由此增强攻击能力。

24. 兵五进一　马8进6

25. 兵五进一　马6进5

26. 相七进五　车2进2

27. 马二进一　炮7平9

应炮7进1，还可支撑下去。

28. 车七平三　炮4进3

如车2平3，相五进七，车3进1，炮七平三，红方胜定。

29. 炮七进五　炮9平3　　　30. 兵五进一　将5进1

31. 车三进六　车2平3　　　32. 车三退三　炮4平9

33. 车三平一　卒5平6　　　34. 车一平五　将5平6

35. 马七进五

红胜。

第60局 曾东平负罗中才

1. 炮二平五　马8进7　　　2. 马二进三　车9平8
3. 车一平二　卒7进1　　　4. 车二进六　马2进3
5. 兵七进一　炮8平9　　　6. 车二平三　炮9退1
7. 马八进七　车1进1　　　8. 车九进一　车1平4
9. 炮八平九　炮2进4　　　10. 兵三进一　车8进2
11. 车九平四　士4进5　　　12. 车四进七　车4进1
13. 兵三进一　车8进6

如车四平一吃炮，车8进6，车一平三，车8平3，仕四进五，车3退1，车三退一，象3进5，黑方有攻势占优。

14. 仕六进五　炮2退5　　　15. 车四退四　炮9平7
16. 车三平四　车4进6　　　17. 仕五退六　炮7进3
18. 后车平三　炮7进3　　　19. 车三退二　马7进8
20. 车四退一　炮2进5　　　21. 炮五平四　象3进5

红方平仕角炮效力较低，容易被黑方所算计，不如炮九进四打卒，较有对攻机会。

22. 仕六进五　车4平3

上仕易受攻击，不如炮四进一兑炮，形势还可应付。

23. 相七进五　炮2进3

24. 车四平八（图60）　炮2平1

图60，如炮九退二，卒3进1，车三进二，卒3进1，帅五平六，卒3进1，车三平七，卒3进1，黑方有攻势占优。

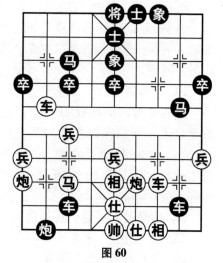

图60

25. 车三进二　马8进9

26. 车三退一　马9退8

如车三平六，车8平6，车八进二，马9进8，炮九进四，车3平5，仕四进五，炮1平7，黑胜。

27. 车三进一　马8进9　　　28. 车三退一　卒3进1
29. 车八进二　将5平4

黑胜。

第61局　牛钟林负王晓华

1. 炮二平五　马8进7	2. 马二进三　卒7进1
3. 车一平二　车9平8	4. 车二进六　马2进3
5. 兵七进一　炮8平9	6. 车二平三　炮9退1
7. 马八进七　士4进5	8. 炮八平九　炮9平7
9. 车三平四　车1平2	10. 车九平八　马7进8
11. 车四进二　炮7进5	12. 相三进一　炮2进4
13. 兵五进一　炮7平3	14. 马三进四　炮2退5
15. 车四退三　卒7进1	16. 马四退三　象7进5
17. 马三进五　卒7平6	

如兵五进一，卒7进1，马三进五，双方对攻。

18. 兵五进一　炮2进5

19. 马五进六　炮2平9（图61）

图61，黑方平炮打边兵，力求通过弃子达到反击的目的，锋芒相当锐利。如炮3平6打车，炮五平二打车，黑方反而进入困境。

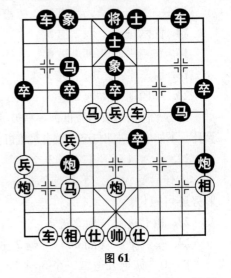

图 61

20. 马六退七　车2进9

退马吃炮，虽然获得一子，但容易遭受攻击，不如保持复杂局势，应以车八进九，炮3进3，仕六进五，马3退2，马六进八，马2进1，兵五进一。红方有中兵助战，仍有一定的攻势，局势较好。

21. 后马退八　炮9退2	22. 车四进三　炮9平5
23. 仕六进五　车8平7	24. 炮九平八　车7进6
25. 马八进九　车7平4	26. 炮八进一　车4进1

如车四退三捉马，马8进7，车四退一，将5平4，形势仍难应付。

27. 车四退三　车4平3	28. 帅五平六　炮5平1

平边炮意图兑子，构思巧妙。如马8进7，车四退一，黑方的攻势在一定程度上被化解，逐步进入困难之中，反而不好。

29. 车四平二	卒 3 进 1	**30.** 车二退三	车 3 进 2
31. 帅六进一	卒 3 进 1	**32.** 炮五平三	马 3 进 2
33. 马七退五	炮 1 进 3	**34.** 炮三退二	车 3 退 2
35. 炮三进二	车 3 进 2	**36.** 炮三退二	车 3 退 2
37. 炮三进二	车 3 进 2	**38.** 炮三退二	车 3 退 2
39. 炮三进二	车 3 进 1		

双方如果不变可判为和局。但由于黑方占有优势，所以主动求变，力争扩大优势。

40. 马五退七	炮 1 平 8	**41.** 炮八平二	卒 3 进 1
42. 帅六退一	卒 3 进 1	**43.** 马七进九	卒 1 进 1
44. 帅六平五	卒 3 平 2	**45.** 马九退八	马 2 进 3
46. 炮三进一	马 3 进 5	**47.** 仕五进四	马 5 退 4

可炮 8 进 2，相一退三，卒 2 进 1，马八进六，卒 2 平 3，马六进五，卒 3 平 4，在控制局势的前提下稳步进取。

48. 马八进六	卒 6 进 1	**49.** 炮三退二	卒 2 平 3
50. 仕四进五	马 4 退 2	**51.** 马六进七	马 2 进 3

红方左马受到马炮卒的围攻，难以跃出助战，只好进马兑马化解困境，交换之后虽然多一炮，但由于黑方多卒，仍然难以防守。

52. 炮二平七	炮 8 进 1	**53.** 炮三退一	炮 8 进 1
54. 炮三进二	卒 3 进 1	**55.** 炮三平二	炮 8 退 1
56. 炮七退一	卒 9 进 1	**57.** 炮七平九	卒 9 进 1
58. 炮二进七	象 5 退 7	**59.** 炮九进三	炮 8 退 4
60. 炮九平三	卒 3 平 4	**61.** 炮三退四	炮 8 进 4
62. 炮二退四	卒 5 进 1	**63.** 炮三进五	象 3 进 5
64. 炮三平八	炮 8 退 2	**65.** 兵九进一	炮 8 退 1
66. 兵九进一	炮 8 平 5		

平中炮打将没什么作用，应卒 5 进 1，加强攻击力。

67. 帅五平四	炮 5 平 6	**68.** 帅四平五	卒 9 进 1
69. 炮二退四	卒 4 平 5	**70.** 仕四退五	卒 9 进 1
71. 仕五退六	卒 9 平 8	**72.** 炮二平九	炮 6 平 9
73. 仕六进五	卒 5 进 1	**74.** 炮八退四	卒 5 进 1
75. 炮九进一	炮 9 平 5	**76.** 炮九平二	卒 5 进 1
77. 炮八进三	炮 5 进 3	**78.** 炮八平一	炮 5 平 4
79. 炮一退三	卒 6 平 5	**80.** 兵九平八	炮 4 退 4

81. 炮一平五　卒5进1　　**82.** 兵八进一　炮4平5

83. 帅五平六　卒5进1　　**84.** 兵八平七　炮5平4

85. 兵七平六　炮4平2　　**86.** 兵六平七　炮2退3

如炮二平五，将5平4，炮五平四，炮2平4，黑方以后可调动士象助攻，形成必胜之势。

87. 炮二进四　炮2平4　　**88.** 炮二平五　将5平4

以下黑方可进士叫将，交换一炮之后，再回士等待。红方欠行，黑胜。

第62局　刘殿中和赵国荣

1. 炮二平五　马8进7　　**2.** 马二进三　车9平8

3. 车一平二　卒7进1　　**4.** 兵七进一　马2进3

5. 马八进七　象3进5　　**6.** 车二进六　士4进5

7. 炮八平九　炮2进4

红方平边炮准备开出左车作战，稳健。如车二平三，炮2进4，兵三进一，卒7进1，车三进一，卒7进1，马三退五，炮8进7，双方对攻，形势复杂。

8. 兵五进一　炮8平9

9. 车二平三　车8进2

10. 车九平八　炮2平4

11. 马七进六　车1平4

12. 车八进七（图62）　车4进5

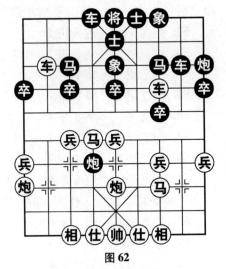

图62，红方进车捉马抢夺攻势，好着。如炮五平六保马，炮4进3打仕，帅五平六，车4进5，仕四进五，车4平5，黑方主动。

13. 车八平七　炮9进4

14. 马三进一　炮4平5

15. 炮五平四　车4进2

图62

平炮四路无可奈何。如仕四进五，车8进7，马一退三，车8平7，马三退四，将5平4，炮九退二，车4平3，相七进九，车3进2，黑方大占优势。

16. 车三平四　车4平5

黑方平车叫将效力不佳。应车8进3，保持中炮的威力，红方难以应付。

17. 仕四进五　车5平1　　　　**18.** 相三进五　车8进7

应车1退1，马一退三，炮5平4，黑方多卒略优。

19. 炮四退二　车1退1　　　　**20.** 马一退三　车8退7

21. 马三进五　车1平5　　　　**22.** 车七平九　象5退3

退象防守稳健。如车5平7，车九进二，士5退4，炮四进七，马7退6，车四进二，象5退3，车九平七，黑方形势危机。

23. 车九退一　马7进8　　　　**24.** 车九平七　象7进5

25. 车七平五　卒7进1　　　　**26.** 车四平二　车8进1

27. 车五平二　马8进7　　　　**28.** 相五进三　车5退1

29. 相七进五　卒9进1　　　　**30.** 炮四进八　车5退1

双方难以进取，终成和局。

第63局　胡荣华负赵国荣

1. 炮二平五　马8进7　　　　**2.** 马二进三　车9平8

3. 车一平二　马2进3　　　　**4.** 兵七进一　卒7进1

5. 车二进六　炮8平9　　　　**6.** 车二平三　炮9退1

7. 马八进七　士4进5　　　　**8.** 炮八平九　炮9平7

9. 车三平四　马7进8　　　　**10.** 车九平八　车1平2

11. 马三退五　卒7进1　　　　**12.** 车四进二　炮7进5

黑方如走炮2退1打车，车四退三，卒7进1，车八进七，红方先手。

13. 车八进六　马8进6

14. 车四退三　车8进8

黑方针对红方窝心马的弱点，急于进8路车展开攻击，可使红方的攻势受到牵制。

15. 马七进六　象3进5（图63）

图63，进中象加强防守，平稳之着。如车8平6，炮九退一，车6退1，炮五平九，车6平4，马五进七，车4进1，仕四进五，马6进4，炮九进四，红方优势。

16. 炮五平六　车8退2

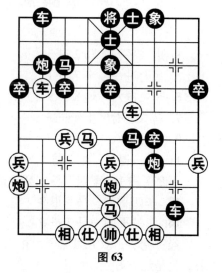

图63

17. 相七进五　炮7平9　　18. 马五进三　马6进7
19. 炮六平三　炮9平5　　20. 仕四进五　卒7进1
21. 炮三退一　车8进2　　22. 炮九退一　车8进1

黑方卒车捉炮之后，现在进车捉相，再次伏下进卒捉炮的手段。已略占优势。

23. 帅五平四　卒7进1　　24. 炮三平一　车8退4
25. 马六退四　车8进1　　26. 炮九进五　车8进2
27. 炮一进三　卒7进1　　28. 炮一平四　炮2退1
29. 马四退三　炮5平9

平炮攻击紧凑有力，保持左路攻势。

30. 相五进三　车8平7　　31. 炮四进五　士5退4
32. 车四进三　车7进1　　33. 帅四进一　车7退1
34. 帅四退一　炮9平3　　35. 相三退五　炮2平4
36. 车八进三　马3退2　　37. 炮九平五　象5进3

兑车之后，红方车双炮位置较差，难以构成威力，且又少一子，已难对抗。

38. 车四退五　炮3进2　　39. 仕五进六　马2进3
40. 炮五退三　炮4平2　　41. 炮五平八　士4进5
42. 炮四退五　象3退5　　43. 炮四平五　炮2退1

黑方多子，胜局已定。

第64局　邬正伟胜黄景贤

1. 炮二平五　马2进3　　2. 马二进三　马8进7
3. 兵七进一　卒7进1　　4. 车一平二　车9平8
5. 车二进六　炮8平9　　6. 车二平三　炮9退1
7. 马八进七　士4进5　　8. 炮八平九　车1平2
9. 车九平八　炮9平7　　10. 车三平四　马7进8
11. 马三退五　炮2进4

可卒7进1，车四退一，卒7进1，各有千秋。

12. 车四平三　马8退9　　13. 炮五进四　象3进5
14. 车三平四　马3进5　　15. 车四平五　炮7进5

经过兑子，双方虽然子力相当，但红车占据要道，随时可马七进六展开攻势，仍是红方好走。

16. 相七进五　车8进5　　　17. 炮九进四　卒9进1

18. 炮九退二　车8进3　　　19. 马七进六　马9进8

20. 马五进七　车8平6　　　21. 车五平二　马8进9

22. 仕六进五　车2平4　　　23. 车二退四　炮2平3

24. 马六进五　炮3平2　　　25. 马七进六　车4平2

26. 马六进七　卒7进1（图64）

图64，黑方右路子力不能轻易展开攻势，所以只好在左路进攻，此时进7路卒力求造成进取机会。如车6退2，马五退六，车6平5，车二进一，卒9进1，马六进四，黑方难对付。

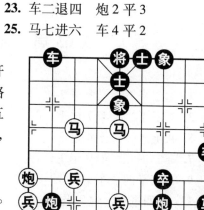

图 64

27. 车二平四　车6退1

红方抢兑右车是夺取优势的好着。黑方如不兑车，车四进六，红占先手。

28. 仕五进四　炮2进2

29. 马七进六　车2进1

30. 炮九进五　马9进8　　　33. 兵九进一　炮7平6

31. 仕四退五　车2平1

32. 马六退八　炮2平3

34. 车八进五　炮6退4　　　35. 炮九平八　炮6平2

36. 车八进二　车1进4　　　37. 车八退七　车1退2

38. 马五退六　卒7平6　　　39. 兵七进一　象5进3

40. 车八平七　车1平2　　　41. 炮八平九　车2进5

42. 马六进五　象7进5

进象力求平稳。如卒6进1，马五退七，卒6平5，马七进五，黑方仍有受攻的威胁。

43. 马五退四　炮3平4　　　44. 马四进六　士5进6

45. 车七平九　士6进5

应车2退6，加强防守为佳。

46. 马六退七　车2平3　　　47. 车九平八　车3平1

黑方平车捉炮形成失利之势。应车3退2吃马，车八进九，炮4退8，车八退六，象5退3，车八平七，炮4平1，车七进二，象3进5，车七进二，马8退7，车七平五，将5平6，车五退二，炮1平5，车五平三，马7进6，形成和局。

48. 车八进九　炮4退8　　　**49.** 帅五平六　车1进1

50. 帅六进一　士5进4　　　**51.** 炮九平六

红方得子胜定。

第65局　甘小晋负陈汉华

1. 炮二平五　马8进7　　　**2.** 马二进三　车9平8

3. 车一平二　卒7进1　　　**4.** 车二进六　马2进3

5. 兵七进一　士4进5　　　**6.** 马八进七　炮8平9

7. 车二平三　炮9退1　　　**8.** 炮八平九　炮9平7

9. 车三平四　车1平2　　　**10.** 车九平八　马7进8

11. 车四进二　炮2退1　　　**12.** 车四退三　象3进5

13. 车八进七　马8进7　　　**14.** 车四退二　炮7进1

15. 炮九进四　车8进8

黑方针对九路炮出击之时，立即进车准备威胁三路马，灵活有力。

16. 炮九进一　马3退4　　　**17.** 车八退一　马4进3

18. 马七进六　马7退8　　　**19.** 炮五平九　炮2平1

如炮7进5，炮九进二，士5退4，车八进二，黑方占不到好处。

20. 车八进三　马3退2　　　**21.** 前炮平三　炮1进6

22. 炮三平二　车8平4

如相七进九，兑子之后易成和势。为避开此种结果，所以平炮打车，力求进取。

23. 马六进四　炮1进2　　　**24.** 仕四进五　车4退4

25. 车四退一　马2进1　　　**26.** 马四进五　象7进5

27. 马三进四　车4平6　　　**28.** 马四进二　车6进3

29. 仕五进四　马1进2　　　**30.** 相三进五　马2进1

31. 炮二进二　象5退7　　　**32.** 马二进三　卒5进1

33. 马三进一　将5平4　　　**34.** 马一进三　将4进1

35. 马三退二　卒7进1　　　**36.** 马二退三　卒7平6（图65）

图65，红方一味贪攻，未及时吃去卒，造成后患。此时虽然多相有攻势，但很难形成杀势。小卒乘机渡河作战，红方不敢用相吃卒，否则损失更大。

37. 炮二退四　马1进3　　　**38.** 炮二平五　马3进4

不如回仕保仕为好，失仕后对防守更为不利。

39. 兵五进一　马4退3

40. 相七进九　将4退1

41. 炮五平六　马3退2

42. 兵五进一　马2进1

43. 帅五平四　将4平5

44. 炮六进一　马1进3

45. 仕四退五　炮1退8

46. 炮六退五　士5进4

47. 兵五进一　士6进5

48. 兵五平六　马3退2

49. 兵六平七　马2退4

50. 后兵进一　卒6进1

51. 相五进七　卒6平5

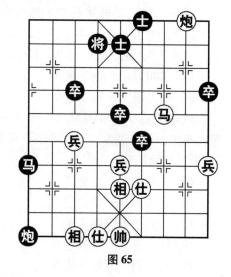

图 65

52. 马三退五　炮1进8

53. 仕五进六　马4进3

54. 炮六平七　卒5平4

55. 相七退九　马3进1

56. 前兵进一　炮1退2

57. 炮七平八　炮1平3

58. 前兵平六　士5进4

59. 炮八平六　卒4平5

60. 炮六进六　马1进3

61. 兵七平六　炮3平1

62. 兵六进一　卒5进1

63. 帅四进一　炮1进1

64. 帅四退一　将5进1

65. 兵一进一　将5退1

66. 炮六进一　炮1退2

67. 炮六退一　将5平4

68. 帅四进一　炮1进1

69. 马五退七　卒5平6

如炮六平八，卒5平6，帅四退一，炮1进2，炮八退七，马3退4，黑方捷足先登。

第 66 局　朱贵友胜傅光明

1. 炮二平五　马8进7

2. 马二进三　车9平8

3. 车一平二　马2进3

4. 兵七进一　卒7进1

5. 车二进六　炮8平9

6. 车二平三　炮9退1

7. 马八进七　士4进5

8. 炮八平九　炮9平7

9. 车三平四　马7进8

10. 车九平八　车1平2

11. 炮九进四　炮7进5

12. 马三退五 （图66）　卒7进1

图66，应炮2进4封车，炮九平五，象7进5，炮五退一，卒7进1，车四平七，炮2平3，兑子之后，黑方有反击力。

13. 车四退一　炮2进4

14. 炮九退二　马8进9

可马8退7，车四平六，车8进4，车六平二，马7进8，炮九平三，马8进6，形成平稳局势。

15. 马七进六　马9进8

16. 炮五平九　象7进5

17. 马五进七　炮7平9

18. 仕六进五　车8进6

19. 兵七进一　炮9平5

20. 马七进五　车8平5

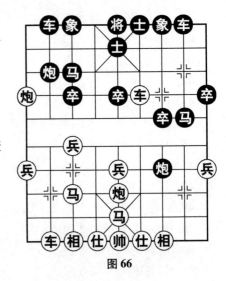

图66

21. 兵七平八　卒3进1

黑方如果逃炮，会被红方平前炮打死底车，所以只能进3路卒解围。从此失去一子，形势已相当艰难。

22. 车八进三　车5平2		**23. 马六退八　车2进4**	
24. 马八退六　马8退7		**25. 相三进五　卒7平8**	
26. 车四退一　卒8进1		**27. 车四平二　卒8平9**	
28. 车二平三　前卒平8		**29. 前炮平四　车2进1**	
30. 相五进七　车2进4		**31. 炮四进四　士5进6**	
32. 炮四平二　士6进5		**33. 炮二进一　士5进4**	
34. 炮九退一　马3进2		**35. 炮九平八　卒5进1**	
36. 炮八进二　马2进3		**37. 炮八进五　马3退5**	
38. 炮八平一　象5进7		**39. 相七退九　马5进4**	
40. 仕五进六　马7退5		**41. 仕六退五　车2退4**	
42. 车三平一　车2退2		**43. 车一平二　卒9进1**	
44. 炮一进一　将5进1		**45. 车二进四　将5进1**	
46. 炮二退六　象7退9		**47. 炮一平五　车2平7**	
48. 炮二平五　卒9进1		**49. 兵九进一　象9进7**	
50. 兵九进一　车7平4		**51. 兵九平八　车4进3**	
52. 后炮退一　卒9进1		**53. 兵八平七　车4平5**	

54. 兵七平六

红胜。

第67局　陈孝堃胜柳大华

1. 炮二平五　马2进3 **2.** 马二进三　马8进7

3. 车一平二　车9平8 **4.** 兵七进一　卒7进1

5. 车二进六　炮8平9 **6.** 车二平三　炮9退1

7. 马八进七　士4进5 **8.** 炮八平九　炮9平7

9. 车三平四　车1平2 **10.** 车九平八　炮2进4

11. 车四进二　炮7平8

如兵五进一，从中路展开攻势，成为另一路变化。

12. 兵五进一　炮8进5 **13.** 炮五退一　炮2进1

退中炮准备平二路打车争先，灵活有力。

14. 兵九进一　炮8进1 **15.** 相七进五　车8进2

上中相虽然平稳，但减弱了中路威
力，不如马三进五，保持中路攻势为好。

16. 马七进五　炮8退3

17. 车四退四　象7进5

18. 炮五平七　车8进1（图67）

图67，黑方进车准备加强对卒林的
防守，但事与愿违，由此造成被动。应
炮2退2，牵制红方车兵，以下见机冲中
卒，仍可进行抗争。

19. 兵三进一　卒7进1

20. 车四平三　马7进6

21. 车三平四　马6进4

黑方进马并没有好的攻击目标，反

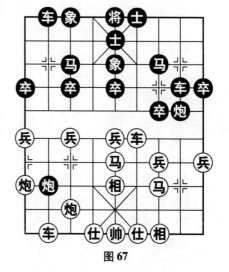

图67

而被红车轻易牵制了车炮，造成了失子的重大损失。不如马6退7，虽然局势
落后，仍可应付。

22. 车四平二　炮2退2 **23.** 炮七平二　卒5进1

24. 炮二进四　卒5进1 **25.** 马五进三　象5进7

26. 车八进三　象3进5 **27.** 车二退二　卒3进1

28. 炮二退一　马4退5 **29.** 兵七进一　马5进3

30. 相五进七　炮2退2 **31.** 炮九平五　后马退4

因为红方有炮打中象的攻击之着，黑方只好退马，以利防守。

32. 炮二进一　马3退4　　　　**33.** 前马进五　后马进2

34. 马五进六　马2进4　　　　**35.** 仕四进五　车2平3

红方一系列的攻法紧凑有力，取得明显优势。

36. 车八进一　炮2平7　　　　**37.** 炮五平七　车3平4

38. 相三进五　炮7退1　　　　**39.** 车二退二　马4进2

40. 相七退九　炮7进5　　　　**41.** 炮七平三　马2进4

42. 车八平五　马4退6　　　　**43.** 车五进三　车8进1

44. 车二进五　马6进8　　　　**45.** 车五平二　马8退9

黑方虽然得回失子，但由于损失一象，而且各子位置又差，局势仍然受困难走。

46. 车二退一　卒9进1　　　　**47.** 相五进三　车4进4

48. 炮三平一　车4进1　　　　**49.** 兵一进一　车4平1

50. 兵一进一　马9退7　　　　**51.** 车二平三　马7进5

52. 炮一平二　将5平4　　　　**53.** 车三平六　士5进4

红方平车叫将明智。如贪吃一象，车1退1兑车，形成和势。

54. 兵一平二　车1平7　　　　**55.** 兵二平三　士6进5

56. 车六平五　马5退7　　　　**57.** 车五平三　马7进5

58. 炮二平六　将4平5　　　　**59.** 车三平五　马5退7

60. 兵三平四　卒1进1　　　　**61.** 车五平九　卒1进1

62. 炮六平五　将5平6　　　　**63.** 车九进三　将6进1

64. 炮五平四　士5进6　　　　**65.** 车九退三　卒1平2

66. 兵四平三　将6平5　　　　**67.** 车九平五　将5平4

68. 炮四平六　士4退5　　　　**69.** 车五平六　士5进4

70. 车六平三

红胜。

第68局　周长林负徐健明

1. 炮二平五　马8进7　　　　**2.** 马二进三　车9平8

3. 车一平二　马2进3　　　　**4.** 兵七进一　卒7进1

5. 车二进六　炮8平9　　　　**6.** 车二平三　炮9退1

7. 马八进七　炮9平7　　　　**8.** 车三平四　士4进5

9. 炮八平九　马7进8　　**10.** 车九平八　车1平2

11. 车四进二　炮2退1　　**12.** 车四退三　象3进5

13. 车八进七　马8进7　　**14.** 车四退二　炮7进1

15. 马七进六　车2平4　　**16.** 马六进七　炮2平3

17. 兵七进一　车8进8　　**18.** 炮九平七　车8平4

如车8平3或马7退8，仍有复杂的变化，在实战中较为少见。

19. 仕四进五　前车平3　　**20.** 马七进五　象7进5

21. 炮七进五　车3退4

如炮3进3打兵，炮五进四，炮7平3，相七进五，车4平3，炮五平七，前车平2，炮七进三，车2退6，炮七退四，象5进3，车四平三，炮3平7，车三进二，炮7进5，车三退三，车2进4，形成和势。

22. 炮五进四　车4进3

如炮7平3，车八平七，车4进4，车七退二，车4平3，相七进五，红方先手。

23. 相七进五（图68）　车3退2

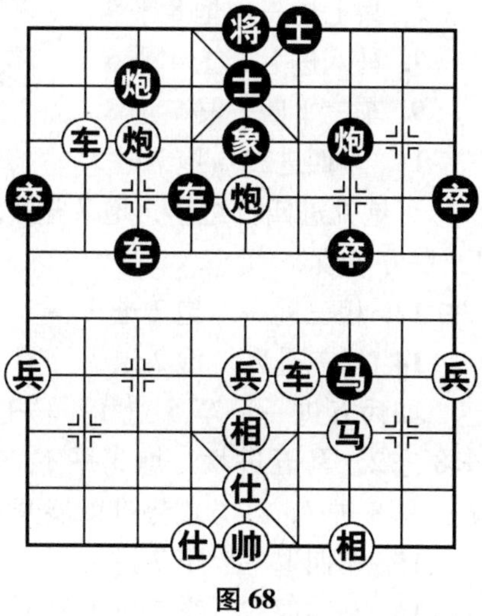

图68，上左中相失误。可车八进二，车4退3，帅五平四，马7退6，炮七平三，马6退7，车八退二，双方对攻，形势较为复杂。

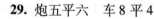

24. 车八进二　炮3退1

25. 炮五退二　炮3平4

26. 车八退四　车4平5

27. 炮五平二　车5平8

图68

28. 炮二平五　卒7进1　　**29.** 炮五平六　车8平4

如车八平五，炮4进6，红方仍然难走。

30. 炮六平九　车4平7　　**31.** 兵五进一　炮7平8

32. 兵五进一　炮8进2　　**33.** 车四进二　卒7平6

34. 相五进三　炮8进1　　**35.** 马三进五　卒6平7

黑方用卒吃相之后，强行兑去一炮，已形成胜局。

36. 马五进六　车3平4　　**37.** 车八进一　车7平2

38. 马六进八　车4平2　　**39.** 车四进一　炮4平3

40. 仕五进六　卒1进1　　**41.** 炮九平二　卒7平8

42. 车四平七　马7退5　　**43.** 帅五平四　马5进4

44. 仕六进五　炮 3 平 2　　　　**45.** 仕五进六　炮 2 进 3

46. 车七退二　卒 8 进 1　　　　**47.** 车七退一　卒 8 进 1

48. 车七平八　象 5 退 7　　　　**49.** 兵五进一　车 2 平 6

50. 帅四平五　炮 2 平 1

黑胜。

第 69 局　　王嘉良胜李忠雨

1. 炮二平五　马 8 进 7　　　　**2.** 马二进三　卒 7 进 1

3. 车一平二　车 9 平 8　　　　**4.** 车二进六　马 2 进 3

5. 兵七进一　炮 8 平 9　　　　**6.** 车二平三　炮 9 退 1

7. 马八进七　士 4 进 5　　　　**8.** 炮八平九　炮 9 平 7

9. 车三平四　马 7 进 8　　　　**10.** 车九平八　车 1 平 2

11. 车四进二　炮 7 进 5

可炮九进四打边卒，炮 7 进 5，马三退五，卒 7 进 1，车四退一，炮 2 进 4，双方对攻。

12. 相三进一　炮 2 进 4　　　　**13.** 兵五进一　炮 7 平 3

14. 马三进四　炮 2 退 5

如兵五进一，卒 5 进 1，马七进五，车 8 进 2，马五进六，炮 3 平 1，仕四进五，马 8 进 7，红方攻势难以展开。

15. 车四退三　卒 7 进 1

16. 马四退三　卒 7 进 1

如兵七进一，炮 3 平 6，车四平六，马 8 进 6，兵七进一，炮 2 进 7，兵七进一，车 8 进 2，车六平七，象 7 进 5，车七退一，卒 7 进 1，各有千秋。

17. 马三退五　炮 2 进 5（图 69）

图 69，如兵七进一，卒 7 进 1，兵七进一，马 3 退 4，炮五进四，象 3 进 5，炮九平三，车 2 平 3，红方有攻势，黑方多子，后果难料。

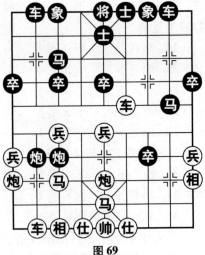

图 69

18. 兵七进一　炮 3 平 9

炮打边兵准备展开弃子抢攻，双子对抢攻势，哪方运子如有闪失，便会招来无法收拾的局面。

19. 兵七进一　马3退1

退马使反击之势全部化解。应炮2平5，强行弃子抢攻。虽然局势复杂，但有机会。

20. 炮九进四　象3进5　　　**21.** 马七进六　车2进5

22. 马五进七　炮2平5

应马六退八吃炮简化局势，可以稳持先手。

23. 仕六进五　车2进4　　　**24.** 马七退八　炮9退2

25. 车四退三　马8退7　　　**26.** 马八进七　炮9进2

进炮效力不大，可炮5平6，兵五进一，卒5进1，马六退四，卒7平6，车四进一，车8进5，黑方并不难走。

27. 兵五进一　卒5进1　　　**28.** 车四进四　马7进8

29. 车四平六　马8进6　　　**30.** 马七进五　炮9平5

31. 马六进八　象5退3

由于以上黑方应法的失误，已难防守。此时如马1退3，兵七进一，仍然难以支撑。

32. 车六进二　车8进2　　　**33.** 马八进六　马6进5

34. 相七进五　车8平2　　　**35.** 马六进七　车2退1

36. 兵七进一　马1进2　　　**37.** 炮九进三　车2退1

38. 兵七平八　士5进4　　　**39.** 车六平四　将5平4

40. 车四进一　将4进1　　　**41.** 炮九退四

红胜。

第70局　郭长顺胜臧如意

1. 炮二平五　马8进7　　　**2.** 马二进三　车9平8

3. 车一平二　卒7进1　　　**4.** 车二进六　马2进3

5. 兵七进一　士4进5　　　**6.** 马八进七　炮8平9

7. 车二平三　炮9退1　　　**8.** 炮八平九　车1平2

9. 车九平八　炮9平7　　　**10.** 车三平四　马7进8

如卒7进1，兵三进一，马7进8，车四退四，马8进9，相三进一，马9进7，炮五平三，炮2进5，马七进六，炮2平7，车八进九，马3退2，炮九平三，车8进7，车四平八，车8平7，车八进七，象7进5，平稳之势。

11. 车八进六　卒7进1　　**12.** 车四退一　象7进5

如卒7进1，马三退五，马8退7，车四退一，象7进5，马七进六，车8进4，双方各有攻守。

13. 马三退五　卒7进1　　**14.** 马七进六　马8进9

15. 相三进一　炮7平8

如车8进3，马五进七，炮7平8，炮九进四，红方先手。

16. 炮五平二　炮8平9　　**17.** 炮二平六　炮2平1

18. 车八平七　车8进5　　**19.** 马五进七　炮1进4

20. 马七进九　车8平4　　**21.** 仕四进五　车2进7

22. 马九进八　车4平8　　**23.** 马八进七　马9进7

24. 炮六平五　马7退5

红方平中炮展开中路攻势，及时有力。

25. 车四退三　卒7进1　　**26.** 车四进六　卒7进1

27. 车七平五　炮9进6　　**28.** 车五退三　炮9进2

29. 车五平四　车8进4

红方平四路车要杀正确。如车五平六，车8进4，车四退八，车2平5，相七进五，卒7平6，黑胜。

30. 仕五退四　车8退9

31. 仕四进五　车2平3

32. 炮九退一（图70）　卒7进1

图70，黑方卒7进1叫将形成败势。应车3进1，车四平六，车8进9，车四退八，车8退3，车四平一，车8平4，黑方还有一定反击力，仍可周旋下去。

33. 仕五退四　车3进1

34. 炮五退一　车3平4

35. 炮九平八　卒7平6　　**36.** 帅五平四　车4进1

37. 帅四进一　炮9平6　　**38.** 炮八退一　车4退1

39. 炮八平四

红胜。

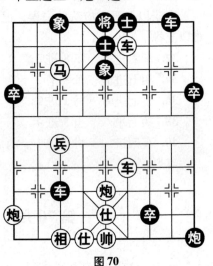

图70

第71局 张惠民负陶汉明

1. 炮二平五 马8进7	**2.** 马二进三 车9平8
3. 车一平二 马2进3	**4.** 兵七进一 卒7进1
5. 车二进六 炮8平9	**6.** 车二平三 炮9退1
7. 马八进七 士4进5	**8.** 炮八平九 炮9平7
9. 车三平四 马7进8	**10.** 车九平八 车1平2
11. 车四进二 炮7进5	**12.** 相三进一 炮2进4
13. 马七进六 车8进3	

进车防守中卒。以往多马8退7，局势比较平稳。

14. 仕四进五 炮2进1	**15.** 兵五进一 卒7进1

过7路卒可活通马路，为全面攻击做好准备。如炮2退2打马，马六进七，炮2平5，车八进九，马3退2，车四退四，炮5退1，炮九进四，红方有攻势，较为主动。

16. 车四退五 卒7平6（图71）

图71，如相一进三吃卒，马8进9，马三进一，车8进6，仕五退四，炮7进3，帅五进一，车8退3，兵五进一，车8平9，兵五进一，车9进2，车四退七，炮7退1，帅五退一，炮7进1，帅五进一，车9退4，双方对攻，后果一时难料。

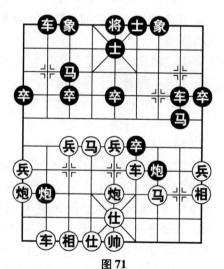

图71

17. 车四平五 象7进5

如卒6平5吃中兵，车五进一，炮2退2，车五平二，象7进5，车八进三，炮7退4，马三进五，卒3进1，马五进四，炮7进2，炮九平七，卒5进1，车八平五，红方反而好走。

18. 兵五进一 卒5进1

马踏边兵展开攻击，含蓄有力。

19. 车五进二 马8进9

20. 马三进一 炮2平9

如仕五进四，马9进7，炮五平三，车8进6，炮三退二，炮2平9，车八进九，车 8 平 7，帅五进一，马 3 退 2，炮九平一，车 7 平 4，黑方仍占优势。

21. 车八进九　车 8 进 6　　　　**22.** 仕五退四　炮 7 进 3

23. 仕四进五　炮 9 进 2　　　　**24.** 炮五进五　士 5 进 6

25. 车八平七　马 3 退 4

黑胜。

第 72 局　卜凤波胜李艾东

1. 炮二平五　马 8 进 7　　　　**2.** 马二进三　车 9 平 8

3. 车一平二　马 2 进 3　　　　**4.** 兵七进一　卒 7 进 1

5. 车二进六　炮 8 平 9　　　　**6.** 车二平三　炮 9 退 1

7. 马八进七　士 4 进 5　　　　**8.** 炮八平九　炮 9 平 7

9. 车三平四　马 7 进 8　　　　**10.** 车九平八　车 1 平 2

11. 马三退五　卒 7 进 1　　　　**12.** 车四退一　卒 7 进 1

13. 车八进六　象 3 进 5　　　　**14.** 马七进六　炮 2 退 1

退 2 路炮，意欲加强防守，是新创之着，能否抵抗红方的攻势，有待在实战中验证。

15. 相三进一　卒 7 平 8

16. 车八平七　马 8 进 7

17. 车四退二　车 8 进 5

18. 马六进五　马 3 进 5

19. 炮五进四　车 2 平 4

20. 马五进七　马 7 进 8（图 72）

图 72，马 7 进 8 比较缓慢，不如炮 2 进 5 打车，兵五进一（又如车四进五，炮 2 平 3，车七平八，炮 3 进 3，仕六进五，车 8 平 3，车四平三，车 3 进 2，车八进二，炮 3 平 6，黑方占优），车 8 平 5，仕四进五，炮 2 退 5，吃回中兵之后可牵制中炮，各有千秋。

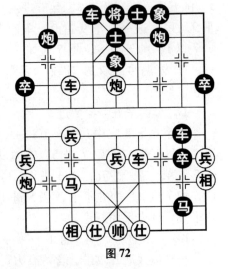

图 72

21. 仕四进五　卒 8 平 7

22. 车四进三　马 8 退 9

23. 炮五退二　马 9 进 7

24. 车四退四　炮 2 平 3

25. 相七进五　车 4 进 6

26. 炮九进四　卒 9 进 1

27. 相一退三　炮7平8

在红方多兵的情况下，宜车8退1防守，比较稳健。

28. 炮九退一　将5平4	**29. 炮九平五　车8退1**
30. 前炮进三　士6进5	**31. 炮五进四　炮8平6**
32. 车四进五　车4退4	

黑方出将之后，红方乘机一炮换双，黑方受攻。应卒9进1，静观一下变化为好。现在红方进车捉象是夺先的好着。如炮五进一，炮6进5，红方反而不好。

33. 炮五进一　将4进1	**34. 兵五进一　将4平5**
35. 炮五平九　炮3平1	**36. 兵七进一　将5平4**
37. 兵七平六　车8平4	

平兵兑炮效果不好，造成失兵的不利形势。应马七进八，象5进3，车四平六，将4进1，车七平六，将4平5，马八进七，红方得子胜定。

38. 炮九平六　将4退1	**39. 车四进一　前车平3**

平车造成老将不安于位。应炮1退1防守，车七平八，炮1平3，车八进三，将4平5，马七进八，前车平3。黑方多子，足可应付。

40. 车四进一　将4进1	**41. 车七平八　炮1平3**
42. 车八进三　炮3退1	**43. 车八平七　车3退4**
44. 车四平七　车4进2	**45. 车七退六　车4平7**
46. 车七平六　将4平5	**47. 马七进八　卒9进1**
48. 马八进六　卒9平8	**49. 马六进七　将5平6**
50. 车六进五　将6退1	**51. 车六进一　将6进1**
52. 车六平五	

伏马七进六的攻势，胜局已定。

第73局　柳大华和崔岩

1. 炮二平五　马8进7	**2. 马二进三　马2进3**
3. 车一平二　车9平8	**4. 兵七进一　卒7进1**
5. 车二进六　炮8平9	**6. 车二平三　炮9退1**
7. 马八进七　士4进5	**8. 炮八平九　车1平2**
9. 车九平八　炮9平7	**10. 车三平四　马7进8**
11. 车四进二　炮7进5	**12. 相三进一　炮2进4**

13. 兵五进一　卒7进1

14. 车四退五　炮2进2

15. 兵五进一　卒5进1

进中兵从中路展开攻势，是创新之着，但容易受到黑方的反击。如车四退二，炮2退2，相一进三，象7进5，车四平二，马8退7，车二进八，马7退8，马七进五，马8进7，炮五平七，炮2平3，车八进九，炮3进3，帅五进一，马3退2，兵九进一，各有千秋。

16. 车四退二　炮2退4

17. 相一进三　卒5进1

18. 车四进四　炮2进4

19. 车四退四　炮2退2

20. 车四退二　炮2进2

21. 炮九平八　车2进6

22. 车四平八　炮2退2（图73）

图73，双方经过一阵明争暗斗，力争抢先夺势，形成了紧张的攻守形势。红方在面临黑方运车抢兑争先的情形下，只好兑车化解黑方的反扑。如车四退二捉炮，马8进9，车八进一（如马三进一吃马，炮7进3，仕四进五，炮2平6，黑胜势），马9进7，黑方形势有利。

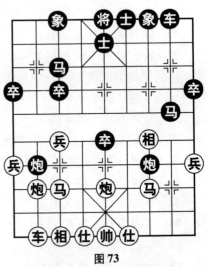

图73

23. 炮八平九　炮2平3

平炮压马紧凑。如炮2平9打兵，相三退一，黑方没有后继攻势，形势并不理想。

24. 车八进七　马3退4

如炮3进3，仕六进五，马3退4，车八退四，黑方不占便宜。

25. 马七退五　马8进6

26. 兵七进一　炮7平5

黑方平中炮效力太低，不如卒3进1，车八退三，炮3退1，黑方优势。

27. 马三进五　卒5进1

28. 炮五平三　马4进5

29. 车八退三　马6进7

30. 马五进三　卒3进1

31. 马三进五　车8进6

32. 马五退三　车8平7

33. 相三退五　马5进7

34. 车八平三　车7退1

35. 相五进三　马7进5

36. 相三退五　马5进4

37. 仕四进五

红方落入下风之后，竭尽全力防守，终于形成和局。

第74局　卜凤波胜曾益谦

1. 炮二平五　马8进7　　　　**2.** 马二进三　马2进3

3. 车一平二　车9平8　　　　**4.** 兵七进一　卒7进1

5. 车二进六　炮8平9　　　　**6.** 车二平三　炮9退1

7. 马八进七　士4进5　　　　**8.** 炮八平九　车1平2

9. 车九平八　炮9平7　　　　**10.** 车三平四　马7进8

11. 马三退五　炮2进6（图74）

图74，红方先退马中心，稳健。如车八进六，卒7进1，车四退一，卒7进1，马三退五，象7进5，形成对抢先手之势。现在黑方炮2进6封住红车，加强防守。如卒7进1，车四平三，炮7进1，兵三进一，象7进5，车八进六，红方好走。

12. 马七进六　马8进7

如卒7进1，车四退一，卒7进1，兵七进一，卒3进1，车四平七，车8进2，炮九平七，红方优势。

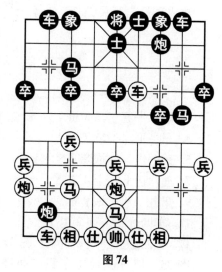

图74

13. 车四平三　炮7平9

14. 车三平一　炮9进1

15. 马五进七　车8进9　　　　**16.** 仕六进五　车8平7

上仕稳健防守。如马六进五，炮2平9，车八进九，马3退2，车一平四，前炮进1，黑方有攻势。

17. 马六进五　象3进5　　　　**18.** 马五退六　炮9平6

19. 车一平四　车7退1　　　　**20.** 马六进七　炮6平8

21. 车四平二　车7平8　　　　**22.** 炮五平二　炮8进5

23. 车二退四　车2进3　　　　**24.** 车二平三　车2平3

25. 车八进一　车3进2　　　　**26.** 车八进六　车8退5

27. 炮九退一　车8平3　　　　**28.** 车八退五　马7退6

29. 相七进九　前车退1

不如前车进1，炮九平七，马6进5，车三平五，马5进3，炮七进二，车3进3，车八平七，车3平9，车七进五，车9平1，形成和局形势。

30. 炮九平七　马6进5　　**31.** 车三平五　马5进3

32. 炮七进四　前马退4　　**33.** 车五进二　车3进1

34. 车五平六　车3进2　　**35.** 兵一进一　车3平1

36. 车八进四　车1进1　　**37.** 车八平七　马3退4

38. 兵一进一　卒1进1　　**39.** 兵一平二　车1进2

40. 仕五退六　车1退4　　**41.** 车六平九　卒1进1

42. 车七退二　卒1进1　　**43.** 车七退一　卒1进1

44. 车七退一　士5进4　　**45.** 车七平九　士6进5

46. 车九进七

进入残局，车兵必胜马士象全，红胜。

第75局　李来群胜吕钦

1. 炮二平五　马8进7　　**2.** 马二进三　车9平8

3. 车一平二　卒7进1　　**4.** 车二进六　马2进3

5. 兵七进一　炮8平9　　**6.** 车二平三　炮9退1

7. 马八进七　士4进5　　**8.** 炮八平九　车1平2

9. 车九平八　炮9平7　　**10.** 车三平四　马7进8

11. 车四进二　炮2退1

12. 车四退五　炮2进7（图75）

图75，黑方进炮压车积极防守。如炮2进5打车，兵五进一，炮2平7，炮五进四，象7进5，车八进九，前炮进3，仕四进五，马3退2，车四平二，红方占优势。

13. 马七进六　炮2退2

可象7进5巩固中路，局势较为平稳。

14. 炮五进四　象7进5

如车四进五捉炮，炮7进5，相三进一，马8退7，黑方局势较为稳固，红方攻势难以迅速展开。

15. 兵五进一　炮2退1　　**16.** 马六进七　炮2平5

17. 车八进九　马3退2　　**18.** 炮九进四　马2进1

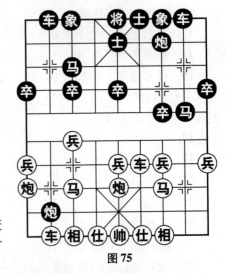

图75

运炮打卒力图扩展攻势。如炮五平三，卒7进1，兵三进一，炮7进4，马三进四，马2进1，马七进九，象3进1，黑方较为好走。黑方也可马8进7，牵制红方的攻势。

19. 兵七进一　马1进3　　　　**20.** 兵七进一　马8进7

21. 兵七进一　象3进1　　　　**22.** 炮九平一　卒7进1

平炮打卒可控制局势，是目前的较佳应法。

23. 兵七平六　将5平4　　　　**24.** 炮五平六　将4平5

25. 炮六平五　将5平4　　　　**26.** 炮五平六　将4平5

27. 炮六平五　将5平4　　　　**28.** 兵六平五　象1退3

红方运炮三次打将，意在限时中多走着法，是大赛中常用的节时手段。双方如再不变，可以判作和局，红方以兵换取一象，力图争取胜局。现在黑方象1退3，速度迟缓，容易产生危险。可炮5退3，仕六进五，车8进3，车四平六，炮5平4，炮一进三，将4进1。红方虽占优势，但黑方还可相机一争。

29. 炮五进二　炮5退4　　　　**30.** 兵五进一　士6进5

31. 车四平六　将4平5　　　　**32.** 车六平五　炮7进1

红方平车捉士，为取胜创造了有利条件。

33. 车五进五　将5平4　　　　**34.** 炮一平八　车8进3

35. 车五进一　将4进1　　　　**36.** 车五退一　将4退1

37. 车五进一　将4进1　　　　**38.** 炮八进三　象3进1

39. 车五退一　将4退1　　　　**40.** 车五退一　车8平4

41. 车五进二　将4进1　　　　**42.** 炮八平六　炮7平4

43. 炮六退二　车4退1　　　　**44.** 车五退一　将4退1

45. 车五进一　将4进1　　　　**46.** 仕四进五　车4进4

47. 兵九进一　车4平1　　　　**48.** 马三进五　车1退1

49. 车五平三　马7进8　　　　**50.** 车三退一　将4退1

51. 车三进一　将4进1　　　　**52.** 车三退一　将4退1

53. 马五进六

红胜。

第76局　郭长顺胜黄学荣

1. 炮二平五　马8进7　　　　**2.** 马二进三　卒7进1

3. 车一平二　车9平8　　　　**4.** 车二进六　马2进3

5. 兵七进一　炮8平9　　　6. 车二平三　炮9退1

7. 马八进七　士4进5　　　8. 炮八平九　炮9平7

9. 车三平四　马7进8　　　10. 车九平八　车1平2

11. 车八进六　卒7进1　　　12. 车四退一　象3进5

13. 马三退五　卒7进1　　　14. 车八平七　车2平3

如炮2进4，车七进一，炮2平3，车七平九，炮3进3，马五退七，炮7进8，仕四进五，马8进9，黑方弃子抢攻，虽然局势尚难判断，但有一定的进取机会。

15. 车七平八　炮2退1　　　16. 兵七进一　马8退7

17. 车四退一　象5进3　　　18. 车八平七　象7进5

19. 马七进八　车8进4　　　20. 炮五平七　车8平6

21. 车四进一　马7进6　　　22. 车七进一　车3平4

23. 炮七平二　卒7平8　　　24. 炮二平一　马6进4

25. 车七平八　马4进2　　　26. 炮一平八　炮2平3

27. 马五进七　炮3进6　　　28. 炮九平七　炮7平9

29. 仕四进五　炮9进5　　　30. 兵五进一　车4进5

31. 相三进五　车4平5　　　32. 马八进九　车5进1

33. 炮七退一　车5平7　　　34. 马九进七　士5退4

35. 炮七平八　马2退4　　　36. 车八进一　炮9进3

37. 仕五进四（图76）　车7进3

图76，双方各攻一侧，争斗相当激烈，下一手红方车八平六要杀，黑方难以防守。如马4进3，帅五平四，马3进4，帅四平五，马4退3，帅五平四。黑方二打对一打，在象棋规则上是不允许的，必须变着。

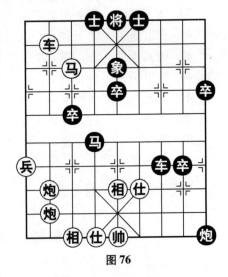

图76

38. 帅五进一　马4进3

39. 帅五平四　马3进4

40. 帅四平五　马4退3

41. 帅五平四　车7平4

42. 车八平七　车4退1

43. 仕四退五　车4平5

44. 帅四退一　炮9平3

应车5平2吃炮，车七平六，士6进5，炮八进七，车2退8，马七进八，马3退5，黑方还可支撑一阵。

45. 前炮进七　象5退3　　　　　**46.** 车七进一

红胜。

第77局　张录负蒋全胜

1. 炮二平五　马8进7　　　　**2.** 马二进三　车9平8

3. 车一平二　卒7进1　　　　**4.** 车二进六　马2进3

5. 兵七进一　炮8平9　　　　**6.** 车二平三　炮9退1

7. 马八进七　士4进5　　　　**8.** 炮八平九　炮9平7

9. 车三平四　马7进8　　　　**10.** 车九平八　车1平2

11. 车四进二　炮2退1　　　　**12.** 车四退三　象3进5

13. 车八进七（图77）　马8进7

图77，如炮7进1，车四退二，卒7进1，兵三进一，马3退4，车八退二，炮7进5，马七进六，炮7平1，相七进九，车2平1，炮五进四，红方弃子有攻势。这一路变化，值得深入研究。

14. 车四退二　炮7进1

15. 兵五进一　卒7进1

可仕四进五，稳中有攻。

16. 马七进五　炮2平4

17. 车八进二　马3退2

18. 兵五进一　卒5进1

19. 马五进四　炮7平6

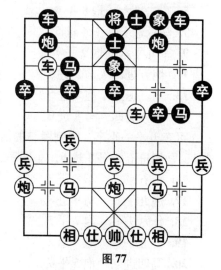

图77

20. 马四进五　象7进5　　　　**21.** 炮五进五　将5平4

22. 车四平八　马2进3　　　　**23.** 马三进五　卒5进1

可炮九平六打将，士5进4，炮五平七，炮4进7，炮七平四，各有千秋。

24. 马五进三　车8进6　　　　**25.** 炮九平三　炮6平7

26. 仕六进五　车8进1

可马三进一，卒9进1，炮三进五，士5进6，炮三进二，士6进5，车八进四，红方得还一子，仍可进行抗衡。黑方进车捉炮紧凑。如卒5平6，炮三平六，士5进4，炮五平七，炮4进6，炮七平三，卒6平7，仕五进六，红方占优。

27. 车八退一　炮4进4　　　**28.** 相三进一　车8平9

29. 炮三平六　炮4平7　　　**30.** 车八进三　前炮平8

31. 仕五进四　马7进6

仕五进四后使局势更难应付。可帅五平六，尚可支撑一阵。现在被黑方进马捉炮攻杀，已无法应付。

32. 车八平六　士5进4

黑胜。

第78局　王嘉良胜杨官璘

1. 炮二平五　马8进7　　　**2.** 马二进三　车9平8

3. 车一平二　马2进3　　　**4.** 兵七进一　卒7进1

5. 车二进六　炮8平9　　　**6.** 车二平三　炮9退1

7. 马八进七　士4进5　　　**8.** 炮八平九　车1平2

9. 车九平八　炮9平7　　　**10.** 车三平四　马7进8

11. 炮五进四　马3进5　　　**12.** 车四平五　炮7平5

13. 马三退五　炮2进5　　　**14.** 马五进四　象7进5

15. 炮九进四　马8进9

可车五平一吃卒，限制黑马的活动，较为稳健。马踏边兵得实利。如卒7进1，马四进五，马8进6，车五平二，红方并不难走。

16. 车五平二　车8进3

17. 炮九平二　马9进8

18. 仕六进五　炮7平5

19. 帅五平六　炮5退3

20. 马四进三　炮5平7

21. 马三退五　车2进6

22. 相七进五　炮7进4

23. 马五进四　马8退7

24. 帅六平五　车2平6

25. 炮二进三　象5退7

26. 马四退五（图78）　炮2平5

图78，红方退中路马力求保持攻势。

如车八进二，车6退3，车八进一，马7

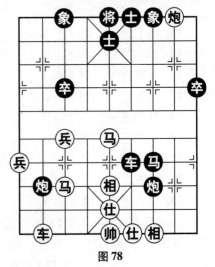

图78

进5，相三进五，炮7平3，黑方易走。

27. 仕五进四　车6平4

上仕是解除攻击的良好应法。如相三进五，车6进2，黑方优势。

28. 马五退三　炮5退4　　　　**29. 马七进六　车4退1**

可车4平7吃马，马六进五，车7平5，局势较为平稳。

30. 车八进九　车4平7　　　　**31. 车八平七　士5退4**

32. 车七退三　炮5退1　　　　**33. 车七进一　将5进1**

34. 车七进一　将5退1　　　　**35. 车七退一　将5进1**

36. 车七进一　将5退1　　　　**37. 车七平四　士4进5**

上士防守稳健。如车7进1，车四进一，将5进1，车四平五，将5平4，车五平六，将4平5，帅五平六，象7进9，兵七进一，车7平3，车六退四，双方对抢攻势，局势较为紧张。

38. 车四退五　车7平5　　　　**39. 帅五平六　车5平4**

40. 帅六平五　车4平8　　　　**41. 炮二平一　车8平7**

42. 相三进一　车7平5　　　　**43. 帅五平六　车5平4**

44. 帅六平五　将5平4　　　　**45. 马三进四　炮5进2**

46. 马四进五　车4进4　　　　**47. 帅五进一　车4退1**

48. 帅五退一　车4进1　　　　**49. 帅五进一　车4退7**

50. 马五退三　炮5进1

红方车马在黑方车双炮的围攻下，终于冲出了重围，取得反击机会。

51. 车四平八　车4进6　　　　**52. 帅五退一　车4平8**

53. 车八平六　将4平5　　　　**54. 车六平三　车8退8**

55. 车三退一　车8平9　　　　**56. 马三退五　车9进2**

如车9平8，兵七进一，红方较为好走。

57. 车三进七　车9平5　　　　**58. 车三退四　车5进1**

59. 兵七进一　炮5平9　　　　**60. 仕四进五　炮9退1**

61. 马五进七　炮9进2　　　　**62. 车三退二　炮9退1**

63. 车三进一　炮9进1　　　　**64. 车三退一　炮9退1**

65. 相一进三　炮9平8　　　　**66. 车三平二　炮8退2**

67. 马七进九　士5退4

如车5平4，兵七平六，黑方也难应付。

68. 马九进七　将5进1　　　　**69. 兵九进一　卒9进1**

70. 兵九进一　将5平6　　　　**71. 车二进二　卒9进1**

72. 车二平一　卒9平8　　　　**73. 车一进三　将6进1**

74. 车一退二　士6进5　　**75.** 相三退五　卒8进1

76. 兵九平八　卒8平7　　**77.** 马七退八　将6退1

78. 马八退六　车5平1　　**79.** 马六退四　卒7平6

80. 兵七平六　车1平6　　**81.** 马四退二　车6平7

82. 马二进一　车7进1　　**83.** 车一平二　车7平9

84. 车二平四　士5进6　　**85.** 兵八平七　卒6平7

红方车双兵必能攻破车卒双士的防守，红胜。

第79局　蒋全胜负邬正伟

1. 炮二平五　马2进3　　**2.** 马二进三　马8进7

3. 车一平二　车9平8　　**4.** 兵七进一　卒7进1

5. 车二进六　炮8平9　　**6.** 车二平三　炮9退1

7. 马八进七　士4进5　　**8.** 炮八平九　车1平2

9. 车九平八　炮9平7　　**10.** 车三平四　马7进8

11. 车八进六　卒7进1

如车四进二，炮2退1，车四退三，形成另一种攻守变化。

12. 车四退一　卒7进1

13. 马三退五　象7进5

14. 马七进六　马8进9

15. 马六进五　炮2平1

16. 车八进三　马3退2（图79）

图79，可车八平七吃卒，马3进5，炮五进四，炮1平4，相三进一，红方中炮有一定的攻势，并有扩展之机，比较好走。

17. 车四平八　马9进8

红方为得子而使车远离要道，容易产生危险，不如相三进一加强防守。

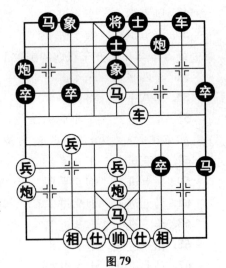

图79

18. 车八进四　车8进3　　**19.** 车八退八　车8平5

可马五退三，车8平6，马五进七，红方仍可支撑。

20. 马五进三　车5平8　　**21.** 车八平三　马8退9

22. 相三进一　马9进7　　　23. 车三平四　马7退5

24. 车四进三　车8平4　　　25. 仕四进五　卒3进1

26. 炮九平八　车4平2　　　27. 炮八平六　卒3进1

28. 车四平五　炮1平3　　　29. 相七进九　车2进3

黑胜。

第80局　杨官璘和胡荣华

1. 炮二平五　马8进7　　　2. 马二进三　卒7进1

3. 车一平二　车9平8　　　4. 车二进六　马2进3

5. 兵七进一　炮8平9　　　6. 车二平三　炮9退1

7. 马八进七　士4进5　　　8. 炮八平九　炮9平7

9. 车三平四　炮2进4　　　10. 兵五进一　象7进5

进中兵力求从中路突破。如车四进二，炮2平7，车四平三，马7进8，车三平四，炮7进3，仕四进五，马8进7，车九平八，炮7平9，黑方弃子后有攻势。

11. 车九平八　车1平2　　　12. 车四退三　炮2退2

可马三进五，卒7进1，相三进一，卒7进1，兵五进一，车8进4，马五进六，红方仍持先手。

13. 车八进四　车8进6　　　14. 兵五进一　卒7进1

15. 车四进五　炮7退1

如炮2退3，车八进四，车2进1，车四平三，卒7进1，马三进五，马7进8，兵五进一，形成对攻，红方较为主动。

16. 车四平三　马7进8　　　17. 车三退四　卒5进1

18. 马七进五　马8退6　　　19. 车三进二　马6进5

如卒5进1，车三平四，卒5进1，兵七进一，卒3进1，马三进五，炮7进9，仕四进五，形成对攻。

20. 兵七进一　马5退3　　　21. 车三平七　卒5进1

22. 马五进三（图80）　车8平7

图80，红方马五进三跃到河口，待机而动，正确。如车七进一吃马，卒5进1，马三进五，炮7进9，仕四进五，炮7平9，帅五平四，车8进3，帅四进一，车8退5，形成复杂的对攻形势。

23. 相三进一　炮2平1

及时平炮，消除被牵之势，是争先之着。

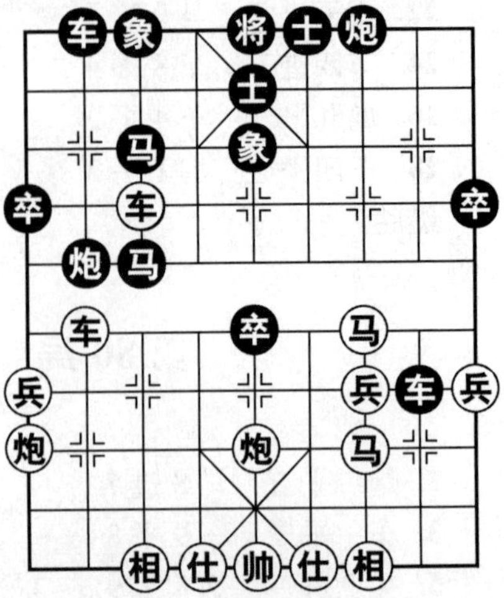

24. 车八进五　后马退2

25. 炮九平八　马2进1

26. 车七平六　马3进4

27. 炮八进三　炮7进4

28. 后马退二　卒5平6

29. 马二进四　车7平8

30. 马三退二　马4退5

马4退5是化解边炮危机的紧要之着。

31. 炮八进三　炮1平3

32. 炮八平九　马1退3

图80

33. 车六进二　马5退3　**34.** 车六退三　炮7平5

35. 仕六进五　炮3平1　**36.** 炮九退三　卒1进1

37. 帅五平六　炮5进1　**38.** 车六平四　前马进4

无故弃卒可惜。不如车8平4，炮五平六（如帅六平五，前马进4，车四平六，马3进2，车六进三，马2退4，黑方优势），炮5平2，车四退一，前马进4，车四进二，车4平3，红方难以支撑。

39. 车四退一　马4进3　**40.** 帅六进一　炮5平4

41. 车四退一　车8平6

红方车四退一强迫兑车，然后再调动双马作战，逐渐化解黑方的攻击力。

42. 马二进四　炮4退4　**43.** 炮五平二　后马进2

44. 仕五进四　马2退4　**45.** 后马进六　马4进3

46. 帅六平五　后马进5　**47.** 马四进五　炮4进2

48. 相一进三　炮4平5　**49.** 帅五平六　马5进6

50. 相三退五　将5平4　**51.** 马五退七　士5进6

52. 马七进九　马3退1　**53.** 马九退八　马1进3

54. 马八退七　马6退5　**55.** 帅六退一　卒9进1

56. 炮二平一　炮5平1　**57.** 帅六平五　马5进6

58. 帅五进一　马2退3　**59.** 马七进六　炮1平5

60. 帅五平四　马6进8　**61.** 前马进五　马8退7

62. 炮一平三　马3退4　**63.** 马六进七　炮5平9

64. 帅四平五　士6进5　　65. 相五退三　炮9进3
66. 马五退三　炮9进2　　67. 炮三平六　将4平5
68. 马三进一
和局。

第81局　金波负张江

1. 炮二平五　马8进7　　2. 马二进三　车9平8
3. 车一平二　马2进3　　4. 兵七进一　卒7进1
5. 车二进六　炮8平9　　6. 车二平三　炮9退1
7. 马八进七　士4进5　　8. 炮八平九　车1平2
9. 车九平八　炮9平7　　10. 车三平四　马7进8
11. 炮五进四　马3进5　　12. 车四平五　炮7进5
13. 马三退五　炮2进5　　14. 相七进五　车8进2

如马五进四，象7进5，马四进五，马8进9，红方右路较为空虚，有一定危险。

15. 马七进六　卒7进1　　16. 马五退七　马8进6

如炮2退1，炮九平六，马8进6，车五退二，车8平6，马六进七，象3进5，炮六进二，车2进3，各有攻守。

17. 车五退二　炮2退1　　18. 相五进三　车8平6
19. 车八进二　炮2退1　　20. 车八平四　炮2平4
21. 车五平四　车6平4

可车五平六，马6退5，车四进五，马5进4，车四退三，马4进3，车四退二，马3退1，形成平等之势。

22. 前车退一　炮7进2　　23. 仕四进五　车2进9
车2进9提马是抢先的好着。

24. 后车平七　炮4进3　　25. 炮九进四　炮4平3
炮4平3提马，力求对攻，有一定的风险，炮4平1较为平稳。

26. 相三进五　车4进6　　27. 炮九进三　象3进1（图81）
图81，红方进左炮叫将，黑方上边象，保持了右底车有平1路的机会。

28. 兵五进一　车2平3　　29. 车七平八　士5进6
如将5平4，车八平六，兑车之后红方可吃回失子，局势主动。

30. 车四平二　将5平4

如车四平八，车 3 平 1，帅五平四，炮 3 平 5，前车进六，将 5 进 1，后车进六，将 5 进 1，前车平五，将 5 平 4，炮九平六，车 4 平 2，黑方胜势。

31. 车八平六　车 4 退 1

32. 仕五进六　车 3 平 2

33. 车二平三　炮 7 平 4

平炮巧妙，由此保住了双炮的安全，为夺取优势创造条件。

34. 车三平七　炮 3 平 1

35. 车七退二　炮 1 进 1

36. 车七平九　炮 4 平 2

37. 兵九进一　炮 1 平 4

如炮九平八阻挡黑方 2 路炮，炮 2 平 8 交换子力，红方不占好处。

38. 帅五进一　炮 4 平 8

39. 兵九进一　炮 2 退 2

40. 兵九进一　炮 2 平 7

41. 相五退七　车 2 平 3

42. 车九进二　车 3 退 1

43. 帅五进一　车 3 退 3

黑方胜势。

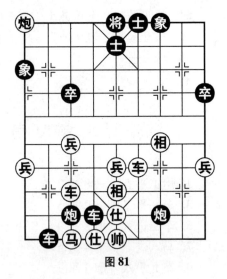

图 81

第 82 局　苗永鹏胜廖二平

1. 炮二平五　马 8 进 7

2. 马二进三　车 9 平 8

3. 车一平二　卒 7 进 1

4. 车二进六　马 2 进 3

5. 兵七进一　炮 8 平 9

6. 车二平三　炮 9 退 1

7. 马八进七　士 4 进 5

8. 炮八平九　炮 9 平 7

9. 车三平四　马 7 进 8

10. 车九平八　车 1 平 2

11. 炮五进四　马 3 进 5

如车八进六，卒 7 进 1，车四退一，马 8 退 7，车四进一，卒 7 进 1，马三退五，象 7 进 5，黑方有一定的反弹力，令人满意。

12. 车四平五　炮 7 进 5

如卒 7 进 1，兵三进一，马 8 进 6，马三进四，炮 7 进 8，仕四进五，炮 2 进 6，炮九进四，车 8 进 9，相七进五，炮 7 平 4，仕五退四，炮 4 平 6，马四退三，双方对抢攻势，红方并不难走。

13. 马三退五　炮2进5

如炮2进6，马七进六，马8进9，炮九平六，车8进2，各有攻守。

14. 相七进五　卒7进1

冲7路卒反击，着法明快。如车8进2，车五平七，卒7进1，马五退七，炮2退1，前马进六，马8进6，双方积力待发，相机进取。

15. 马五退七　炮2进1

应炮2退1较为稳妥。

16. 前马进六　马8进6

17. 车五退二　车8进3

18. 仕六进五　象3进5

19. 相五进三　车8平6

20. 炮九平四　马6进7

21. 相三退五　炮7平1

22. 车五进二（图82）　车6进2

图82，黑方闪车避兑比较勉强，红方乘机吃卒占据要点，形成下风之形势。不如车6平5兑车，马六进五，炮1平9，马七进六，炮2退2，马六进五，车2平4，黑方可以应付。

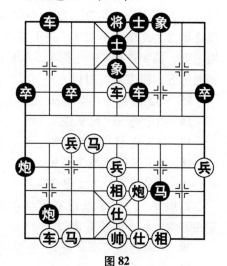

图82

23. 马六进七　马7退9

24. 后马进六　炮2退4

25. 马六进五　炮2进2

红方乘机跃出底马，加大了攻击力度，黑方无法阻挡，已成劣势。

26. 马五进四　车2进2

27. 马四进三　车6退4

28. 马七进五　马9退8

29. 炮四平三　马8退7

30. 马五进七　将5平4

31. 车五平八

红方获胜。

第83局　吕钦胜于幼华

1. 炮二平五　马8进7

2. 马二进三　车9平8

3. 车一平二　马2进3

4. 兵七进一　卒7进1

5. 车二进六　炮8平9

6. 车二平三　炮9退1

7. 马八进七　士4进5

8. 炮八平九　车1平2

9. 车九平八　炮9平7　　　10. 车三平四　马7进8

11. 炮五进四　马3进5　　　12. 车四平五　炮7进5

13. 马三退五　炮2进5

红方退中马是近年流行的着法。如相三进五，卒7进1，马七进六，马8进6，车五退二，炮2进6，马六进七，车8进2，炮九平六，车2进2。黑方局势平稳，红方并不满意。

14. 马五进四（图83）　　象7进5

图83，此时红方多走相七进五，比较平稳，但不足的是出子速度比较缓慢。所以红方先走马五进四，尽力夺取攻势。现在黑方上左中象不如卒7进1紧凑。马四进五，马8进6，车五平四，车8进8，相七进五，黑方足可对付。

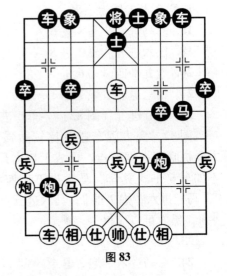

图83

15. 马四进五　马8进9

16. 相七进五　马9进7

17. 马五进七　车8进8

18. 车五平四　炮7平9

19. 前马退八　车2进3

如炮9进3，车八进二，马7进6，车四退六，红方多子好走。

20. 车四退四　车2进2　　　21. 车四平三　车2退2

22. 车三进一　炮9进3　　　23. 仕六进五　车8进1

24. 仕五进四　车8退2　　　25. 车三平一　炮9平6

运炮打仕，被红方退车防守之后，并无功效。不如炮9平8，车一退三，在不失子的形势下，还可对抗。

26. 帅五平四　车8平6　　　27. 帅四平五　车2平6

28. 车一退二　后车平2

巧妙退车加强防守，黑方双车难有作为，红方已成胜势。

29. 车八进一　车6退3　　　30. 炮九退二　车6平2

31. 炮九平七　卒1进1　　　32. 车一平六　前车进2

33. 兵五进一　前车平1　　　34. 兵五进一　卒1进1

35. 兵五平六　车1平8　　　36. 兵七进一　象5进3

37. 兵六平七　炮2退1　　　38. 兵七进一　车2进1

39. 兵七进一　卒1进1　　　40. 兵七进一　卒1进1

41. 兵七平六　象 3 进 1　　　　**42.** 相五进七　车 2 平 5

43. 车六平五

红胜。

第 84 局　谢靖胜蒋川

1. 炮二平五　马 8 进 7　　　　**2.** 马二进三　车 9 平 8

3. 车一平二　马 2 进 3　　　　**4.** 兵七进一　卒 7 进 1

5. 车二进六　炮 8 平 9　　　　**6.** 车二平三　炮 9 退 1

7. 马八进七　车 1 进 1

升右横车，企图抢占左路，威胁红方的过河车，争夺主动。

8. 炮八平九　车 1 平 6　　　　**9.** 车三退一　炮 2 平 1

10. 车三平八　马 7 进 8

如车 8 进 6，车八进二，成另一路变化。

11. 车九进一　马 8 进 6

车九进一加强对右路的防守。如兵三进一，炮 9 平 7，马七进六，马 8 进 6，红方右路空虚，易受攻击。

12. 马七进六　炮 1 进 4

13. 车九平四　炮 1 平 7

14. 相三进一　车 8 进 1

15. 车八平四　马 6 进 8（图 84）

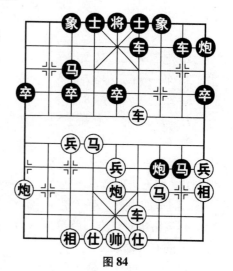

图 84

图 84，黑方进马展开对攻，但反击力度不及红方强大。不如车 6 进 3 兑车简化局势。马六进四，马 6 进 5，相七进五，炮 7 退 2，黑方还可对抗。

16. 炮九平七　象 3 进 5

17. 兵七进一　象 5 进 3　　　　**18.** 前车进三　炮 9 平 6

19. 马六进五　马 3 进 5　　　　**20.** 炮五进四　炮 6 平 7

红方取得空头炮的优势。如马 8 进 7，炮七退一，黑方仍然难以应付。

21. 炮七进二　车 8 进 4　　　　**22.** 炮七平五　车 8 平 5

23. 兵五进一　后炮进 6　　　　**24.** 仕四进五　后炮平 9

25. 兵五进一　炮 7 退 1　　　　**26.** 兵五平六　炮 7 平 6

27. 车四平二　炮6平5　　　**28.** 帅五平四　马8退6

29. 车二平四　马6退5

平四路车捉马果断。如马6退4吃兵，车四进八，将5进1，炮五退一，红方胜势。

30. 车四进八　将5进1　　　**31.** 车四退三　马5退3

32. 兵六进一　象7进5

红方加紧运兵攻击，而不退车捉还一子，老练。

33. 车四退三　炮5退2　　　**34.** 车四平一　炮5平6

黑方马炮缺士，难挡车兵的攻击，已成败势。

35. 车一进三　炮6退4　　　**36.** 车一进三　炮6平7

37. 车一退一　将5退1　　　**38.** 车一退一　将5进1

39. 车一平四　卒1进1　　　**40.** 兵六进一

红方胜局已定。

第85局　孙勇征胜郑一泓

1. 炮二平五　马8进7　　　**2.** 马二进三　车9平8

3. 车一平二　马2进3　　　**4.** 兵七进一　卒7进1

5. 车二进六　炮8平9　　　**6.** 车二平三　炮9退1

7. 马八进七　士4进5　　　**8.** 炮八平九　车1平2

9. 车九平八　炮9平7

10. 车三平四　马7进8

11. 炮五进四　马3进5

12. 车四平五　卒7进1

弃7路卒对红方三路造成压力，是展开反击的有力之着。

13. 兵三进一　炮2进5

14. 车五平三（图85）　马8退9

图85，黑方可走炮2平7兑子，炮九平三，车2进9，马七退八，马8进6，车三进二，马6进7，兵五进一，象7进5，双方形成平稳之势。

15. 车三进一　象3进5

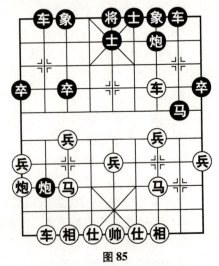

图85

16. 马七进六　车 8 进 3　　　17. 马六进四　车 8 平 6

18. 兵三进一　车 2 进 1　　　19. 马三进二　车 6 平 8

如炮 2 退 5，兵三进一，车 6 进 1，车八进七，车 2 进 1，马二进四，炮 7 进 2，炮九平二，红方占优。

20. 兵三进一　车 8 进 1　　　21. 兵三平二　炮 2 退 5

22. 炮九平二　车 8 进 1　　　23. 马四退二　炮 2 平 7

24. 车八进八　后炮平 2　　　25. 兵二进一　炮 7 进 4

26. 兵九进一　炮 2 进 1　　　27. 兵二平一　炮 2 平 9

28. 马二进四　炮 7 退 1　　　29. 炮二平一　炮 9 进 4

30. 炮一进四　炮 7 平 1　　　31. 马四进六　炮 1 平 2

32. 炮一平七　炮 9 退 5

形成马炮双兵仕相全对双炮卒士象全的残局，红方仍占优势。

33. 兵七进一　士 5 进 4　　　34. 兵七平八　炮 9 平 5

35. 兵五进一　将 5 平 4　　　36. 相三进五　炮 2 平 4

37. 炮七退五　炮 4 退 1　　　38. 仕四进五　炮 4 平 9

如炮 5 进 4，兵八平七，炮 5 平 4，兵七平六，炮 4 退 2，兵六进一，卒 1 进 1，兵六进一，红胜。

39. 仕五进四　象 7 进 9　　　40. 炮七平五　象 9 进 7

41. 兵八进一　卒 1 进 1　　　42. 兵八平七　卒 1 进 1

43. 马六进四　炮 5 平 6　　　44. 兵五进一

红方中兵过河助战，胜局已定。

第 86 局　　卜凤波负赵国荣

1. 炮二平五　马 8 进 7　　　2. 马二进三　车 9 平 8

3. 车一平二　马 2 进 3　　　4. 兵七进一　卒 7 进 1

5. 车二进六　炮 8 平 9　　　6. 车二平三　炮 9 退 1

7. 马八进七　士 4 进 5　　　8. 炮八平九　车 1 平 2

9. 车九平八　炮 9 平 7　　　10. 车三平四　马 7 进 8

11. 炮五进四　马 3 进 5

炮打中卒先得实利，但容易受到黑方的反扑。

12. 车四平五　炮 7 进 5

进炮打兵是本布局的主要变着。其用意是发出 7 路炮之后，再进右炮封制红方左车，达到抢占要道的目的。

13. 马三退五　炮2进5

进炮封车减缓红方左马的出击，等待机会再图进取。如卒7进1，车八进四，马8进6，车五退二，车8进8，炮九退一，车8退1，相三进五，炮7平8，马五退三，车8平7，炮九平八，炮8退1，炮八进六，马6进5，相七进五，炮8平5，兵五进一，车7平5，仕四进五，象3进5，马七进六，车5退2，马六进七，卒7平6，马三进四，车5进1，黑方弃子换取双相，形成激烈的争斗局势。

14. 马五进四　象7进5

不如相七进五较为平稳。车8进2，马七进六，卒7进1，红方多兵有利。

15. 车五平一　卒7进1

不如马四进五，马8进9，相七进五，待机而动，较为好走。

16. 马四进五　卒7平8

18. 车一平四　马6进8

应车一平二，车8进3，炮九平二，车2进4，形势平稳。

19. 车八进一　炮7平9

20. 相七进五　车8平7

21. 炮九退二（图86）　炮9进2

图86，进炮围攻紧要。如急于求成而马8进7，车四退五，炮9进2，车四平三，炮9平2，车三平八，红方一车换马炮，黑方很难取得胜势。

22. 马五退四　炮2平1

红方只好退马防守。如车八平二，马8进7，车四退五，炮2平5，红方仍难应付。

17. 炮九进四　马8进6

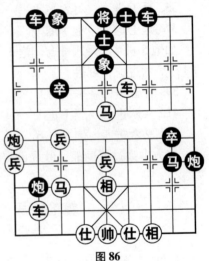

图86

23. 车八平二　炮1退2

24. 兵九进一　车7进6

25. 马七进六　炮9退3

26. 马六进七　车2进6

27. 马四进五　车2平5

28. 仕六进五　车5平2

29. 车二平四　马8进7

30. 帅五平六　炮9退3

31. 帅六平五　炮9进6

32. 马七退六　炮9平6

红方防守出现失误，被打死一车，速败。

33. 车四退五　马7退8

34. 车四进五　车7进1

35. 马六退七　马 8 进 7　　　　**36.** 帅五平六　车 7 退 3

37. 车四退五　车 7 平 5　　　　**38.** 车四平三　车 2 进 1

39. 车三平二　车 5 进 1

黑胜。

第 87 局　金波负洪智

1. 炮二平五　马 8 进 7　　　　**2.** 马二进三　车 9 平 8

3. 车一平二　卒 7 进 1　　　　**4.** 兵七进一　马 2 进 3

5. 车二进六　炮 8 平 9　　　　**6.** 车二平三　炮 9 退 1

7. 马八进七　士 4 进 5　　　　**8.** 炮八平九　炮 9 平 7

9. 车三平四　马 7 进 8　　　　**10.** 车九平八　车 1 平 2

11. 炮九进四　炮 7 进 5

黑方进炮打兵，积极反击。如卒 7 进 1，炮五进四，象 3 进 5，车四平三，马 8 退 9，车三退二，炮 2 进 5，马三退五，卒 3 进 1，马五进六，马 3 进 5，车八进二，车 2 进 7，马六退八，马 5 进 7，车三平六，马 7 进 6，相七进五，车 8 进 3，炮九平六，马 6 进 7，帅五进一，炮 7 平 8，帅五平六，车 8 平 6，仕六进五，炮 8 进 6，马八进九，炮 8 平 3，马九进八，卒 3 进 1，相五进七，红方弃子占优。

12. 马三退五　卒 7 进 1

如炮五进四，象 3 进 5，马三退五，卒 7 进 1，车四平一，马 8 退 7，车一平四，炮 2 进 4，各有千秋。

13. 车四平一　炮 2 进 4

进炮攻守兼备。如马 8 进 6，炮九退二，马 6 进 4，炮五进四，马 3 进 5，马五进六，马 5 进 7，车一平六，红方好走。

14. 炮九退二　象 3 进 5

15. 车一退二　车 8 进 2

16. 车一平三　马 8 进 9

17. 车三平四　马 9 进 8

18. 炮五平六　车 8 进 3　（图 87）

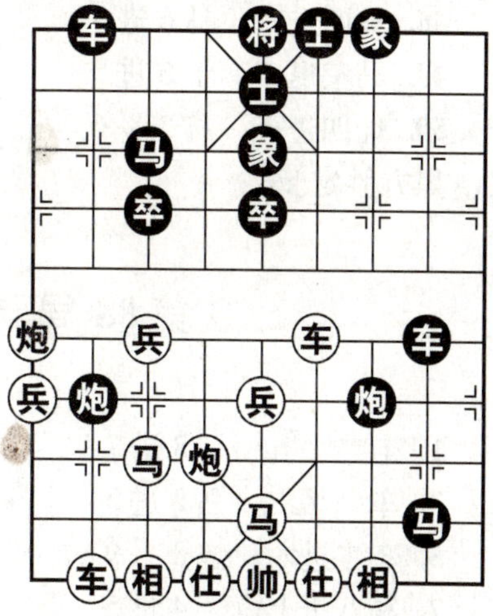

图 87，黑方利用红方窝心马的不利条件，及时进车捉车抢占要道，扩大

图 87

了攻击力度。

19. 车四退三　车8进2

退车防守平稳。如相七进五，车8平6，炮九平四，车2平4，马五退七，车4进6，黑方占优。

20. 相七进五　车8平5　　　**21.** 车四进八　将5平6

22. 相三进五　炮7平9　　　**23.** 马七进六　炮2进2

如马8退7，马五进三，炮9进3，相五退三，黑方不占好处。

24. 马五退三　马8退7　　　**25.** 仕六进五　炮9平5

26. 马三进四　炮2退1　　　**27.** 马六退七　炮2平4

如帅五平六，炮5平4，炮六平七，马7进5，红方败势。

28. 车八进九　马3退2　　　**29.** 马四进三　马7进5

30. 马三退五　马5进7　　　**31.** 马五退四　炮4平9

黑方控制局势之后，稳扎稳打，使红方难有反击之机，黑方已成胜势。

32. 帅五平六　马2进4　　　**33.** 马四进三　炮9进2

34. 帅六进一　马7退6　　　**35.** 马七进六　马6退5

36. 炮九进二　马5进3　　　**37.** 马六进五　马3进1

38. 马三进四　马1进2　　　**39.** 马五进三　将6平5

40. 仕五进四　马2退3　　　**41.** 帅六平五　马3退5

42. 炮九退三　马5进6　　　**43.** 炮九平一　马6退7

44. 炮一进六　士5退6　　　**45.** 炮一退七　马4进6

46. 马四进六　马6进5　　　**47.** 炮一平五　炮9平7

48. 马三退四　士6进5　　　**49.** 帅五平六　士5进4

50. 仕四进五　将5平6　　　**51.** 炮五平一　象5退3

黑方胜定。

第88局　周小平负赵鑫鑫

1. 炮二平五　马8进7　　　**2.** 马二进三　车9平8

3. 车一平二　马2进3　　　**4.** 兵七进一　卒7进1

5. 车二进六　炮8平9　　　**6.** 车二平三　炮9退1

7. 马八进七　士4进5　　　**8.** 炮八平九　车1平2

9. 车九平八　炮9平7　　　**10.** 车三平四　马7进8

11. 炮九进四　炮7进5　　　**12.** 马三退五　卒7进1

13. 车四退一　象 7 进 5

上左中象力求变化。如炮 2 进 4，炮九退二，马 8 进 9，马七进六，车 8 进 7，炮五平九，车 8 平 4，马五进七，车 4 退 1，双方各有攻守。

14. 车八进六　马 8 进 6　　　　**15.** 炮九退二　炮 7 平 6

如马七进六，车 8 进 6，兵一进一，炮 7 进 2，下一步可炮 7 平 6 打车争先。

16. 车四平九　马 6 进 4　　　　**17.** 炮五平六　马 4 退 5

18. 炮六进三　炮 6 退 3

可车九平五，卒 5 进 1，马五进四，卒 7 平 6，炮九平四，车 8 进 6，马四退五，红方略好。

19. 兵五进一　马 5 退 7　　　　**20.** 车八退三　车 8 进 4

可炮六退一，卒 3 进 1，炮六进二，炮 6 平 4，车八平六，卒 3 进 1，车九平七，红方先手。

21. 马五进六　车 8 进 2　　　　**22.** 炮六退一　车 8 平 7

23. 相七进五　卒 7 平 6　　　　**24.** 车九平四　炮 6 退 1

25. 炮六进二　马 7 进 8　　　　**26.** 车四退一　马 8 进 6

27. 炮六平一　炮 2 平 1（图 88）

图 88，红方没意识到黑马进攻的严重性，贸然平炮打卒，造成被动。应兵七进一，马 6 进 7，车四退三，马 7 退 6，车四平六，红方先手。

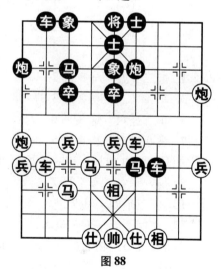

图 88

28. 车八进六　马 6 进 4

29. 帅五进一　马 3 退 2

30. 马六进八　炮 6 平 8

应车 7 平 2 要杀，对红方威胁较大。

31. 炮一平二　车 7 平 8

32. 炮二平七　车 8 平 7

33. 车四退三　马 2 进 3

如炮 8 进 1，车四平二，车 7 平 2，帅五平四，黑方得不偿失。

34. 炮九进一　炮 8 进 4　　　　**35.** 炮九平二　车 7 退 2

退车失去取势良机。应马 3 进 1，马八进九，车 7 平 2，红方失车，黑方速胜。

36. 炮二进四　象 5 退 7　　　　**37.** 兵五进一　卒 5 进 1

38. 帅五平六　卒5进1

不如涉险炮七进三打象，以下弃炮打士，寻求对杀机会。

39. 兵七进一　车7平3　　　**40.** 车四进二　马3进5

41. 车四平二　炮1平4　　　**42.** 炮七平六　卒5进1

43. 炮二退三　马5进6　　　**44.** 车二退一　马4退5

45. 炮六平九　卒5平4　　　**46.** 帅六平五　炮4平5

47. 炮九退二　马5退4　　　**48.** 帅五平四　车3平7

49. 仕四进五　炮5平6　　　**50.** 炮二平四　车7平6

应马6进7，仕五进四，炮6进5，车二进一，炮6平3，黑方速胜。

51. 炮四平五　象3进5　　　**52.** 仕五进四　卒4进1

53. 帅四平五　卒4平3　　　**54.** 炮九平四　炮6进3

55. 马八退七　炮6平5　　　**56.** 帅五平四　炮5平6

57. 帅四平五　车6平3　　　**58.** 马七进五　车3平5

59. 马五退三　炮6平2　　　**60.** 炮五平一

双方用时紧张，着法不够紧凑。现红方形势出现缓和，但因超时而判负。

第89局　洪智胜吕钦

1. 炮二平五　马8进7　　　**2.** 马二进三　车9平8

3. 车一平二　马2进3　　　**4.** 兵七进一　卒7进1

5. 车二进六　炮8平9　　　**6.** 车二平三　炮9退1

7. 马八进七　士4进5

如马八进九或兵五进一，成另外两种变化。

8. 炮八平九　车1平2　　　**9.** 车九平八　炮9平7

10. 车三平四　马7进8　　　**11.** 炮五进四　马3进5

12. 车四平五　炮7进5　　　**13.** 马三退五　卒7进1

如炮2进5，相七进五，卒7进1，相五进三，马8进9，相三退一。黑方少卒，但子力活跃，并不难走。

14. 车八进四　马8进6

进车必然。提前预防黑方炮的闪击，以免遭到不测。

15. 车五退二　车8进8　　　**16.** 炮九退一　车8退1

17. 相三进五　炮7平8　　　**18.** 马五退三　车8平7

19. 炮九平八　炮8退1　　　**20.** 炮八进六（图89）　象3进5

图89，如马6进5，相七进五，炮8平5，兵五进一，车7平5，仕四进五，象3进5，马七进六，车5退2，马六进七，卒7平6，马三进四，车5进1，兵七进一，红方多子占优。

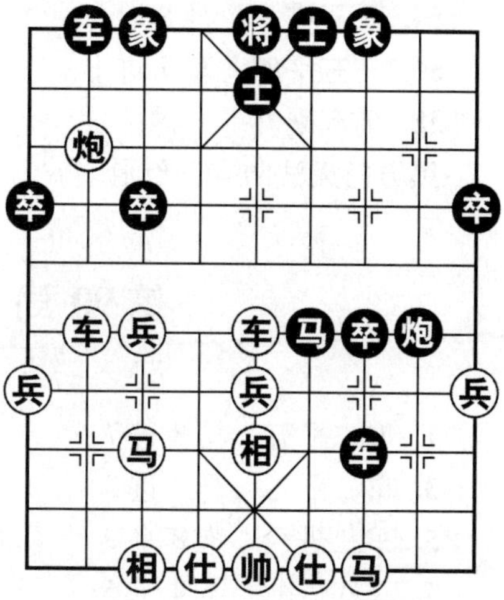

21. 马七进六　马6退7

黑方退马力图得还一子，保持子力平衡，但仍落后。

22. 车五进二　炮8平4

红方弃还一子，但七路兵可过河攻击，仍然好走。

23. 兵七进一　马7进8

24. 车五平六　炮4平6

25. 兵七进一　炮6退3

26. 炮八退一　马8进9

27. 仕六进五　卒7进1

不如卒7平6，可退车加强防守。

28. 帅五平六　士5进4	**29. 兵七进一　士6进5**
30. 车八平三　卒9进1	**31. 马三进四　车7进1**
32. 马四进五　卒7平6	**33. 车三平二　卒9进1**

34. 车二平四　车2平3

可卒6平5吃中兵，在复杂变化中寻找夺先机会。

35. 车六平七　车7退4	**36. 车四退一　车7平4**
37. 帅六平五　卒9进1	**38. 兵七进一　车3平2**
39. 车七平三　象7进9	**40. 兵七平六　马9进7**
41. 车四退二　马7退8	**42. 马五进六　炮6进3**
43. 车三平一　象9退7	**44. 炮八进一　炮6退5**

退炮可阻挡炮八平五打象的凶着。如车2进1，炮八平五，象7进5，车一进三，炮6退5，车一平四，士5退6，马六进四，红胜。

45. 车一平三　象5进7	**46. 兵五进一　车2进1**
47. 兵六平五　士4退5	**48. 马六进五　象7进5**

49. 马五退三　车2平7

一兵换取双士，黑方更难防守。

50. 炮八退一　炮6进5	**51. 炮八退三　车4平6**
52. 炮八平三　象7退9	**53. 兵五进一　车6退2**

图89

54. 兵五进一　马8退9　　**55.** 兵五进一　车6平5

56. 车三平四　车7进1　　**57.** 后车进三　车7退2

58. 前车平九

黑方已无法防守，红胜。

第90局　洪智胜于幼华

1. 炮二平五　马8进7　　**2.** 马二进三　车9平8

3. 车一平二　马2进3　　**4.** 兵七进一　卒7进1

5. 车二进六　炮8平9　　**6.** 车二平三　炮9退1

7. 马八进七　士4进5　　**8.** 炮八平九　车1平2

9. 车九平八　炮9平7　　**10.** 车三平四　马7进8

11. 炮五进四　马3进5

如象3进5，炮五退一，卒7进1，车四平七，红方主动。

12. 车四平五　炮7进5　　　**13.** 马三退五　炮2进5

红方退马中心，较为积极的防守方法，比相三进五更为灵活多变。

14. 马五进四　象7进5　　　**15.** 马四进五　马8进9

马踏边兵增加红方右路的压力，使左车打开通道，应法正确。

16. 相七进五　车8进8

黑方进车效力不高，不如马9进7，使边马发挥作用。

17. 车五平一　炮7平1

运炮打兵保马使子力分散，失去了控制局势的能力。应马9进7，车一退四，车8平7，形势仍然复杂多变。

18. 仕六进五　炮1平3

19. 车八平六　马9进7

20. 车六进三（图90）　炮2进2

图90，黑方弃子抢攻，并不明智，应车2进6保炮，不失大子，仍可对抗下去。

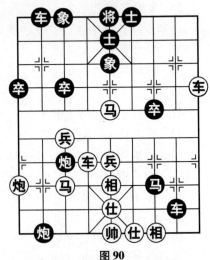

图90

21. 车六平七　炮2平1　　**22.** 车七平六　车2进7

红方平车守住要道，黑方攻势被化解，红方已成胜势。

23. 炮九退一　车8退7　　　　24. 帅五平六　车2平3

红方应帅五平六，黑方难以防守。

25. 马五进六　士5进4　　　　26. 车六进四　车3进2

27. 帅六进一　车3退1　　　　28. 帅六退一　车3进1

29. 帅六进一　炮1平6　　　　30. 车六进二　将5进1

31. 车六退一　将5退1　　　　32. 车六平二

红方胜定。

第 91 局　　胡荣华和吕钦

1. 炮二平五　马8进7　　　　2. 马二进三　车9平8

3. 车一平二　马2进3　　　　4. 兵七进一　卒7进1

5. 车二进六　炮8平9　　　　6. 车二平三　炮9退1

7. 马八进七　士4进5　　　　8. 炮八平九　车1平2

9. 车九平八　炮9平7　　　　10. 车三平四　马7进8

11. 车四进二　炮2退1

退炮打车稳健。如炮7进5，双方对攻较为激烈。

12. 车四退三　象3进5

如马8进7，车四平三，马7进5，炮九平五，炮7进6，车三退三，炮2进7，马七进六，红方主动。

13. 车八进七　马8进7　　　　14. 车四退二　炮7进1

15. 仕四进五　车8进5

黑方进车捉兵，切断马路，是有力之着。

16. 兵五进一　炮2平1　　　　17. 车八进二　马3退2

18. 炮九进四　马2进3　　　　19. 炮九平五　马3进5

可炮九退二保持变化。

20. 炮五进四　车8平5　　　　21. 炮五平三　马7退8

22. 车四平二　马8退9　　　　23. 车二进四　炮7平6

24. 相三进五　卒7进1

黑方乘势过卒助攻，已成占先之势。

25. 炮三平六　卒7进1　　　　26. 马三退四　炮1平3

27. 车二退一　卒9进1　　　　28. 马四进二　卒7平6

29. 车二平四　车5平8　　　　30. 马二退四　卒6平7

31. 马七进五　车8平4

32. 炮六平五　将5平4

33. 马四进二　车4平5

34. 马五退七（图91）　马9退7

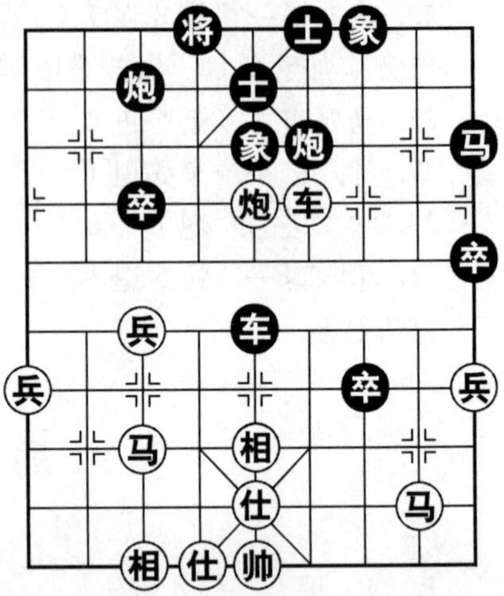

图91，如马五进三，马9进8，车四平二，马8进6，炮五平六，卒7平6，黑方优势。

35. 车四平三　卒7平6

36. 炮五平六　卒3进1

37. 炮六平九　卒3进1

38. 车三平六　将4平5

39. 车六平七　炮3进1

40. 炮九进三　炮6平9

如车5平8，马二退四，马7进8，马四进三，红方并不难走。

图91

41. 兵九进一　车5平8　　42. 马二退四　车8退1

43. 马四进三　车8平3

如车七退二，象5进3，车七平三，炮3进5，车三进四，炮9进4，黑占优。

44. 车七平八　将5平4　　45. 马七进九　卒3平2

如卒3进1，兵九进一，车3平1，车八进三，将4进1，马九进八，红方有攻势。

46. 车八退二　马7进8　　47. 车八进五　将4进1

48. 车八退六　马8退6　　49. 车八平四　马6进7

50. 车四平六　士5进4　　51. 炮九退四　炮3平1

双方子力均等，同意作和。

第92局　邓颂宏和林宏敏

1. 炮二平五　马8进7　　2. 马二进三　车9平8

3. 兵七进一　卒7进1　　4. 马八进七　马2进3

5. 炮八平九　炮2进4

可车1平2，形成另一路变化。

6. 车九平八　车1平2　　7. 马七进六　炮2进1

8. 马三退五　炮8进5

如炮五平七,炮8平9,相三进五,红方略有优势。

9. 车一平二　象7进5　　　　**10.** 马五进七　炮2平5

11. 车八进九　马3退2　　　　**12.** 炮九平五　马2进3

13. 炮五平三　卒3进1

进3路卒兑兵是紧要之着,因红方伏下兵三进一的先手,黑方将会落入下风。

14. 兵七进一　象5进3　　　　**15.** 炮三进三　象3退5

运炮打卒明智。如兵三进一,炮8平3,车二进九,马7退8,马六退七,卒7进1,红方不利。

16. 炮三进一　车8进3　　　　**17.** 炮三退二　马3进4

18. 车二进一　士6进5　　　　**19.** 兵九进一　马4进6

20. 兵五进一　车8进3　　　　**21.** 马七进五　车8平7

平车吃兵紧凑。如马7进8,马五退四,黑方将要失子。

22. 车二进一　车7平5

23. 相三进五　卒5进1

24. 车二进五　卒5进1

25. 马六退七(图92)　车5平3

图92,红方退马捉车走法巧妙。如车二平三,卒5平4,红方不占便宜。

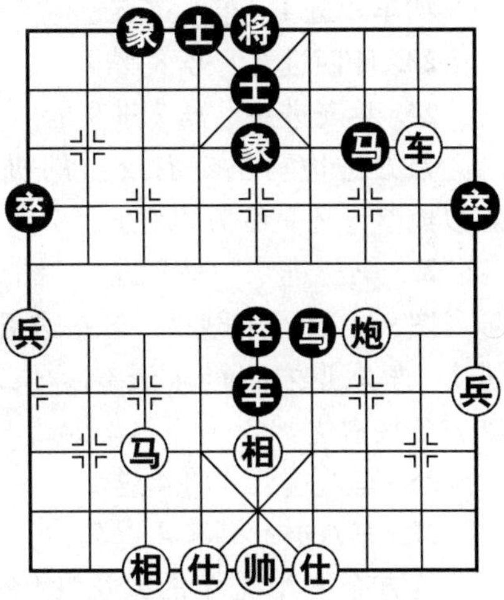

26. 车二平三　车3进1

27. 炮三平五　将5平6

及时出将机智。如马6退5,车三退一,黑方车马受制,反而不利。

28. 车三退三　马6退5

29. 车三平二　车3退1

30. 兵一进一　马5进7

31. 车二平四　将6平5　　　　**32.** 车四平三

和局。

图92

第93局　卜凤波胜黄仕清

1. 炮二平五　马8进7　　　　**2.** 马二进三　车9平8

3. 车一平二　卒7进1　　　　**4.** 车二进六　马2进3

5. 兵七进一　炮8平9　　　　6. 车二平三　炮9退1

7. 马八进七　士4进5　　　　8. 炮八平九　车1平2

9. 车九平八　炮9平7　　　　10. 车三平四　马7进8

11. 炮九进四　卒7进1　　　　12. 炮五进四　象3进5

13. 车四平三　马8退9　　　　14. 车三退二　马3进5

应炮2进5较好，马三退五，卒3进1，马五进六，马3进5，车八进二，车2进7，马六退八，马5进7，黑方可以对抗。

15. 炮九平五　车8进3　　　　16. 马七进六　炮2进3

17. 车三进三　车2平4

如马三退五，车2进1，马五进七，炮2平4，车八进八，炮7平2，马七进六，炮2进4，局势平稳。

18. 车八进四　车4进5　　　　19. 炮五退二　卒3进1

20. 相七进五　卒3进1　　　　21. 相五进七　将5平4

如车8进4，车八进五，车4退5，车八退七，仍为红方占优。

22. 仕四进五　车8平7　　　　23. 车三退一　马9进7

24. 兵三进一　马7进9

黑方进边马虽然有反击的机会，但难以成事，还是红方占优。

25. 马三进二　马9进8（图93）

图93，如马9进7，车八进五，将4进1，车八退六，马7退6，马二进四，红方多兵占优。

26. 车八进五　将4进1

27. 车八退七　车4退2

红方企图用兑车的方法化解黑方的反击，正确。

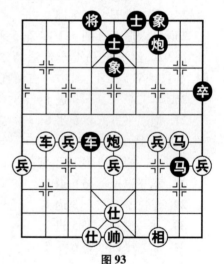

图93

28. 车八平二　炮7平8

29. 车二平六　车4进4

30. 仕五进六　炮8平9

如马8进6，帅五进一，马6退5，兵五进一，红方多兵，黑方仍难应付。

31. 仕六进五　炮9进5　　　　32. 马二进一　马8退9

33. 马一进三　马9进7　　　　34. 马三退四　炮9平1

35. 炮五平六　马7退5

如马7进5，马四进六，马5退4，马六退八，马4进2，炮六平八，黑方求和仍有一些难度。

36. 兵五进一　马5退3	**37.** 炮六退一　炮1退2
38. 马四进六　士5进4	**39.** 兵五进一　炮1退1
40. 马六退四　将4平5	**41.** 兵五平六　马3进2
42. 马四进二　马2退3	**43.** 马二进三　炮1退2
44. 马三退四　将5退1	**45.** 兵六进一　马3退2
46. 帅五平四　马2退4	**47.** 炮六平五　士6进5

如士4退5，兵六进一，黑方仍然无力防守。

48. 兵六进一　将5平6	**49.** 兵六进一　马4进2
50. 兵六平五　炮1平5	

红方攻击有力，黑方被迫用炮换兵，而马双象不能防守马炮仕相全的进攻。

51. 炮五进五　将6进1	**52.** 炮五平六　马2进3
53. 炮六退三　马3进4	**54.** 仕五进四　象7进9
55. 炮六平八　象9进7	**56.** 炮八退四　马4进6
57. 炮八平五　马6退4	**58.** 相三进五　马4退3
59. 相五进三　马3进4	**60.** 相七退五　马4退3
61. 炮五平三	

红胜。

第 94 局　王斌负张影富

1. 炮二平五　马8进7	**2.** 马二进三　车9平8
3. 车一平二　马2进3	**4.** 兵七进一　卒7进1
5. 车二进六　炮8平9	**6.** 车二平三　炮9退1
7. 马八进七　士4进5	**8.** 炮八平九　车1平2
9. 车九平八　炮9平7	**10.** 车三平四　马7进8
11. 马三退五　卒7进1	**12.** 车四进二　炮7进5
13. 车八进六　马8进6	**14.** 炮五平三　车8进8
15. 炮三进二　车8平6	**16.** 车四平二　马3退4

双方的攻守异常紧张，在这关键时刻，红方车四平二离开要道，反而增加了黑方的攻击力。应炮九退一打车，局势尚无危机。现在黑方马退4路，伏炮2平6的攻杀，红方难以应付。

17. 炮九退一　车6退1　　18. 马五进三　车6平3

红方只好献马解杀，由于失子，形势危机，已成败势。

19. 相三进五　马6进4　　20. 炮九平三　炮7进2

21. 炮三退三　象3进5　　22. 车二平四　象7进9

23. 马三进四　车3平2（图94）

24. 车八退四　前马进2

图94，黑方平车兑车，是以多打少
的好着。以下红方如车八平七，前马进
3，帅五进一，车2平5，帅五平四，炮2
进6，仕四进五，车5退1，马四进三，
车5平7，黑胜。

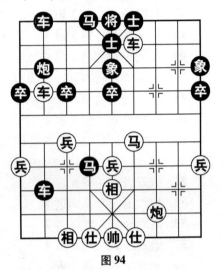

图 94

25. 马四进三　象5进7

26. 炮三平二　马4进5

27. 车四退三　马2退4

28. 仕四进五　马5进7

如炮二进八，象9退7，车四平三，
马4进3，帅五平四，炮2平6，车三进
一，车2进4，黑胜。

第95局　郭长顺负柳岐瑞

1. 炮二平五　马8进7　　2. 马二进三　卒7进1

3. 车一平二　车9平8　　4. 车二进六　马2进3

5. 兵七进一　炮8平9　　6. 车二平三　炮9退1

7. 马八进七　士4进5　　8. 炮八平九　车1平2

9. 车九平八　炮9平7　　10. 车三平四　马7进8

11. 马三退五　卒7进1

如炮2进6封车，则成另一路变化。

12. 车四退一　卒7进1　　13. 车八进六　象3进5

可象7进5，使左车更为灵活，增加对抗能力。

14. 马七进六　炮2退1　　15. 炮五平六　马8退7

16. 车四退一　车8进4　　17. 车八平七　马3退4

18. 车七平八　马4进3　　19. 车八进一　炮2平4

20. 车八平七　炮 4 进 6
21. 车四进四　炮 7 平 9
22. 车七平五　车 8 平 7
23. 马六进五　马 7 进 5
24. 车五退一　炮 9 进 5
25. 马五进六（图 95）　车 2 进 6

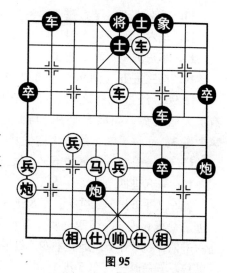

图 95

图 95，红方取得优势之后，产生了进马的失误之着。应炮九进四，配合双车开展攻击，进取机会较多。

26. 马六进七　车 2 平 5
27. 仕六进五　车 7 平 3

黑方平车硬吃红马，由此夺得优势。

28. 车五平一　车 3 平 4

平车吃卒无可奈何。如车五退三，炮 9 平 5，仕五进六，车 3 进 1，红方仍然受困难行。

29. 车四退六　炮 9 退 2

如车一退三，炮 4 平 2，仍然难以抵挡黑方炮双车的攻势。

30. 车一退一　车 4 平 9　　31. 车四平六　车 5 平 1

红方认负。

第 96 局　吕钦胜陶汉明

1. 炮二平五　马 8 进 7　　2. 马二进三　车 9 平 8
3. 马八进七　卒 3 进 1　　4. 炮八平九　马 2 进 3
5. 车九平八　车 1 平 2　　6. 车八进六　炮 2 平 1

如马 3 进 4，车一平二，卒 3 进 1，车八退一，卒 3 进 1，马七退五，马 4 退 3，车八平七，红方仍占先。

7. 车八平七　炮 1 退 1　　8. 兵五进一　士 6 进 5

此时上士容易陷入被动。应炮 1 平 3，车七平六，炮 3 平 5，车一平二，马 3 进 2，黑方较有反击力。

9. 兵五进一　炮 1 平 3　　10. 车七平六　象 3 进 5

不如卒 7 进 1 为好。马七进五，炮 8 进 1，车六进二，炮 8 退 2，车六退二，卒 5 进 1，尚可应付。

11. 马七进五　卒 5 进 1

12. 车六平三　卒 5 进 1

13. 车三进一　卒 5 进 1

14. 马三进五（图 96）　车 2 进 3

图 96，经过兑马之后，红方在中路有很大的攻势。如炮 8 平 9，马五进四，车 2 进 3，车一平二，红方大占优势。

15. 车一平二　炮 8 进 6

16. 马五进四　车 2 平 5

如车 2 平 6，车二进一，车 8 进 8，车三进二，车 6 退 3，马四进六，车 6 平 7，马六进四，将 5 平 6，炮五平四，红胜。

17. 车三退三　车 5 进 1

18. 马四进三　车 8 进 1

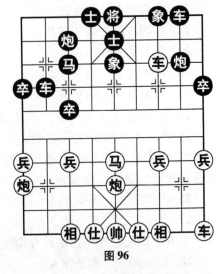

图 96

20. 炮五退一　马 3 进 4

如将 5 平 6，还可应付一阵。

19. 马三退一　车 8 进 2

21. 炮九平五　车 5 平 6

22. 车三进五　车 6 退 4

23. 车三退四　车 6 进 2

24. 车三平六　将 5 平 6

25. 后炮平八　车 6 进 7

26. 帅五进一　炮 8 退 2

27. 车六平二　车 8 平 9

28. 后车进三　车 9 平 2

29. 炮八平六

如车 2 进 5，前车进四，将 6 进 1，前车平三，士 5 进 4，车二进六，红胜。

第 97 局　赵汝权负庄玉庭

1. 炮二平五　马 8 进 7

2. 马二进三　车 9 平 8

3. 车一平二　马 2 进 3

4. 兵七进一　卒 7 进 1

5. 车二进六　炮 8 平 9

6. 车二平三　炮 9 退 1

7. 马八进七　士 4 进 5

如马七进六，形成另一路变化。

8. 炮八平九　车 1 平 2

9. 车九平八　炮 9 平 7

10. 车三平四　马 7 进 8

11. 车八进六　卒 7 进 1

12. 车四平三　马 8 退 7

13. 车三平四　卒7进1　　14. 马三退五　象7进5

15. 马七进六　车8进5

如车8进4，严阵以待，比较平稳。

16. 马五进七　卒7平6　　17. 炮五平三　马7进8

18. 车四退三　炮7进8

如车四平三，马8退9，车三平四，炮7进8，红方反而更为不利。

19. 仕四进五　炮7平9　　20. 帅五平四　炮2退1

及时退炮，用意深远，伏下了更强的反击能力。

21. 车八进一　车8进4

红方进车捉马给黑方的反击带来了机会，不如炮九平八兑子简化局势。

22. 帅四进一　车8退1　　23. 帅四退一　车8平7

24. 车四平二　士5进6　　25. 马六退四　车7进1

26. 帅四进一　炮2平8（图97）

图97，炮2平8打车迫兑，攻势更加强大，红方已处于防不胜防的困境之中。

27. 车二进二　车2进2

28. 车二进三　车2进6

29. 车二平七　炮9平4

炮打六路仕过急，不如车2平3捉马交换。

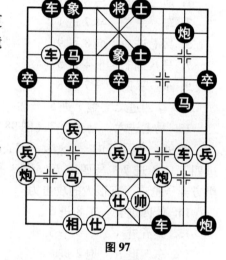

图97

30. 马七退六　车7退2

31. 马六进五　车7退2

32. 车七退一　车7平6

33. 马五退三　车2退1

34. 仕五进四　车6平7　　35. 马三退一　车7进2

如车7进1，马一进二，车7进2，帅四退一，车2平3，黑方可胜。

36. 仕四退五　车7退1　　37. 马四退三　车7平5

38. 车七平六　车2平3　　39. 车六退三　车3进2

40. 车六平四　车3平5　　41. 仕五退四　后车平1

42. 车四退二　车5退4　　43. 仕四进五　士6进5

44. 炮九平五　车1平9　　45. 帅四退一　车5平3

46. 炮五平六　卒9进1

运卒助战，红方已难对抗。

47. 炮六退二　卒 9 进 1　　　　**48.** 炮六平五　卒 3 进 1

49. 车四进三　卒 9 平 8　　　　**50.** 马一进二　卒 8 平 7

51. 马三进五　车 9 平 8　　　　**52.** 马二退四　车 3 平 2

53. 仕五退六　车 8 退 3　　　　**54.** 马四进六　车 8 进 4

55. 仕六进五　车 2 进 4　　　　**56.** 马五进六　车 8 进 2

57. 帅四进一　车 8 退 1　　　　**58.** 帅四退一　车 8 平 5

59. 车四进一　车 2 平 4

黑胜。

第 98 局　臧如意胜陶黎军

1. 炮二平五　马 8 进 7　　　　**2.** 马二进三　车 9 平 8

3. 车一平二　卒 7 进 1　　　　**4.** 车二进六　马 2 进 3

5. 兵七进一　炮 8 平 9　　　　**6.** 车二平三　炮 9 退 1

7. 马八进七　士 4 进 5　　　　**8.** 炮八平九　炮 9 平 7

9. 车三平四　马 7 进 8　　　　**10.** 车九平八　车 1 平 2

11. 车四进二　炮 7 进 5　　　　**12.** 相三进一　炮 2 进 4

13. 马七进六　马 8 退 7（图 98）

图 98，如兵五进一，炮 7 平 3，马三进四，马 8 进 7，马四进五，炮 3 平 9，黑方弃子抢攻，有很大的攻击力。

14. 仕四进五　车 8 进 5

15. 兵五进一　车 8 平 5

16. 车四退五　炮 2 进 1

17. 兵七进一　车 5 平 4

如马六进七，卒 7 进 1，相一进三，车 5 平 7，兵七进一，马 7 进 8，仕五进六，炮 2 退 2，兵七平六，象 7 进 5，仕六退五，车 7 平 3，马七退八，马 3 进 4，炮九进四，车 3 平 2，车八进四，车 2 进 5，黑方形势较好。

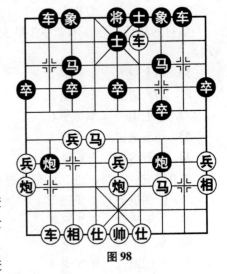

图 98

18. 车四平三　卒 7 进 1　　　　**19.** 车三平七　卒 3 进 1

20. 车七进二　车 2 进 2

不如车4退3保马，以下可炮2退6，还可对抗。

21. 马三进五　象3进5　　　**22.** 车七进一　卒7平6

23. 马五进七　炮2退3　　　**24.** 炮九平七　马3退2

25. 相七进九　马2进4　　　**26.** 车七进二　卒5进1

27. 车八进三　马4进5　　　**28.** 车七退二　马5进3

如马5进7，炮七平八，仍要失子。

29. 车八进一　卒5进1　　　**30.** 炮七进三　卒5进1

31. 炮七平五　卒5进1　　　**32.** 马七进六　车4退2

33. 车七平六　卒6进1　　　**34.** 车六平九　将5平4

35. 车九进三　将4进1　　　**36.** 车九退四　炮2退1

37. 车九平六　士5进4　　　**38.** 车六进一　炮2进1

39. 兵九进一

黑方大势已去，认负。

第99局　欧汉民胜赵汝权

1. 炮二平五　马8进7　　　**2.** 马二进三　卒7进1

3. 车一平二　车9平8　　　**4.** 车二进六　马2进3

5. 兵七进一　车1进1

黑方如炮8平9，形成另一路变化。

6. 马八进七　车1平4　　　**7.** 炮八平九　炮2进4

8. 兵三进一　卒7进1

红方如车九平八，炮2平7，相三进一，象7进5，兵五进一，双方各有攻守。

9. 车二平三　炮8进4　　　**10.** 车三退二　炮8平7

11. 相三进一　马7进6

如马三退五，马7进6，兵五进一，象7进5，车三平四，车4进3，炮五平四，红方主动。

12. 兵五进一　象7进5　　　**13.** 兵五进一　卒5进1

冲中兵是紧凑之着，如车九平八，车4进5，马七进八，车4平6，炮五进一，马6进5，车八进三，马5退3，黑方反先。

14. 车九平八　车4进5

进车保炮并不牢稳，不如炮2平3，较为有力。

15. 马七进八　车4平3　　16. 马八进七　士4进5

17. 车三平四　马6进8　　18. 马七退五　炮7平5

19. 仕六进五　车8进4　　20. 马五退三　马8进7

21. 炮九平三　车8平4　　22. 炮三进一　将5平4

23. 相七进九　车3进1

24. 车四平五　车3平5（图99）

图99，黑方急于用车吃炮，失过一个次序而造成败势，应车3平2，车八平七，车2平5，车五退一，车5退1，马三退五，车4平5，车七平六，将4平5，马五进三，车5平6，黑方仍可对付。

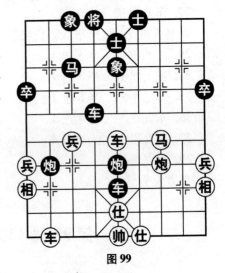

图99

25. 车五退一　车5平1

26. 炮三平八　车1平9

27. 车八平六　车4进5　　32. 马四退五　车4进2

28. 仕五退六　车9平4

29. 仕四进五　车4退2

30. 马三进四　士5进6

31. 兵七进一　车4退2　　32. 马四退五　车4进2

33. 兵七进一　马3进5　　34. 马五进六　马5进7

35. 马六进七　车4退4　　36. 兵七进一　士6进5

37. 炮八平六　将4平5　　38. 炮六退一

红胜。

第100局　蒋全胜负洪智

1. 炮二平五　马8进7　　2. 马二进三　车9平8

3. 车一平二　马2进3　　4. 兵七进一　卒7进1

5. 车二进六　炮8平9　　6. 车二平三　炮9退1

7. 马八进七　士4进5　　8. 炮八平九　车1平2

如车九进一，形成另一路变化。

9. 车九平八　炮9平7　　10. 车三平四　马7进8

11. 炮五进四　马3进5　　12. 车四平五　炮7进5

13. 马三退五　炮2进5

进炮牵制红方七路马，有力。

14. 相七进五　车 8 进 2

15. 马五退七　炮 2 退 1

16. 炮九进四　卒 7 进 1

17. 相五进三　马 8 进 6

18. 车五平六　马 6 进 7（图 100）

图 100，马进 7 路是好着。如马 6 进 4，后马进六，车 8 平 5，马七进六，车 5 进 4，仕六进五，车 5 退 1，帅五平六，黑方子力被牵，红方占优。

19. 相三退五　车 8 平 1

20. 车六平三　车 2 进 2

21. 炮九退二　车 2 平 6

应兵五进一，仍可对抗。

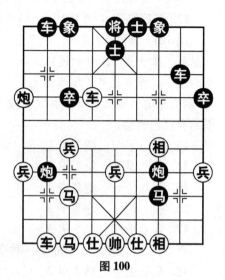

图 100

22. 仕六进五　车 6 进 6

黑方平车加紧反击，红方已无力应对。

23. 相三进一　车 1 平 8

24. 兵五进一　车 8 进 7

25. 帅五平六　马 7 进 5

26. 帅六进一　炮 7 进 2

27. 仕四进五　炮 2 平 8

28. 帅六进一　炮 8 进 1

29. 仕五进四　车 6 平 3

黑胜。

第 101 局　陈文宇和许银川

1. 炮二平五　马 8 进 7

2. 马二进三　车 9 平 8

3. 车一平二　马 2 进 3

4. 兵七进一　卒 7 进 1

5. 车二进六　炮 8 平 9

6. 车二平三　炮 9 退 1

7. 马八进七　士 4 进 5

8. 炮八平九　车 1 平 2

9. 车九平八　炮 9 平 7

10. 车三平四　马 7 进 8

如卒 7 进 1，兵三进一，马 7 进 8，车四退四，马 8 进 9，相三进一，红方先手。

11. 车八进六　卒 7 进 1

如车四进二，炮 2 退 1，车四退三，象 3 进 5，车八进七，马 8 进 7，车四退二，炮 7 进 1，马七进六，车 2 平 4，马六进七，炮 2 平 3，变化复杂，黑方有一定的反击机会。

12. 车四平三（图101）　马8退7

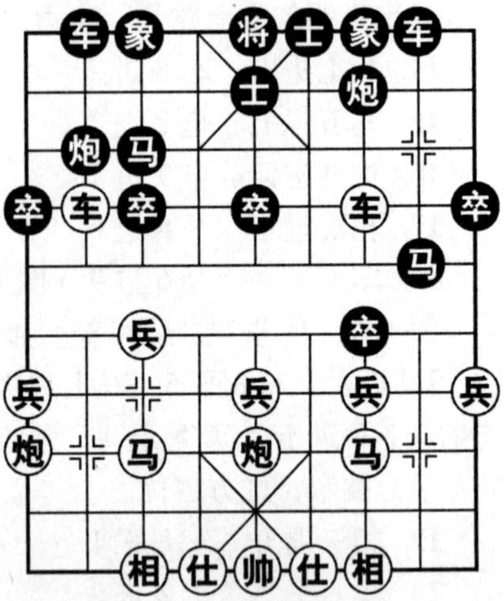

图101，如车四退一，卒7进1，马三退五，象3进5，马七进六，马8退7，车四退一，车8进4，车八平七，车2平3，炮五平七，炮2进3，形成对攻之势，黑方有反击机会。

13. 车三平四　卒7进1

14. 马三退五　象7进5

15. 车八平七　炮2进4

16. 兵七进一　炮2平3

17. 兵七平八　象5进3

弃象打车，是黑方反击的另一种变化。

18. 车七退一　马3进2

19. 炮九平八　象3进5

如车七退一，车2平3，红方不占便宜。

20. 炮八进七　象5进3

21. 车四进二　炮7退1

22. 车四平三　马7进6

23. 车三退三　马6进4

24. 兵五进一　象3退5

25. 车三退二　车8进5

26. 兵五进一　马4进5

27. 相七进五　卒5进1

28. 马七退八　卒5进1

29. 马五进七　车8退2

30. 马八进六　车8平3

31. 兵一进一　炮7进4

32. 车三平六　卒1进1

33. 仕六进五　炮7进3

34. 仕五进四　炮7退4

35. 仕四进五　卒5平4

36. 车六平五　炮3平4

37. 马六退八　马2进3

38. 马八进六　马3退2

39. 马六退八　炮7平5

40. 马七进八　车3平4

如马七进六，马2进4，车五平六，车3进6，车六退三，马4进2，帅五平四，炮5平6，帅四平五，马2进3，黑胜。

41. 车五进二　马2退1

42. 前马退六　卒4进1

如车4平2捉马，马六进四，车2进6，仕五退六，炮5平8，车五平二，炮8平3，炮八平九，马1退3，黑方占优。

43. 炮八退五　车4平2

44. 马八进七　卒4平3

45. 马七退六　车2进2

46. 车五进一　马1进2

47. 车五平一　马2进4

48. 车一退一　车2退1

和局。

图101

第102局 陶汉明和胡荣华

1. 炮二平五　马8进7　　　　**2.** 马二进三　车9平8

3. 车一平二　马2进3　　　　**4.** 兵七进一　卒7进1

5. 车二进六　炮8平9　　　　**6.** 车二平三　炮9退1

7. 马八进七　士4进5　　　　**8.** 炮八平九　炮9平7

9. 车三平四　马7进8　　　　**10.** 车九平八　车1平2

11. 车八进六　卒7进1　　　　**12.** 车四平三　马8退7

　　如车四退一，卒7进1，马三退五，象3进5，炮九进四，马8进9，马七进六，卒3进1，兵七进一，炮2退1，炮九平五，车2平4，前炮平六，车8进5，兵五进一，车8平5，马五进七，炮7进8，仕四进五，炮7平9，黑方占优。

13. 车三平四　卒7进1

14. 马三退五　象7进5（图102）

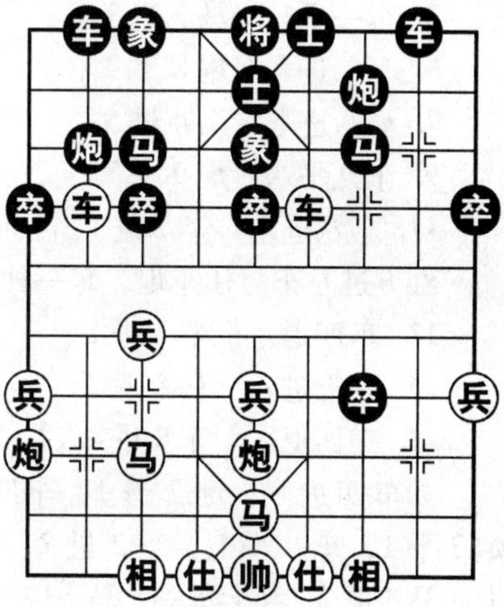

　　图102，如象3进5，车八平七，车2平3，兵七进一，炮2退1，兵七平八，车8进5，兵八进一，马7进8，车四平三，马8进6，车三进一，马6进4，炮五平六，马4退5，车七退三，马3进4，车七进六，象5退3，各有千秋。

15. 车八平七　炮2进4

　　如马3退4，车七平八，马4进3，兵七进一，象5进3，车八平七，马3退4，车七退一，红方略优。

16. 兵七进一　炮2平3

17. 兵七平六　马7进8　　　　**18.** 车四平三　象5进3

19. 兵六平七　炮3退3

图102

　　如车七退一吃象，马8进6，车三进二（如车三退二，马6进4，车三平六，炮3进3，马五退七，炮7进8，仕四进五，车8进9，车六退一，炮6平4，仕五退四，炮4平6，黑方占优），马6进4，炮五平六，马4退3，兵六平七，车2进8，黑优势。

20. 兵七进一　炮7平9　　　　**21.** 兵七进一　车2进3

进车守护卒林，稳健。

22. 炮五平二 马8进6		**23.** 车三退三 卒5进1
24. 车三进一 马6退7		**25.** 炮二平三 炮9平7
26. 车三平七 马7进8		**27.** 车七平三 马8退7
28. 车三平七 马7进8		**29.** 车七平三 马8退7
30. 车三平七 马7进8		**31.** 炮三平二 马8退7
32. 炮二平三 马7进8		**33.** 炮三平二 马8退7
34. 炮二平三 马7进8		

双方难以进取，和局。

第103局　赵汝权和徐天红

1. 炮二平五 马8进7		**2.** 马二进三 车9平8
3. 车一平二 马2进3		**4.** 兵七进一 卒7进1
5. 车二进六 炮8平9		**6.** 车二平三 炮9退1
7. 马八进七 士4进5		**8.** 炮八平九 车1平2
9. 车九平八 炮9平7		**10.** 车三平四 马7进8
11. 车八进六 卒7进1		

红方进左车封住车炮，是一种急攻方法，力图在对攻中寻求机会。

12. 车四退一 卒7进1		**13.** 马三退五 象7进5
14. 马七进六 马8退7		
15. 车四退一 车8进4		

如车四进三，炮2退1，车四退四，炮2平1，车八平七，车2进2，炮五平七，马3退2，兵七进一，马2进1，车七平六，车8进4，兵七平八，红方主动。

16. 马六进七（图103）　炮2平1

图103，红方马踏3路卒，稳健。如车八平七，炮2进4，兵七进一，车8平3，车七退一，象5进3，马六退八，车2进6，车四进四，炮7平9，车四平三，炮9进5，车三退一，炮9平5，车三平七，象3进5，车七退一，卒5进1，车

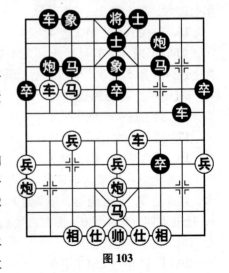

图103

七平一，车2平1，炮九进四，车1平4，黑方弃子抢攻，有一定威力。

17. 车八进三　马3退2　　　　**18.** 马七进九　马2进1

19. 马五进七　马1进3　　　　**20.** 相三进一　车8平4

21. 仕四进五　卒1进1　　　　**22.** 兵一进一　炮7退1

23. 车四进二　车4进2　　　　**24.** 兵七进一　马3退1

25. 马七进八　车4平3　　　　**26.** 炮五进四　马7进5

27. 车四平五　车3退2　　　　**28.** 相七进五　卒7平6

29. 相一退三　炮7进6　　　　**30.** 车五平六　车3平2

不如炮7平5，马八进六，炮5退2，车六进二，象5退7，黑方局势好走。

31. 马八进六　马1退3　　　　**32.** 车六平七　车2平4

33. 车七进二　炮7平9　　　　**34.** 相三进一　卒6平5

35. 车七退四　车4平5　　　　**36.** 相五退七　卒5平4

37. 兵九进一　炮9平5　　　　**38.** 帅五平四　卒1进1

39. 车七平九　车5平6　　　　**40.** 炮九平四　炮5退3

41. 车九平六　卒4平3　　　　**42.** 车六进二　炮5平6

43. 帅四平五　炮6进4　　　　**44.** 仕五进四　车6进3

45. 相一退三　卒3进1　　　　**46.** 仕六进五　车6退2

以下如车六平一，卒3进1，车一平七，卒3平4，车七平六，卒4平3，相七进五，车6平9，车六退三，车9平1，车六进三，车1进3，车六退三，卒3平4，仕五退六，仍是和局。

第104局　吕钦胜柳大华

1. 炮二平五　马8进7　　　　**2.** 马二进三　车9平8

3. 兵七进一　卒7进1　　　　**4.** 马八进七　马2进3

5. 车一进一　象3进5　　　　**6.** 车一平四　炮8平9

7. 车四进三　士4进5

如炮八进二，形成另一路变化。

8. 炮八平九　车1平2　　　　**9.** 车九平八　车8进6

黑方可炮2进4，兵五进一，车8进6，较为稳妥。

10. 炮五平六　车8平7　　　　**11.** 炮六进一　车7退1

12. 车八进六　炮2平1　　　　**13.** 车八进三　马3退2

14. 相七进五　车7平6　　　15. 马三进四　马2进3

16. 马四进六　马7进6　　　17. 炮九退一　炮9平7

18. 炮九平一　炮1退2　　　19. 炮一进五　炮1平3

20. 马七进八　卒3进1　　　21. 兵七进一　炮3进4

22. 马六进七　炮7平3　　　23. 马八进六　后炮平1

24. 马六进四　炮3退3　　　25. 炮一平五　马6进4

26. 炮五退一　炮1进4　　　27. 兵五进一　炮1平9

28. 仕六进五　炮9平6　　　29. 炮六退二　卒1进1

30. 相五进七　卒1进1

31. 马四退六　炮3进3

32. 炮五进一（图104）　炮6退4

图104，黑方虽然多一卒，但处于守势，应重视红方的攻击能力。炮6退4防守比较消极，应卒1平2，相三进五，卒2平3，相五进七，炮6平4，迫使红方兑子，化解其攻击力。

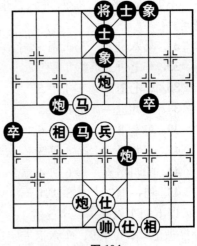

图 104

33. 仕五进六　马4进3

34. 相三进五　卒1平2

35. 炮五平二　卒7进1

36. 炮二进三　象5进7

37. 相五进三　卒2平3

38. 马六进四　马3退4

不如炮3退1加强防守为好。

39. 兵五进一　炮3退3

40. 仕四进五　炮3平1　　　41. 相三退五　马4退3

42. 兵五进一　炮1进2　　　43. 兵五平六　马3进4

44. 马四退五　象7退9　　　45. 相五进七　马4进3

46. 兵六平五　炮6平4　　　47. 炮六平七　炮4平2

48. 仕五进四　马3退4　　　49. 兵五进一　炮2进1

如炮1退1，马五进六，仍难防守。

50. 炮七平六　马4退3　　　51. 马五进七　马3退5

52. 马七进九　马5进6　　　53. 炮六平五　炮2平5

54. 帅五平四　象9进7　　　55. 马九进七　炮5退1

56. 马七进五　马6进5　　　57. 马五进三

红胜。

第105局 李来群负胡荣华

1. 炮二平五　马2进3　　　2. 马二进三　马8进7
3. 兵七进一　卒7进1　　　4. 马八进七　象3进5
5. 车一平二　车9平8　　　6. 炮八平九　炮2进4
7. 车九平八　炮2平7　　　8. 车八进七　车1平3

红方也可相三进一，炮8进4，仕四进五，化解黑方的反击，再图进取。

9. 马七进六　卒7进1　　　10. 炮九进四　卒3进1
11. 兵七进一　象5进3　　　12. 炮五平七　车3平1

如炮九平七，车3平2，车八进二，马3退2，马六进五，象3退5，黑方好走。

13. 炮九退二　马3进4

红方炮九退二保持变化。如炮七进五，炮8平3，车八平七，车8进9，马三退二，车1进3，车七退二，车1进3，红方虽得一象，但形势不好。

14. 车八退二　炮8进2　　　15. 相三进五　象7进5
16. 炮九平三　马4进6　　　17. 车八进三　炮8进2
18. 仕四进五　士4进5　　　19. 车二平四　炮8退5
20. 车八退二　马7进8　　　21. 马六进四　车1平4
22. 车八退一　车4平4　　　23. 马四进六　士5进4

上士拦马使右路空虚，不如车8平7，较为稳健。

24. 炮三进一　马6进8
25. 车四进八　士6进5

应前马进7，帅五平四，士6进5，较有牵制力。

26. 炮三进一（图105）　士5退4

图105，红方炮三进一失去了取势良机。应马三退一，车4退1（如士5退4，炮三退一，伏下炮三平九的攻势）。车八平六，前马退7，车六退二，红方足可对抗。

27. 车八退二　车8平6

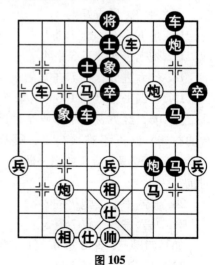

图105

28. 车四进一 将 5 平 6　　**29.** 马三退二 炮 7 进 3

30. 马二进一 炮 7 平 9　　**31.** 车八平三 车 4 平 6

32. 仕五进四 前马进 6　　**33.** 炮七平四 车 6 进 3

34. 马一退三 马 8 进 9

黑胜。

第 106 局　　陈国良负赵汝权

1. 炮二平五 马 2 进 3　　**2.** 马二进三 马 8 进 7

3. 车一平二 车 9 平 8　　**4.** 兵七进一 卒 7 进 1

5. 车二进六 炮 8 平 9　　**6.** 车二平三 炮 9 退 1

7. 马八进七 士 4 进 5　　**8.** 炮八平九 车 1 平 2

9. 车九平八 炮 9 平 7　　**10.** 车三平四 马 7 进 8

11. 车四进二 炮 2 退 1　　**12.** 车四退三 象 3 进 5

可车四退五，炮 2 进 7，马七进六，炮 2 退 2，兵五进一，炮 2 退 1，炮五进四，象 7 进 5，马六进七，炮 2 平 5，车八进九，马 3 退 2，炮九进四，红方主动。

13. 车八进七 车 2 平 3　　**14.** 马七进六 马 8 进 7

15. 车四退一 炮 2 平 4

如车四退二，车 8 进 8，仕六进五，车 8 退 3，马六进四，马 7 退 6，车四进二，车 8 平 3，黑方好走。

16. 炮五平七 炮 7 进 1

17. 炮七进四 车 3 平 4

18. 仕六进五 卒 7 进 1

19. 车四平三（图 106）　象 5 进 7

图 106，红方贸然平车吃卒，遭到上象的打击，红方不难预料出，哪有无故白献 7 卒的道理？应车四退一防守，仍可对抗。

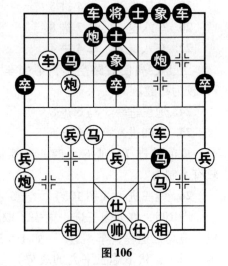

图 106

20. 车八平七 炮 7 进 3

21. 马六进四 象 7 退 5　　**22.** 马三退一 炮 7 进 4

如马四退三，车 8 进 6，红方更为被动。

23. 马一退三 马 7 退 6　　**24.** 车七平八 车 8 进 6

25. 车八退一　车8平5　　**26.** 炮七平九　炮4平1

27. 兵九进一　车5平3

黑胜。

第 107 局　宇兵负邬正伟

1. 炮二平五　马8进7　　　**2.** 马二进三　车9平8

3. 车一平二　马2进3　　　**4.** 兵七进一　卒7进1

5. 车二进六　炮8平9　　　**6.** 车二平三　炮9退1

7. 马八进七　士4进5　　　**8.** 炮八平九　车1平2

9. 车九平八　炮9平7　　　**10.** 车三平四　马7进8

11. 车四进二　炮2退1

12. 车四退三（图107）　象3进5

图107，如车四退四，炮2进5，马七进六，炮2退1，马三退五，马8进7，马五进七，炮2进3，炮五平三，象7进5，仕六进五，车8进9，相七进五，车8退2，马七退六，炮2退3，后马进七，炮2进3，马七退六，炮2退3，炮三退一，车8进1，炮九退一，双方相互牵制。

13. 车八进七　马8进7

如炮7进1，炮五平六，马8进7，车四进一，马7退8，马七进六，卒7进

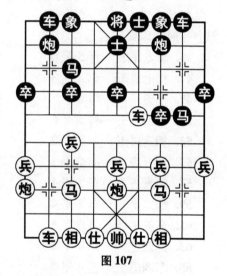

图107

1，车四平三，士5退4，马六进四，红方有攻势。

14. 车四退二　炮7进1　　　**15.** 炮五平六　炮2平1

平炮兑车，力求化解红方攻势。如马7退8，马七进六，卒7进1，马六进四，炮7平6，马四进六，炮2平4，炮六进六，车2进2，马六进七，士5进4，双方对抢攻势，后果一时难料。

16. 车八进二　马3退2　　　**17.** 相七进五　马2进3

18. 马七进六　车8进4　　　**19.** 车四进三　炮1进5

20. 车四平三　炮7平6　　　**21.** 马六进七　马7退6

22. 仕六进五　炮1平3　　　**23.** 马七退八　马6进4

24. 兵七进一　象 5 进 3

如炮六进一，局势较为稳健。

25. 车三进三　马 4 进 6	**26.** 炮六退一　车 8 退 1
27. 炮九平七　卒 5 进 1	**28.** 炮七进三　车 8 平 4
29. 炮七平六　车 4 平 2	**30.** 前炮退二　车 2 进 2
31. 前炮平四　炮 3 平 6	**32.** 车三退四　马 3 进 4
33. 车三平五　马 4 进 3	**34.** 炮六进五　前炮进 2
35. 车五平七　马 3 进 1	**36.** 仕五进四　后炮平 7
37. 相三进一　炮 7 进 4	**38.** 相五退七　马 1 退 3
39. 炮六平二　士 5 进 4	**40.** 炮二进三　将 5 进 1
41. 仕四进五　炮 6 平 7	**42.** 车七进三　将 5 进 1
43. 车七退二　车 2 平 8	**44.** 炮二平三　马 3 退 4

如马 3 进 4，红方车七平五，将 5 平 6，车五平四，将 6 平 5，仕五退四，黑方一时难以突破。

45. 车七平五　将 5 平 6	**46.** 炮三退五　将 6 退 1
47. 相七进五　车 8 退 3	**48.** 车五退一　马 4 进 2
49. 车五平四　将 6 平 5	**50.** 相五进七　马 2 进 3
51. 车四平五　将 5 平 6	**52.** 相一退三　车 8 进 1
53. 相三进五　车 8 平 2	**54.** 相七退九　车 2 进 3
55. 仕五进六　前炮平 1	**56.** 炮三平二　车 2 进 3
57. 帅五进一　车 2 退 1	**58.** 帅五退一　车 2 平 7
59. 炮二平三　车 7 平 4	**60.** 仕四退五　炮 1 进 1
61. 车五平四　将 6 平 5	**62.** 帅五平四　车 4 进 1
63. 帅四进一　车 4 平 7	**64.** 车四进三　将 5 进 1
65. 车四退三　士 4 退 5	**66.** 车四平五　将 5 平 4
67. 车五平六　将 4 平 5	**68.** 兵五进一　炮 1 退 1
69. 帅四进一　车 7 退 1	**70.** 相五退七　车 7 平 6
71. 帅四平五　车 6 退 3	**72.** 兵五进一　将 5 平 6

黑方出将还杀，胜局已定。

第 108 局　袁洪梁胜景学义

1. 炮二平五　马 8 进 7	**2.** 马二进三　车 9 平 8

3. 车一平二　马2进3　　　4. 兵七进一　卒7进1

5. 车二进六　炮8平9　　　6. 车二平三　炮9退1

7. 马八进七　士4进5　　　8. 炮八平九　车1平2

9. 车九平八　炮9平7　　　10. 车三平四　马7进8

11. 车四进二　炮7进5　　　12. 相三进一　炮2进4

13. 兵五进一　炮7平3　　　14. 马三进四　马8进7

如炮2退5，车四退三，卒7进1，马四退三，象3进5，双方各有攻守。

15. 兵五进一　炮3平9

如马四进五，炮3平9，马五进七，炮2平5，仕六进五，车2进9，马七退八，车8进2，形成对攻之势。

16. 炮五进四（图108）　马3进5

图108，如马四退三，炮2平5，仕六进五，车2进9，马七退八，马7进5，相七进五，车8进6，马三进四，卒7进1，马四进六，炮5退1，黑方弃马，伏下车8平3的要杀手段。红方受攻，形势不利。

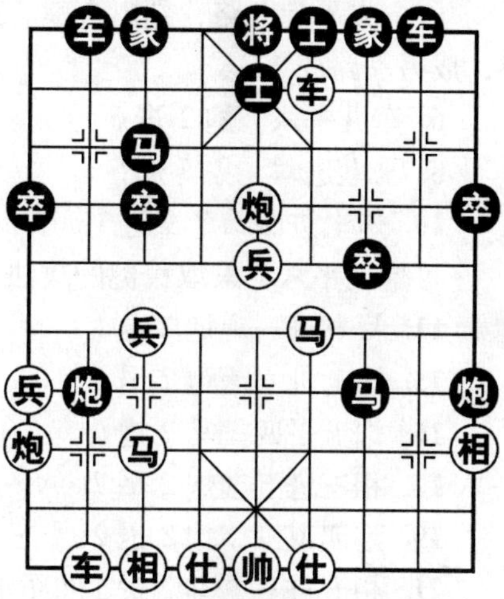

17. 兵五进一　炮2进1

18. 相一退三　马7退5

应炮9进3，仍可对抗。

图108

19. 马七进五　卒7进1　　　20. 马四退三　炮9平7

21. 相三进五　车8进8

不如车8进7，较为紧凑有力。

22. 仕四进五　车8退1　　　23. 炮九进四　炮7平1

24. 马三退四　卒7进1　　　25. 车四退四　炮1退1

26. 车四进一　炮1进1　　　27. 车四平五　车8退2

28. 车八平九　炮1平3

如车2进6，炮九进三，象3进5，马五进三，仍是红方占优。

29. 炮九进三　士5退4　　　30. 兵五平六　士6进5

31. 兵六进一　卒7平6　　　32. 兵六进一　炮2退1

33. 车九进八　车8退4　　　34. 兵六进一　将5平4

35. 车五平八　车2平1　　　36. 车九进一　象7进5

37. 车八平六　将4平5　　　38. 车六进三

红胜。

第 109 局 邓颂宏胜言穆江

1. 炮二平五　马 8 进 7　　　2. 马二进三　马 2 进 3
3. 兵七进一　卒 7 进 1　　　4. 马八进七　车 9 平 8
5. 炮八平九　车 1 平 2

红方先平炮九路，别出心裁。如车一平二，炮 2 进 4，兵五进一，炮 8 进 4，成另一路变化。

6. 车九平八　炮 2 进 6　　　7. 车一平二　炮 8 进 6
8. 马七进六　象 7 进 5　　　9. 炮九平七　士 4 进 5
10. 炮七进四　卒 9 进 1

可炮五平六，采取稳健的攻法。

11. 兵九进一　炮 2 退 1　　　12. 马六退七　炮 2 进 1
13. 马七进六　炮 2 退 1　　　14. 马六退七　炮 2 进 1
15. 炮五平四　马 7 进 6　　　16. 炮四进二　炮 2 退 2
17. 相三进五　炮 2 平 7　　　18. 车八进九　马 3 退 2
19. 炮四退三　炮 8 退 2　　　20. 仕四进五　卒 7 进 1
21. 相五进三　马 2 进 1（图 109）

图 109，如急于炮 8 平 5 打中兵，仕五进四，车 8 进 9，马三退二，黑方炮马被捉，必然失子，红方大占优势。

22. 炮七进一　马 6 进 5

如马 1 进 3 跃马出击，兵七进一，象 5 进 3，炮七退二，更为不利。

23. 马七进五　炮 8 平 5
24. 相三退五　车 8 进 9
25. 马三退二　炮 5 平 9
26. 马二进三　炮 9 平 8
27. 炮七平八　炮 8 退 1

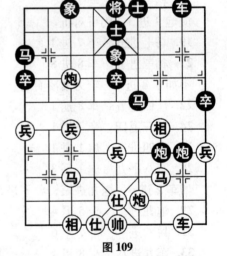

图 109

平炮压制黑方边马，是当前取势的有力之着。如炮四进五，马 1 退 2，炮七平八，马 2 进 3，炮四平九，马 3 进 4，黑方足可抗衡。

28. 马三进五　炮 8 平 1　　　29. 马五进四　炮 7 退 3

30. 炮四平二　卒 1 进 1　　**31. 炮二进八　炮 7 退 3**

黑方及时退炮，机智。如象 5 退 7，炮八平一，以下有炮一进二的攻势，黑方更难应付。

32. 马四进六　士 5 进 4　　**33. 兵七进一　将 5 进 1**

34. 炮二退三　将 5 平 6　　**35. 炮二平四　炮 7 进 3**

36. 炮八进一　炮 1 平 6　　**37. 炮八平九　卒 5 进 1**

38. 炮四退一　炮 7 平 5

如将 6 平 5，还可应付。

39. 兵七平六　马 1 进 3　　**40. 炮四进一**

黑方中炮要丢，已无力应付，红胜。

第 110 局　徐宝坤胜郑永清

1. 炮二平五　马 8 进 7　　**2. 马二进三　车 9 平 8**

3. 车一平二　卒 7 进 1　　**4. 车二进六　马 2 进 3**

5. 马八进七　卒 3 进 1　　**6. 炮八平九　炮 2 进 1**

如马 7 进 6，形成对抢主动的变化。

7. 车二退二　炮 8 平 9　　**8. 车二平四　车 1 平 2**

9. 车九平八　车 8 进 6

10. 兵七进一　象 7 进 5 （图 110）

图 110，不如卒 3 进 1 兑兵，车四平七，车 8 平 7，马七进六，炮 2 进 4，黑方可以对抗。

11. 兵七进一　象 5 进 3

12. 兵五进一　车 8 平 7

不如象 3 退 5 巩固中路，较为平稳。

13. 兵五进一　士 4 进 5

14. 马七进五　卒 5 进 1

15. 炮九平七　炮 9 进 4

应炮 2 平 5，车八进九，马 3 退 2，局势平稳。

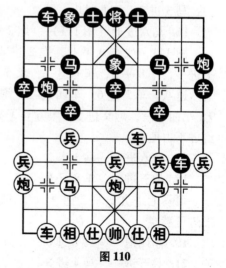

图 110

16. 炮七进五　炮 9 平 5　　**17. 炮五进三　炮 2 平 5**

如将 5 平 4，车四平六，士 5 进 4，车六进三，将 4 平 5，炮七平三，车 7

平6，车六进一，红胜。

18. 车八进九　象3退1	**19.** 车八退七　卒7进1
20. 车四平六　车7平6	**21.** 车八平六　前炮平4
22. 仕六进五　车6退2	**23.** 前车进一

黑方失子失势，红胜。

第111局　陈启明负潘振波

1. 炮二平五　马8进7	**2.** 马二进三　车9平8
3. 车一平二　马2进3	**4.** 兵七进一　卒7进1
5. 车二进六　炮8平9	**6.** 车二平三　炮9退1
7. 马八进七　士4进5	**8.** 炮八平九　车1平2
9. 车九平八　炮9平7	**10.** 车三平四　马7进8
11. 车八进六　卒7进1	**12.** 车四平三　马8退7
13. 车三平四　卒7进1	**14.** 马三退五　象7进5
15. 马七进六　车8进4	

如车八平七，炮2进4，兵七进一，炮2平3，兵七平八，象5进3，车七退一，马3进2，双方对攻。

16. 马六进七（图111）　炮2平1

图111，如车八平七，炮2进4，兵七进一，车8平3，车七退一，象5进3，马六退八，车2进6，车四进二，炮7平9，车四平三，炮9进5。黑方弃子抢攻，红方不占便宜。

17. 车八进三　马3退2

18. 炮五进四　车8平6

可马七进九，马2进1，马五进七，形势可满意。

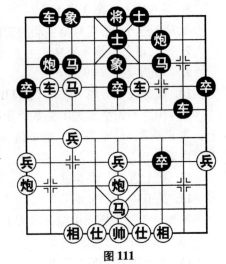

图111

19. 车四退一　马7进6	**20.** 兵五进一　马6退4
21. 兵五进一　马4进3	**22.** 马五进七　马2进3

如炮7进8打相叫将，仕四进五，红方伏下相七进五捉马炮及前马进八的争先手段，黑方并不乐观。

23. 炮五平三　　前马进2　　　　　24. 相七进五　　炮1进4

25. 炮九进四　　士5退4　　　　　26. 炮三平五　　炮7平5

27. 炮九平八　　马3进5　　　　　28. 兵五进一　　炮1进3

29. 仕六进五　　马2退1　　　　　30. 炮八进三　　炮5进2

可兵五进一，炮5进6，相三进五，马1退2，兵五平四，红方还可对抗一阵。

31. 前马进五　　士6进5　　　　　32. 马五进三　　将5平6

33. 马三退四　　炮5平2　　　　　34. 马七进八　　将6平5

35. 马四退五　　卒7平6　　　　　36. 马五进六　　炮2退2

37. 仕五进六　　卒6进1　　　　　38. 帅五进一　　士5进4

39. 马六进四　　将5平6　　　　　40. 马四进二　　将6平5

41. 马八退六　　卒6平7　　　　　42. 马二退一　　马1进3

43. 马一退二　　卒7进1　　　　　44. 马六进七　　炮2进7

45. 马七进六　　将5平6

应炮八退六，还可应付下去。

46. 马二进四　　卒7平6

弃卒巧妙成杀，黑胜。

第112局　　于幼华和蒋全胜

1. 炮二平五　　马8进7　　　　　2. 马二进三　　车9平8

3. 兵七进一　　卒7进1　　　　　4. 马八进七　　马2进3

5. 车一进一　　象3进5　　　　　6. 车一平四　　士4进5

如炮8平9，车四进三，士4进5，炮八平九，车1平2，车九平八，车8进6，炮五平六，车8平7，相七进五，卒7进1，车四平三，车7退1，相五进三，炮2进2，相三退五，马7进6，车八进三，卒3进1，兵七进一，象5进3，炮九退一，象3退5，仕六进五，炮2平1，车八进六，马3退2，炮九进四，卒1进1，马七进八，马6进4，炮六平九，红方好走。

7. 炮八平九　　炮2进4　　　　　8. 车九平八　　炮2平7

如炮2平3，兵五进一，炮8进4，车八进七，马3退4，车四进七，卒7进1，兵五进一，卒7进1，马三进五，炮8平5，马七进五，卒5进1，马五进六，红方主动。

9. 相三进一　　卒7进1　　　　　10. 兵七进一（图112）　　卒3进1

图112，如车八进七，车1平3，马七进八，炮7平8，炮九进四，卒7进1，炮五平九，卒7进1，前炮进三，马3退4，马八进七，马7进6，车八退二，马6进7，前炮平八，卒7平6，弃卒抢先，黑方形势较好。

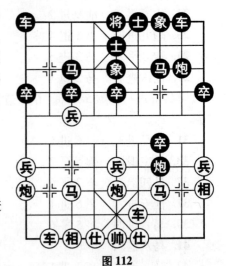

图 112

　11. 车八进四　车1平4

　12. 车八平三　马7进8

　13. 马七进六　炮8平6

及时跃马抢先。如车四进四，车4进4，车四平六，马3进4，红方无便宜可占。

　14. 炮九平六　车4平2

　15. 车四平二　炮7平1

　16. 车三平二　炮1退2　　17. 马三进四　车2进5

　18. 马六退七　车2平3　　19. 马四进五　马3进5

　20. 前车平七　卒3进1　　21. 炮五进四　炮1平5

　22. 炮六平五　炮5进3　　23. 相七进五　车8进3

　24. 炮五退二　炮6进3　　25. 相一进三　卒3进1

不如车二进三较为有力。

　26. 马七退五　炮6退2

不如马七进九，形势较能容易展开。

　27. 炮五进二　炮6进3

应马五进三，炮6平5，炮五平八，仍可支撑下去。

　28. 炮五退一　马8进9

应车二进二捉炮，车8平5，车二平四，形势尚无大碍。此时黑方马踏边兵巧妙，先弃后取，夺取优势。

　29. 车二平三　马9退8

如车二进五，马9退7，车二退五，马7进6，车二平四，炮6进2，黑方胜定。

　30. 马五进三　车8平5　　31. 兵五进一　马8退6

　32. 车三平四　马6进5　　33. 车四进二　车5进1

　34. 仕四进五　车5平3

应车5平4，车四平五，车4进1，车五平七，车4进4，仕五退六，马5进3，黑方可以取胜。

35. 车四进一　车3平5

如马5退4，车四进二，马4进5，车四平一，卒1进1，黑方多两卒，仍是胜势。

36. 车四退一　卒1进1　　　　**37.** 车四平五　卒9进1

应卒1进1，尽快在右路集结，仍是胜势。

38. 马三退一　卒9进1

由于黑方进左路边卒，红方乘机退马，有了谋取和势的希望。

39. 马一退三　卒3平4

弃卒无可奈何。因红方可马三进四，形成和局。

40. 车五平六　马5退3

应马5退7，使左路卒活动，仍有胜机。

41. 车六平二　卒1进1　　　　**42.** 马三进四　车5平6

43. 相五退三　车6进1　　　　**44.** 相三进五　卒1平2

45. 马四退三　卒2平3

以卒换相，大不合算。应车6平4，仍可取势。

46. 相五进七　车6平7　　　　**47.** 相七退五　车7平5

48. 相五退七　卒9平8　　　　**49.** 车二平七　车5退1

退车失当。应马3退5，可联结左卒，有利于三子互动。

50. 马三进四　车5平8　　　　**51.** 车七平五　车8退1

52. 相七进五　马3退5　　　　**53.** 车五平三　马5进7

54. 车三平五　车8平6　　　　**55.** 车五平三　马7进6

56. 相五退三　车6进2　　　　**57.** 相三进一　象7进9

58. 相一退三　象5进7　　　　**59.** 相三进一　士5进4

60. 帅五平四　士6进5　　　　**61.** 帅四平五　象7退5

62. 马四进六　车6退2　　　　**63.** 马六退四　马6退7

64. 相一退三　车6平8　　　　**65.** 相三进五　卒8进1

66. 车三进一　卒8进1　　　　**67.** 马四进五　马7进5

68. 马五退四　马5进3　　　　**69.** 车三退一　车8平6

70. 马四退三　车6平8　　　　**71.** 马三进四　车8平5

72. 相五进七　车5平9　　　　**73.** 仕五退四　象9退7

74. 仕六进五　车9进2　　　　**75.** 马四退三　卒8进1

76. 马三进四　车9进3　　　　**77.** 车三平五　卒8平7

78. 马四进五　马3退2

如马3退5，马五进四，马5进3，车五平八，红方有攻势。

79. 马五进四　车9退5　　80. 车五进三　将5平4

81. 车五平八　马2退3　　82. 马四进六　车9平2

83. 马六退八

红方在抢攻中兑去一车，已成和局。

第113局　蒋全胜胜柳大华

1. 炮二平五　马8进7　　2. 马二进三　车9平8

3. 车一平二　马2进3　　4. 兵七进一　卒7进1

5. 车二进六　炮8平9　　6. 车二平三　炮9退1

7. 马八进七　士4进5　　8. 炮八平九　车1平2

9. 车九平八　炮9平7　　10. 车三平四　马7进8

11. 炮五进四　马3进5　　12. 车四平五　炮7进5

13. 马三退五　炮2进5　　14. 相七进五　车8进2

及时进左车，可以策应右路防守。

15. 马五退七　炮2退1　　16. 炮九进四　卒7进1

17. 相五进三　马8进6　　18. 车五平六　马6进4

可车8平2，后马进六，马6进4，车六平五，炮2平3，车八进七，车2进2，黑方可对抗。

19. 后马进六　车8平5　　20. 马七进六　车5进4

21. 仕六进五　车5退1

22. 帅五平六　马4进2

23. 后马进五　炮2进3

24. 马六退七　炮7平6

25. 马五进四（图113）　马2进3

图113，如马七退八，马2退3捉车，红方反而得不到好处。

26. 马七退八　车2进9

27. 炮九进三　车2退9

28. 车六退三　车2平1

29. 车六平四　士5进6

30. 马四进六　将5进1

31. 车四平八　象3进1

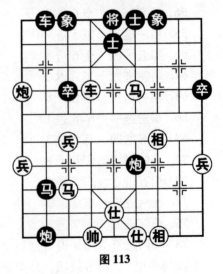

图113

如车 1 进 2，车八进五，将 5 进 1，马六退五，红胜。

32. 车八进五　将 5 进 1　　　　**33.** 车八平六　士 6 退 5

34. 马六进八　车 1 平 3

如将 5 平 6，车六退二，将 6 退 1，车六平二，车 1 平 2，马八退七，车 2 进 4，马七进五，士 5 进 4，车二进二，将 6 进 1，马五进六，红方可胜。

35. 车六退二

红胜。

第 114 局　宗永生和陆峥嵘

1. 炮二平五　马 8 进 7　　　　**2.** 马二进三　车 9 平 8

3. 兵七进一　卒 7 进 1　　　　**4.** 马八进七　马 2 进 3

5. 车一进一　象 3 进 5　　　　**6.** 车一平四　士 4 进 5

7. 炮八平九　炮 2 进 4　　　　**8.** 兵五进一　炮 8 平 9

如车九平八，炮 2 平 7，相三进一，卒 7 进 1，车八进七，马 7 进 8，相一进三，卒 3 进 1，兵七进一，马 3 进 4，双方对攻，后果难料。

9. 车九平八　车 1 平 2　　　　**10.** 车四进二　炮 2 进 2

11. 车四退二　炮 2 退 2　　　　**12.** 兵九进一　车 8 进 4

黑方进车河口防守稳健。如车 8 进 6，炮九进一，黑方无利可图。

13. 车四进二　炮 2 进 2　　　　**14.** 仕六进五　卒 7 进 1

15. 兵三进一　卒 3 进 1

16. 马七进九　炮 2 退 3

17. 炮九平七　炮 2 平 5

18. 车八进九　马 3 退 2

19. 车四进一　车 8 进 2

20. 炮五进一　卒 5 进 1

21. 相七进五　炮 9 进 4

22. 炮七进一　炮 5 进 2

23. 相三进五　炮 9 进 3

24. 相五退三　车 8 进 1

25. 车四退二　卒 5 进 1

26. 车四平八　马 2 进 3（图 114）

图 114，黑方弃炮攻击，虽然没有什

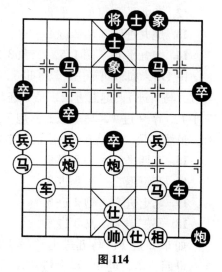

图 114

么把握。但因事前策划，到此被打双子，不得不打中相弃子。此刻马2进3，反而给了红方兵七进一的机会。应马2进4，黑方还有可为。

27. 兵七进一　马3进5　　**28.** 炮五进三　马7进5

29. 兵七平六　车8退1　　**30.** 车八进七　士5退4

31. 车八退六　车8进1　　**32.** 车八进三　车8平7

33. 车八平五　车7退1

应卒9进1，车五平二，车7退1，马九退八，车7进3，炮七进三，卒5进1，炮七平三，车7退4，车二退六，炮9退1，炮三平五，士4进5，各有千秋。

34. 车五平一　车7平3　　**35.** 车一退六　车3平1

和局。

第115局　孙勇征胜宗永生

1. 炮二平五　马8进7　　**2.** 马二进三　卒7进1

3. 车一平二　车9平8　　**4.** 车二进六　马2进3

5. 兵七进一　炮8平9　　**6.** 车二平三　炮9退1

7. 马八进七　士4进5

如车1进1，形成另一路变化。

8. 炮八平九　炮9平7　　**9.** 车三平四　马7进8

10. 车四平三　马8退7　　**11.** 车三平四　马7进8

12. 车九平八　车1平2

13. 炮九进四　卒7进1

14. 炮九平五（图115）　　象3进5

图115，如车四平三，马8退7，炮九平五，马3进5，炮五进四，马7进5，车三平五，卒7进1，马三退五，炮7进3，红方虽然多兵，但黑方有一定的反击机会。

15. 车四平三　马8退9

16. 车三退二　车8进3

17. 马七进六　炮2进3

18. 马三退五　马3进5

如车2进1，马五进七，马3进5，车八进四，车2进4，马七进八，马5进

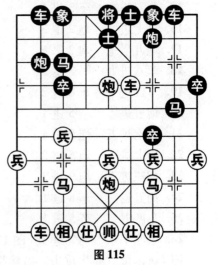

图115

4，车三平六，炮7进8，黑方占优。

19. 马六进五	车2进1	**20.** 车三进三	炮2退3
21. 车三退三	炮2进3	**22.** 车三进三	炮2退3
23. 车三退三	炮2进1	**24.** 前马退六	车8平6
25. 车八进五	马9进7		

此时红方右路受到威胁。如炮五平三，炮2进4（又如马9进7，车三进二，车6平7，炮三进四，炮2平7，车八进八，后炮平2，马六进七，炮2平5，红方多兵好走），车三进四，马9退7，炮三进六，士5退4，马五进七，车2平7，车八进二，车7进5，相三进五，车7平9，车八进四，卒9进1，红方可以抗衡。

26. 车三平五	士5退4	**27.** 马五进七	马7进6
28. 相三进一	炮7平8		

不如炮7平5，马六进五，马6退5，黑方得子占优。

29. 仕六进五	马6进8

应炮8进8，相一退三，马6进7，车五平二，车2平6，车八平四，前车进1，马六进四，车6进3，车二退二，炮8平6，车二平三，炮6平3，红方多兵，但黑方双炮也伏下一定攻势。

30. 炮五平六	炮8平5	**31.** 车五平二	炮5进5
32. 帅五平六	炮5平4		

应马8进7，车二退三，炮5平4，炮六平三，炮4平3，车二平三，车6平4，车八退二，车4进2，帅六平五，车4平3，炮三平五，士4进5，相七进九，车3退1，马七进五，黑方还可支撑一阵。

33. 炮六平五	士4进5	**34.** 车八退二	马8进7
35. 车八平六	炮2进6	**36.** 马七退八	车2进8
37. 车六平七	马7退5	**38.** 马六退五	车2退5
39. 车二平六	卒9进1	**40.** 兵九进一	车6平5
41. 相一退三			

红方多子胜定。

第116局　许银川胜陶汉明

1. 炮二平五	马8进7	**2.** 马二进三	车9平8
3. 兵七进一	卒7进1	**4.** 马八进七	马2进3

5. 车一进一　象3进5　　**6.** 炮八平九　炮2进4

如车1平2，车九平八，炮2进4，兵五进一，炮8进4，车一平四，士4进5，车四进三，红方先手。

7. 车九平八　炮2平7　　**8.** 相三进一　士4进5

9. 车八进七　车1平3　　**10.** 炮九进四　卒7进1

11. 相一进三　炮8平9（图116）

图116，可马7进8，车一平四，卒3进1，兵七进一，马3进4，车八退三，马4进6，马三退一，马8进9，马一进二，炮7进3，仕四进五，马6进5，相三退五，炮8平9，车四进二，炮7平9，兵七进一，车8进3，马七进六，后炮平8，黑方好走。

12. 马七进六　车8进4

可车8进5，炮五平九，车8平7，前炮进三，马3退4，车一平六，炮7平1，这样比车8进4要好一些。

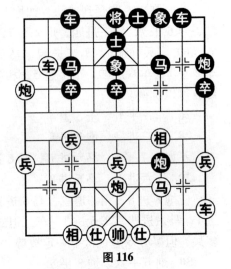

图116

13. 马六进七　车8平7　　**14.** 炮五平九　炮7平1

15. 前炮进三　马3退4　　**16.** 车八退四　车7进1

17. 车八平九　车7进2　　**18.** 马七进九　炮9退1

19. 车九平八　马7进6　　**20.** 车一平八　马6退4

21. 前车进六　前马进3　　**22.** 前炮平七　象5退3

23. 后车平七　马3进4　　**24.** 车七平六　前马进2

25. 马九进七　炮9平3　　**26.** 炮九进七

黑方大势已去，认负。

第117局　邬正伟负于幼华

1. 炮二平五　马8进7　　**2.** 马二进三　车9平8

3. 车一平二　卒7进1　　**4.** 车二进六　马2进3

5. 兵七进一　炮8平9　　**6.** 车二进三　炮9退1

7. 马八进七　士4进5　　**8.** 炮八平九　车1平2

9. 车九平八　炮9平7　　**10.** 车三平四　马7进8

11. 车四进二　炮2退1　　　　**12.** 车四退三　象3进5

13. 车八进七　马8进7　　　　**14.** 车四退二　炮7进1

15. 炮五平六　马7退8

如炮2平1，车八进二，马3退2，相七进五，马2进3，马七进六，车8进4，车四进三，炮1进5，车四平三，炮7平6，马六进七，马7退6，马七进九，炮1退4，炮九进五，红方先手。

16. 马七进六　卒7进1

17. 马六进四　炮7平6

18. 马四进六（图117）　炮2平4

图117，可车四平二，车2平4，炮六进四，卒7进1，车二进一，卒7进1，车八进一，卒5进1，炮六进二，车8进2，炮九平五，车4平2，车八进一，马3退2，炮六退七，马8退6，车二进三，马6退8，马四进二，炮6进1，炮五进三，炮6平5，马二退三，各有攻守。

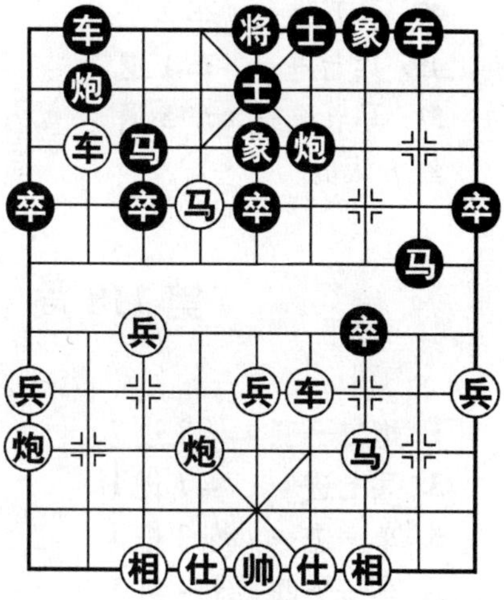

图117

19. 炮六进六　车2进2

20. 马六进七　士5进4

21. 炮六平一　将5进1　　　　**22.** 车四进四　车8平9

23. 炮一平二　车9平8　　　　**24.** 炮二平一　车2进5

25. 仕四进五　车8平9　　　　**26.** 炮一平二　车9进1

27. 炮二退二　卒7进1　　　　**28.** 马三退四　车9平6

29. 车四平五　将5平4　　　　**30.** 车五进二　马8进6

31. 炮九退一　士4退5　　　　**32.** 炮九平六　车2进1

33. 炮二退五　马6进8　　　　**34.** 马七退九　卒7平6

如车2退6，马四进五，卒7进1，兵五进一，马8进7，马五退三，卒7进1，炮二进一，车2进6，炮六进二。红方得车，大占优势。

35. 车五平七　车6进1　　　　**36.** 车七退一　将4退1

37. 车七进一　将4进1　　　　**38.** 马九退七　卒6进1

39. 车七退一　将4退1　　　　**40.** 车七进一　将4进1

41. 马七退六　马3进4　　　　**42.** 车七退四　卒6进1

43. 车七平六　士5进4　　　　**44.** 马六退五　将4平5

可马六进四，阻拦黑车的攻击。如车2平4，车六退四，车6进2，炮二进一，红方并不难走。

45. 炮六平四　车6进6

如车六平二，卒6进1，仕五退四，马8进6，炮二平四，车2平4，仕六进五，车4退2，仕五进四，车6进5，炮四平三，红方还可坚持下去。

46. 炮二进一　车6退1

应炮二平三，不致速败。

47. 马五进七　车2平1　　　**48.** 相三进五　车6平8

49. 兵七进一　车1退2　　　**50.** 马七进五　车1平5

51. 马五进三　车5退2　　　**52.** 车六平五　卒5进1

红方认负。

第118局　胡荣华负黄仕清

1. 炮二平五　马8进7　　　**2.** 马二进三　车9平8

3. 兵七进一　卒7进1　　　**4.** 马八进七　马2进3

5. 车一进一　炮2进4　　　**6.** 兵五进一　象3进5

7. 车一平四　士4进5　　　**8.** 车四进二　炮2退2

9. 炮八平九　车1平2　　　**10.** 车九平八　炮8平9

11. 兵九进一　炮2进4

可车八进四，压制车炮的活动范围。车8进8，兵五进一，卒5进1，车四平五，车8平3，马七进六，卒3进1，兵七进一，车3退4，炮九平七，卒5进1，车五进一，马7进6，炮七进五，各有攻守。

12. 仕六进五　车8进8

13. 炮五平六　车8退2

14. 车四平九　马7进6

15. 炮六进一（图118）　车8平7

图118，应炮九平八提炮，炮2平3，炮六进一，车8退1，相七进五，红方较为主动。

16. 马七进五　马6进5

17. 炮六平三　马5进3

18. 车八进一　前马退1

19. 车八进八　马3退2

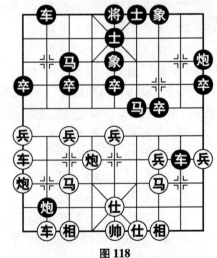

图118

20. 炮三平八　卒7进1

可相七进五，卒7进1，相五进三，马1退3，炮九进四，马2进3，炮九进三，前马退4，炮三平八，士5进6，炮八平七，马3进1，兵九进一，马1进3，炮七进三，马4进5，马三进五，双方局势平稳。

21. 炮九平五　炮9平7　　　　22. 马三退一　卒7平6

23. 炮五进一　马1进2　　　　24. 炮八退一　炮7进3

25. 兵五进一　卒6进1

如炮五平八，炮7平5，相七进五，前马退4，帅五平六，马4退2，炮八进七，黑方多卒占优。

26. 炮五进三　后马进4　　　　27. 相三进一　炮7平4

28. 炮八平五　炮4平1　　　　29. 后炮平八　炮1退1

30. 炮五平六　卒3进1　　　　31. 兵七进一　炮1平5

32. 相七进五　炮5进1　　　　33. 炮六退五　马4进5

34. 兵七平六　马5进4　　　　35. 相一退三　卒6平7

红方认负。

第119局　廖二平负陈启明

1. 炮二平五　马2进3　　　　2. 马二进三　马8进7

3. 车一平二　车9平8　　　　4. 兵七进一　卒7进1

5. 车二进六　炮8平9

6. 车二平三　炮9退1

7. 马八进七　士4进5

8. 炮八平九　车1平2

9. 车九平八　炮9平7

10. 车三平四　马7进8

11. 车四进二　炮7进5

12. 相三进一　炮2进4

13. 兵五进一　炮7平3

14. 马三进四　马8进7

15. 兵五进一（图119）　炮3平9

图119，可马四进五，炮3平9，马五进七，炮2平5，仕六进五，车2进9，

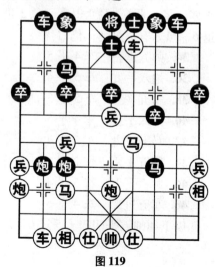

图119

马七退八，车8进2，车四退六，车8平3，马八进七，炮5平2，车四平三，卒7进1，相一进三，马7退5，相三退一，象3进5，车三进二，马5进3，车三平六。红方平车要道防守，伏帅五平六及炮九进四的攻击手段，较为主动。

16. 马四退三　炮2平5　　**17.** 仕六进五　车2进9

18. 马七退八　马7进5　　**19.** 相七进五　车8进6

20. 马三进四　卒7进1　　**21.** 马四进六　炮5退1

22. 马六进七　车8平3　　**23.** 帅五平六　车3平4

24. 马八进六　车4平1

如帅六平五，车4退4，马七退九，车4平2，马八进六，车2进6，黑方占优。

25. 炮九平八　车1进3　　**26.** 炮八退二　炮9平4

27. 帅六平五　卒7进1

卒7进1有利于控制局势。如炮5平4，车四退五，后炮进3，车四平六，车1平2，仕五退六，炮4平1，车六平九，容易形成和势。

28. 兵五进一　炮5平4　　**29.** 仕五退六　后炮进3

30. 炮八进九　象3进1　　**31.** 兵五进一　车1平4

进中兵对攻，无奈之举。如仕四进五，后炮平2，仕五进六，炮2进3，帅五进一，炮2退8，黑方优势。

32. 帅五进一　前炮平2　　**33.** 相五退七　炮4进2

如兵五进一，士6进5，车四平五，将5平6，马七进六，象1退3，车五平四，将6平5，马六退七，象3进5，车四平八，炮2退8，车八进一，炮4退6，黑方有卒过河，仍占优势。

34. 帅五进一　车4平5　　**35.** 帅五平六　炮4平3

36. 炮八平九　车5平4　　**37.** 帅六平五　车4平5

38. 帅五平六　车5退3　　**39.** 仕四进五　车5平4

40. 帅六平五　车4平5　　**41.** 帅五平六　卒7平6

42. 马七进九　车5平4　　**43.** 帅六平五　炮4平5

44. 帅五平六　炮2退7　　**45.** 车四退三　车5平4

46. 帅六平五　将5平4　　**47.** 车四平五　象7进5

48. 车五进二　车4平5　　**49.** 车五退四　卒6平5

以下如帅五平四，士5进6，炮2平6，黑胜。

第 120 局　李来群负许银川

1. 炮二平五　马 8 进 7　　　　2. 马二进三　车 9 平 8

3. 车一平二　马 2 进 3　　　　4. 兵七进一　卒 7 进 1

5. 车二进六　炮 8 平 9　　　　6. 车二平三　炮 9 退 1

7. 马八进七　士 4 进 5　　　　8. 炮八平九　车 1 平 2

9. 车九平八　炮 9 平 7　　　　10. 车三平四　马 7 进 8

11. 马三退五　卒 7 进 1

12. 车四退一（图 120）　卒 7 进 1

图 120，如车四进二，炮 7 进 5，车八进六，马 8 进 6，马七进六，象 3 进 5，车四退三，车 8 进 8，炮五平六，各有攻守。

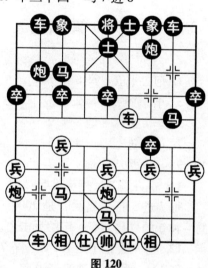

图 120

13. 车八进六　象 7 进 5

上中象稳健。如马 8 退 7，车四退一，车 8 进 4，车八平七，马 3 退 4，炮九进四，象 3 进 5，炮九平五，马 7 进 5，炮五进四，车 8 平 7，兵七进一，红方主动。

14. 车八平七　炮 2 进 4

可马七进六，马 8 退 7，车四退一，车 8 进 4，车八平七，炮 2 进 4，兵七进一，车 8 平 3，车七退一，象 5 进 3，马六退八，车 2 进 6，车四进四，炮 7 平 9，车四平三，炮 9 进 5，炮五平二，红方仍可对抗。

15. 马七进六　炮 2 平 3

如兵七进一，炮 7 进 2，车七进一，炮 2 平 3，兵七平六，炮 7 进 6，马五退三，炮 3 进 3，仕六进五，炮 3 退 7，黑方可对抗。

16. 车七平六　车 2 进 8　　　　17. 兵七进一　车 2 平 4

18. 兵七进一　炮 7 进 2

应车四进三，炮 7 进 2，车六进二，还可等待机会。

19. 马六进八　炮 7 平 4　　　　20. 马八退七　马 8 退 7

21. 车四平七　炮 4 进 6　　　　22. 马七退六　象 5 进 3

如车七退一，车 4 退 1，兵七进一，炮 4 退 1，红方少仕，局势不利。

23. 兵七进一　车8进5　　24. 炮九进四　车8平4

25. 马六进八　炮4退1　　26. 炮五平一　象3进5

27. 马五进六　卒7进1　　28. 仕四进五　炮4平2

29. 相七进五　卒5进1　　30. 炮九退一　卒5进1

31. 兵五进一　车4平5　　32. 炮九退一　卒7进1

33. 马六退四　车5退2　　34. 马八进七　卒7平6

35. 炮九平八　马7进6　　36. 马四进五

黑方超时而负。

第121局　卜凤波负李智屏

1. 炮二平五　马8进7　　2. 马二进三　车9平8

3. 车一平二　马2进3　　4. 兵七进一　卒7进1

5. 车二进六　炮8平9　　6. 车二平三　炮9退1

7. 马八进七　士4进5　　8. 炮八平九　车1平2

9. 车九平八　炮9平7　　10. 车三平四　马7进8

11. 炮九进四　炮7进5

炮7进5打三路兵，是2000年出现的一种新的变化，有一定的反击力。

12. 马三退五（图121）　卒7进1

图121，可炮五进四打中卒，象3进5，炮五退一，卒7进1，车四平七，炮7进3，仕四进五，马3退4，车八进六，形成对攻之势。

13. 炮五进四　象7进5

14. 车四平一　炮2进4

若求稳健可马8退7，车一平四，马7进5，炮九平五，马3进5，车四平五，炮2进6，各有千秋。

15. 炮五退一　马3进1　　16. 车一平七　马1退2

17. 车七平八　马2进4　　18. 前车进三　马4进5

19. 马七进六　马8进9　　20. 后车进二　马9进8

21. 后车平一　车8进3　　22. 马五进七　炮2平3

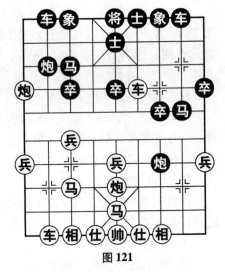

图121

23. 仕六进五　卒7平6　　　**24.** 车八退四　马5进4

退车捉马没有效力。应马六退五加强防守，并伺机兑子，简化局势。

25. 车八平六　卒6平5

平车六路防守，反而被黑方所利用。应兵七进一，才能对抗下去。

26. 帅五平六　卒5平4

如兵五进一，马4进3，帅五平六，炮7平4，车六平八，车8平4，黑方胜势。

27. 车六退一　炮3进3　　　**28.** 兵五进一　马4进3

29. 马七退九　车8平2　　　**30.** 马九退七　车2进6

31. 车一平三　炮7平2

可炮7进3，车三退二，车2平3，帅六进一，马3退1，车六退一，马1进2，车六平八，马8退6，仕五进四，车3退1，帅六退一，马2退3，黑胜。

32. 相三进五　马8退7　　　**33.** 车三进一　马3退5

34. 车三平八　车2平3　　　**35.** 帅六进一　马5退4

36. 车八退一　车3退4　　　**37.** 兵五进一　车3退1

38. 兵五平六　车3进4

车3进4紧凑。如车3平4，车八平六，形成和局。

39. 帅六退一　马4进3　　　**40.** 兵六平五　车3进1

41. 帅六进一　马3退5　　　**42.** 车八平五　马5进3

43. 兵九进一　马3进2　　　**44.** 车五平八　车3平6

45. 帅六进一　车6平7　　　**46.** 仕五进四　车7平4

47. 帅六平五　马2退4　　　**48.** 车八进一　马4进6

49. 帅五退一　马6退8　　　**50.** 车八平四　车4平1

黑胜。

第 122 局　葛维蒲负袁洪梁

1. 炮二平五　马8进7　　　**2.** 马二进三　车9平8

3. 车一平二　马2进3　　　**4.** 兵七进一　卒7进1

5. 车二进六　士4进5　　　**6.** 马八进七　象3进5

7. 炮八平九　炮2进4

如车二平三，形成另一路变化。

8. 车九平八　炮2平3

如炮2平7，相三进一，炮8平9，车二进三，马7退8，兵五进一，伏下车八进三捉炮之着，红方先手。

9. 兵五进一　车1平4　　　　　**10. 车八进三　炮3进3**

炮打相可以给红方造成压力。如车4进6，车八进四，以下炮九进四抢攻，黑方不好。

11. 仕六进五　炮3平1　　　　　**12. 马七进五　马7进6**

应马三进五，炮8平9，车二进三，马7退8，兵三进一，炮9平7，相三进一，红方仍然主动。

13. 兵五进一　炮8平7（图122）

图122，黑方平炮先弃后取，是扩大攻势的关键。

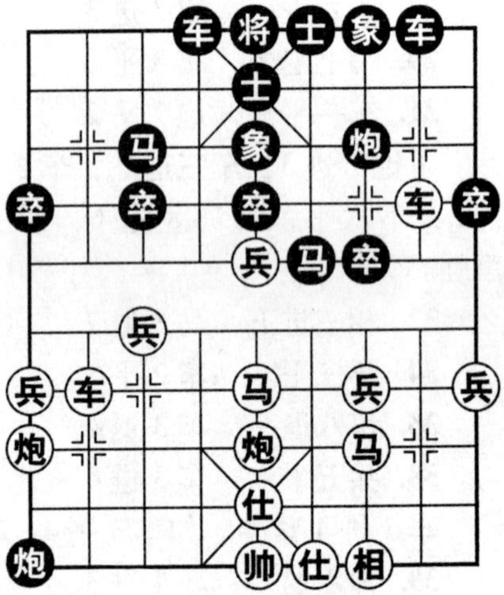

14. 车二平三　车8进3

应车二退六防守，仍可对抗下去。

15. 车三平二　炮7进4

16. 仕五进六　炮7平2

如相三进一，尚可支撑。

17. 兵五平四　车4进7

18. 炮九平七　将5平4

19. 炮五进四　炮2进3

21. 车二平五　炮2退1

以下有炮1退1的杀法，黑胜。

图122

20. 帅五进一　马3进5

第123局　蔡忠诚胜孙勇征

1. 炮二平五　马8进7　　　　　**2. 马二进三　车9平8**

3. 兵七进一　炮8平9　　　　　**4. 马八进七　卒7进1**

5. 车一进一　马2进3　　　　　**6. 兵五进一　士4进5**

7. 车一平四　象3进5　　　　　**8. 兵九进一　车1平4**

9. 炮八平九　车4进6　　　　　**10. 车九平八　炮2进4**

11. 马七进八　车4平3　　　　　**12. 马八进七　象5退3**

13. 兵五进一　车8进3（图123）

图 123，如炮 2 平 7，相三进一，车 3 退 1，马七退八，卒 5 进 1，马三进五，各有千秋。

14. 兵五进一　马 7 进 5

15. 车四进六　将 5 平 4

如象 3 进 5，车四退二，象 5 退 3，车四平五，红优。

16. 车四退二　炮 2 平 7

17. 炮九进四　炮 7 进 3

炮打边卒，是取势的紧要之着。

18. 仕四进五　炮 7 平 9

19. 车四平六　后炮平 4

20. 炮九进三　象 3 进 5

21. 车八进九　将 4 进 1

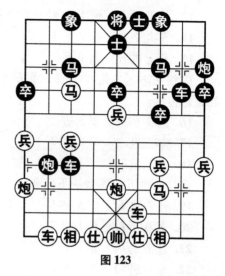

图 123

22. 车六平八　炮 4 进 3

23. 后车进三　将 4 进 1

24. 炮九退二　马 3 退 2

25. 车八退一　马 2 进 3

26. 车八平七　将 4 退 1

27. 车七平六　将 4 进 1

28. 马七进八　将 4 退 1

29. 炮九进一

红胜。

第 124 局　卓赞峰负汪洋

1. 炮二平五　马 8 进 7

2. 马二进三　车 9 平 8

3. 车一平二　卒 7 进 1

4. 车二进六　马 2 进 3

5. 兵七进一　炮 8 平 9

6. 车二平三　炮 9 退 1

7. 马八进七　车 1 进 1

8. 炮八平九　车 1 平 6

9. 车三退一　炮 2 平 1

如马七进六，士 6 进 5，车九平八，炮 9 平 7，车八进七，炮 7 进 2，车八平七，车 8 进 8，形成激烈的对攻之势。

10. 车三平八（图 124）　车 8 进 6

图 124，如车九进一，车 8 进 6，兵三进一，车 8 平 7，炮五平六，车 6 平 4，相三进五，车 4 进 5，车九平四，红方较好。

11. 兵三进一　车 8 平 7

12. 马七进八　车 7 退 1

13. 炮五平七　炮1进4
14. 车九平八　车7平3
15. 相七进五　炮1平2

应相三进五，炮1平2，前车平三，红方仍占优。

16. 前车平三　车3进2
17. 车三进二　车6进7
18. 车八进三　车3平5

应仕六进五，等待一下变化。

19. 仕六进五　车5平1
20. 车八平六　车1进2
21. 仕五退六　象7进5
22. 车六进四　车1平2
23. 马八进七　车2退7

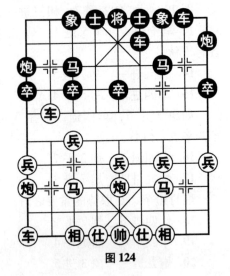

图124

25. 车三退一　炮9退1
27. 车三退一　车6平3
29. 马三进二　士4进5
31. 相三进一　炮9退2
33. 仕四进五　马3进2
35. 车六退四　车4退3
37. 马六进五　炮7平1
39. 车三退三　车2退2
41. 相一进三　炮1进5

黑方胜定。

24. 车三进一　炮9进1
26. 车三进一　炮9退1
28. 马七退六　车3平4
30. 车六退一　炮9进6
32. 马二进四　炮9平7
34. 车六进二　马2进4
36. 马四退六　车2进3
38. 帅五平四　卒9进1
40. 车三平五　卒9进1
42. 帅四进一　卒1进1

第125局　柳大华和徐天红

1. 炮二平五　马8进7
3. 车一平二　马2进3
5. 车二进六　炮8平9
7. 马八进七　士4进5
9. 车九平八　炮9平7
11. 炮五进四　马3进5

2. 马二进三　车9平8
4. 兵七进一　卒7进1
6. 车二进三　炮9退1
8. 炮八平九　车1平2
10. 车三平四　马7进8
12. 车四平五　炮7进5

13. 马三退五　炮2进6

黑方进炮封车，必然之着。如被红方车八进六牵制车炮，形成被动形势。

14. 马七进六　车8进2　　　　**15. 炮九平六　卒7进1**

可车五平七吃卒，以求取多兵的优势。

16. 相七进五　马8进6　　　　**17. 车五退二　车8进6**

18. 炮六退一　车8退1

退炮打车很有必要。如马五进七，车8平6，仕六进五，马6进7，相三进一，炮7平8，炮六退一，车6退6。黑方可进底炮叫将，然后有马吃士的手段，可取得优势。

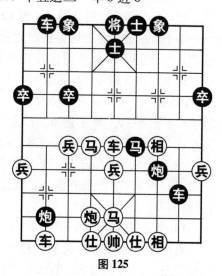

图 125

19. 相五进三（图125）　炮2平5

图125，用相吃卒是化解威胁的主要方法。如炮六平七，车8平6，马五进七，马6进7，仕六进五，炮2平5，黑胜。

20. 车八进九　炮5退3

21. 相三退五　炮5平3

炮打七兵即可避开激烈的对攻，又可保卫安全，好着。

22. 炮六进一　车8退3　　　　**23. 相五进七　象7进5**

24. 相七退五　马6进8　　　　**25. 仕六进五　车8平5**

26. 车八退三　炮7平9　　　　**27. 车八平七　炮9平5**

28. 车七退三　马8退7　　　　**29. 炮六平九　炮5退1**

30. 炮九进四　车5平4　　　　**31. 马六退七　卒9进1**

32. 炮九平二　士5退4　　　　**33. 炮二退四　卒9进1**

34. 车七平五　卒9平8　　　　**35. 炮二平三　士4进5**

36. 兵九进一　士5进6　　　　**37. 相五进三　炮5退2**

38. 炮三进三　炮5平7　　　　**39. 相三退五　车4平7**

双方无力进取，同意作和。

第126局　卜凤波负孙勇征

1. 炮二平五　马8进7　　　　**2. 马二进三　车9平8**

3. 车一平二　卒7进1

4. 车二进六　马2进3

5. 兵七进一　炮8平9

6. 车二平三　炮9退1

7. 马八进七　士4进5

8. 炮八平九　车1平2

9. 车九平八　炮9平7

10. 车三平四　马7进8

11. 炮九进四　卒7进1

12. 炮五进四　象3进5

13. 车四平三　炮2退1（图126）

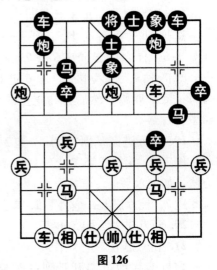

图126

图126，黑方退右炮是创新之着。以往多走马8退9，车三退二，炮2进5，马三退五，卒3进1，马五进六，马3进5，车八进二，车2进7，马六退八，马5进7，车三平六，马7进6，相七进五，马6进7，帅五进一，车8进8，帅五平六，马7退5，仕六进五，车8退5，相三进五，车8平1，兵五进一，红方多兵占优。

14. 车三退二　车2平1

退车吃卒造成子力受制，造成被动。应兵三进一，马8退9，车三平四，炮7进6，车八进七，马3进5，炮九平五，马9退7，车四退二，车8进3，马七进六，红方弃马多兵，并不难走。此时黑方平车1路捉炮机智，由此夺得主动。

15. 车八进七　马3进5

16. 炮九平五　车8进3

17. 车八退二　车1平4

18. 马七进六　卒3进1

进马保炮无可奈何。如炮五退一，车8平5，伏下卒3进1的手段，红方仍然不利。

19. 兵七进一　车8平6

20. 马六进七　炮2平3

21. 炮五退一　马8进6

22. 车八退三　马6进4

如马三退五，马6退7，车三平八，车6进5，黑方优势。

23. 车八平六　马4退3

24. 车六进七　将5平4

25. 车三平六　将4平5

26. 马七进九　炮3进8

27. 仕六进五　车6平5

28. 兵五进一　炮3平1

29. 马九退八　炮7进6

30. 马八进七　炮7平3

黑胜。

第 127 局　张华负林怡诚

1. 炮二平五	马 8 进 7	2. 马二进三	车 9 平 8
3. 车一平二	马 2 进 3	4. 兵七进一	卒 7 进 1
5. 车二进六	炮 8 平 9	6. 车二平三	炮 9 退 1
7. 马八进七	士 4 进 5	8. 炮八平九	车 1 平 2
9. 车九平八	炮 9 平 7	10. 车三平四	马 7 进 8
11. 车八进六	卒 7 进 1	12. 车四退一	卒 7 进 1
13. 马三退五	象 3 进 5	14. 炮九进四	马 8 进 9
15. 马七进六	卒 3 进 1	16. 兵七进一	炮 2 退 1
17. 相三进一	马 3 进 1	18. 炮五平九	车 2 平 4

不如炮五进四打卒，保持中炮的威力，形势较好。

19. 马五进七　马 1 进 2

进马献马好着，防止红方炮打马而更加发挥炮的作用，并使红车退回不利位置，减少牵制能力。

20. 车八退二	炮 2 平 3	21. 兵七进一	炮 7 平 8
22. 兵七进一	炮 3 进 6	23. 马六退七	炮 8 进 8
24. 相一退三	马 9 进 7	25. 仕六进五	马 7 进 9
26. 相七进五	马 9 退 8	27. 车八平三	车 8 进 4

进车捉车巧妙，由此黑方扩大了优势。

28. 车四退四　车 8 平 7

29. 车四平二　炮 8 平 9

30. 车三平一　车 7 平 2

黑方平车预谋先弃后取，以利于控制局势。

31. 车一退四　车 2 进 3

32. 车一进六　车 2 平 1

如车 2 平 3，炮九退二，车 4 进 8，炮九平六，黑方不好。

33. 马七退六　马 8 退 7

34. 车一平四　车 1 退 1

35. 车二进三　马 7 进 8（图 127）

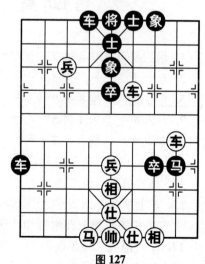

图 127

图127，黑方及时进马佳着。如车1平5，车二平三，如要扩大优势，将要大费周折。

36. 马六进七	车1平3	37. 车二平七	车3退1
38. 相五进七	车4进6	39. 相三进五	车4平3
40. 马七退八	车3平5		

乘势吃去中兵，由于子力位置较好，红方已难守和。

41. 马八进六	车5平4	42. 马六进八	车4退1
43. 兵七进一	卒5进1	44. 仕五退六	卒5进1
45. 仕四进五	卒5进1	46. 车四退四	马8进7
47. 帅五平四	车4平9		

平车威胁红方右路，使红方难以调整阵形。

48. 车四平二	车9进4	49. 帅四进一	马7退9
50. 仕五进四	马9进8	51. 帅四平五	马8退7

如卒7进1，红方仍难抵抗。

52. 帅五平六	车9退6	53. 仕六进五	车9平4
54. 仕五进六	马7进6	55. 帅六平五	车4进4
56. 马八进九	卒7进1	57. 车二退二	卒5进1
58. 相七退五	车4平5		

黑胜。

第128局　孟立国负徐家亮

1. 炮二平五	马8进7	2. 马二进三	车9平8
3. 车一平二	马2进3	4. 兵七进一	卒7进1
5. 车二进六	炮8平9	6. 车二平三	炮9退1
7. 马八进七	士4进5	8. 炮八平九	车1平2
9. 车九平八	炮9平7	10. 车三平四	马7进8
11. 车八进六	卒7进1	12. 车四退一	卒7进1
13. 马三退五	象7进5	14. 车八平七	炮2进4
15. 车七平六	炮2平3	16. 相三进一	车2进8

上右边相防止黑方弃炮打相，展开反击。

17. 车六退三	马3进2	18. 炮五进四	马8退7
19. 车四进一	车2平4		

如车四进二，车8进3，红方不占便宜。

20. 马七退八　车4退2　　　**21.** 马五进六　马7进5

22. 车四平五　车8进4

可马2退3，车五平三，炮7平6，车三退三，车8进4，以下可车8平4，局势较为稳健。

23. 炮九进四　车8平4　　　**24.** 马六进五　车4退1

不如马2进4对攻，较为积极。

25. 车五平六　马2退4　　　**26.** 相七进五　马4进6

27. 马八进六　炮3平2　　　**28.** 炮九退一　马6进8

29. 相一退三　炮7平9　　　**30.** 兵一进一　炮9进4

31. 炮九退一　马8进6

32. 炮九进五（图128）　象3进1

图128，可马五退四，炮9平1，兵九进
一，卒7平6，兵五进一，红方较为好走。

33. 马五退四　卒7平6

34. 兵五进一　炮9进1

35. 兵九进一　卒9进1

36. 兵五进一　卒9进1

37. 兵九进一　卒9平8

38. 兵九进一　卒8平7

39. 兵五进一　卒7平6

40. 兵五进一　后卒平5

41. 兵九进一　炮2平5

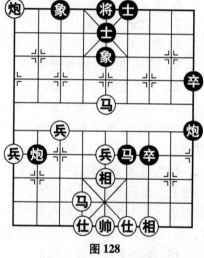

图 128

边兵吃象过早。应兵五进一，士6进5，兵九平八，然后再过七路兵，比较有利于对攻。

42. 仕六进五　炮5退4

红方必然要马六进五兑炮，这样可形成和势。

43. 兵九平八　炮9退4　　　**44.** 兵八进一　炮9退1

45. 兵八进一　士5退4　　　**46.** 马六进七　卒5进1

47. 马七进五　炮9进8　　　**48.** 马五进六　炮5进5

如相五退七，炮5平8，帅五平六，双方对攻，黑方较好。

49. 帅五平六　士6进5　　　**50.** 兵八平七　卒5平4

51. 前兵平六　将5平4　　　**52.** 马六进五　炮5平8

53. 马五进七　将4进1　　　**54.** 炮九退六　炮8进2

55. 炮九平四　炮9平7　　　　**56.** 帅六进一　炮7退1

57. 仕五进六　卒4进1　　　　**58.** 帅六平五　炮8退1

59. 帅五退一　卒4平5

黑胜。

第129局　蒋川和王斌

1. 炮二平五　马8进7　　　　**2.** 马二进三　马2进3

3. 车一平二　车9平8　　　　**4.** 兵七进一　卒7进1

5. 车二进六　炮8平9　　　　**6.** 车二平三　炮9退1

7. 马八进七　车1进1　　　　**8.** 炮八平九　车1平6

9. 车三退一　炮2平1　　　　**10.** 车三平八　车8进6

11. 车八进二　炮9进1　　　　**12.** 兵三进一　车8平7

13. 马七进八　车7退1

14. 炮五平七（图129）　炮1进4

图129，红方平炮七路有一定的攻击
作用。如炮五平六，炮1进4，车九平
八，马7退5，前车进一，炮1平9，相
七进五，车7进1，马八进七，车6进7，
后车进一，车6平2，车八退七，前炮平
5，马三进五，车7平5，局势平稳。

15. 车九平八　炮1平3

16. 相七进五　车7退1

17. 炮九退一　车6进7

如马7进6，前车平七，象3进5，马
八进九，炮9平3，马九进七，红方占优。

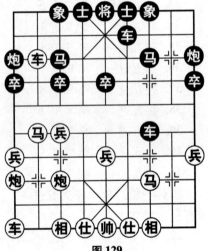

图129

18. 仕六进五　车6退4　　　　**19.** 马八退九　马7退5

20. 前车进一　炮9退1　　　　**21.** 前车退一　炮9进1

22. 前车进一　炮9退1　　　　**23.** 前车退一　炮9进1

24. 前车进一　炮9退1　　　　**25.** 前车退一　炮9进1

26. 前车进一　炮9退1　　　　**27.** 前车退一　炮3平9

28. 马三进一　炮9进5　　　　**29.** 兵七进一　车6平3

30. 后车进二　车7进2　　　　**31.** 炮九平七　车3平4

32. 前炮进五　炮9平5　　　　　**33.** 后车进一　马5进6

34. 前车退三　车4进4

可马九退八，防止黑方车4进4的攻击手段。

35. 后炮退一　卒5进1

可前车平四捉马，比较主动。

36. 前车平四　马6进5　　　　　**37.** 马九进八　象7进5

38. 车八平六　车4退2　　　　　**39.** 马八退六　士6进5

40. 前炮进一　车7退2　　　　　**41.** 车四退一　车7进2

42. 前炮平六　象3进1　　　　　**43.** 车四进一　炮5进2

44. 马六进五　马5进4　　　　　**45.** 帅五进一　马4进3

46. 炮六退八　马3退2　　　　　**47.** 炮六进二　马2进3

48. 炮六退二　马3退2　　　　　**49.** 车四平六　卒3进1

50. 帅五退一　象1退3　　　　　**51.** 仕四进五　车7退2

52. 马五退四　车7进2　　　　　**53.** 马四进五　车7退2

54. 马五退四　车7进2　　　　　**55.** 马四进五　车7退2

56. 马五退四　车7进2　　　　　**57.** 马四进五　卒1进1

58. 车六平二　车7退2　　　　　**59.** 马五退四　车7进2

60. 马四进五　车7退2　　　　　**61.** 马五退四　车7平6

62. 马四退六　卒1进1　　　　　**63.** 炮六平八　车6平4

64. 车二进五　士5退6　　　　　**65.** 车二退三　马2退4

66. 车二平一　卒3进1　　　　　**67.** 车一平七　车4平3

68. 车七平六　卒3进1　　　　　**69.** 炮八平七　车3平6

70. 马六退八　马4进3　　　　　**71.** 帅五平六　卒3平4

72. 炮七平八　车6平3　　　　　**73.** 车六退二　马3退5

74. 相三进五　车3进4　　　　　**75.** 车六退一　车3平2

双方残局各无建树，终成和局。

第130局　黄勇胜杨官璘

1. 炮二平五　马8进7　　　　　**2.** 马二进三　车9平8

3. 车一平二　马2进3　　　　　**4.** 兵七进一　卒7进1

5. 车二进六　炮8平9　　　　　**6.** 车二平三　炮9退1

7. 马八进七　士4进5　　　　　**8.** 炮八平九　炮9平7

9. 车三平四　马7进8

11. 炮九进四　卒7进1

13. 车四平三　马8退9（图130）

图130，黑方退边马捉车，迫使红车吃卒，是争先之着。如马3进5，炮五进四，马8进6，车三进二，红方仍占主动。

14. 车三退二　车8进3

15. 马七进六　炮2进3

16. 马三退五　马3进5

17. 炮五进四　车2进1

车2进1生根，老谋深算之着。

18. 马五进七　炮2平4

19. 车八进八　炮7平2

20. 马七进六　炮2进4

21. 炮五退一　车8进1

10. 车九平八　车1平2

12. 炮九平五　象7进5

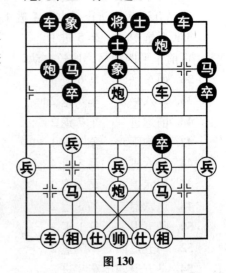

图130

捉炮力求变化。车8平4，车三进三，马9退8，车三进二，车4进2，车三平二，车4进1，形成和势。

22. 炮五进一　将5平4

失算。应卒3进1。

23. 马六进七　车8退1

无可奈何，被迫退车。如炮2平7，马七进八，将4进1，炮五平九，车8平1，马八退七，红方胜势。

24. 马七退八　车8平5

26. 相三进五　将4平5

28. 兵九进一　马9进8

30. 仕六进五　马8退6

32. 车四退一　马8进9

34. 仕五进四　车4平6

36. 相五退三　卒9进1

38. 马七进六　马7退9

40. 马六进四　卒8进1

42. 兵九进一　卒7进1

44. 兵五进一　象5退7

46. 马六退五　卒7进1

25. 马八退七　卒9进1

27. 车三平二　车5进1

29. 兵五进一　车5平4

31. 车二平四　马6进8

33. 车四平五　马9进7

35. 仕四进五　车6平8

37. 兵五进一　卒9平8

39. 相七进五　马9进8

41. 兵三进一　卒8平7

43. 车五平四　车8进3

45. 马四进六　士5进4

47. 马五进四　卒7平6

48. 兵五平六　士6进5　　49. 兵六进一　士5进4

50. 马四进六　将5平4　　51. 马六进四　将4平5

52. 车四平五　象3进5

无奈之举。如将5平6，马四退六，黑方速败。

53. 车五进四　将5平6　　54. 车五平四　将6平5

55. 车四退四　将5进1　　56. 马四退五　车8退5

57. 兵七进一　将5退1　　58. 兵七平六　车8平2

59. 帅五平六　车2平4　　60. 车四平六　车4平1

61. 兵六平五

红胜。

第131局　郑兴年胜徐天红

1. 炮二平五　马8进7　　2. 马二进三　车9平8

3. 车一平二　马2进3　　4. 兵七进一　卒7进1

5. 车二进六　炮8平9　　6. 车二平三　炮9退1

7. 马八进七　车1进1　　8. 炮八平九　车1平6

9. 车三退一　炮2平1

如车九平八，成为另一路变化。

10. 车九进一　车6进1

如士6进5，加强防守，较为稳健。

11. 兵三进一　卒3进1

12. 车三平七　炮9平3

13. 兵三进一　炮3进3

14. 兵七进一　车8进6

15. 兵三进一　车8平7

16. 兵三进一　车6进3

17. 炮五退一　车6平3

18. 炮五平三　车7平6

19. 马七退五　车6进2

20. 炮九平七　车3退1（图131）

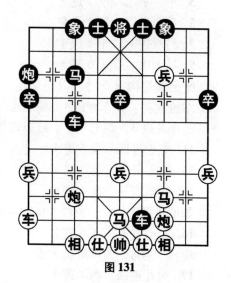

图131

图131，黑方如车6平7吃炮，炮七退一，车3进3，车九平七，炮1平7，兵七进一，马3退5，黑方形势并不吃亏，但要求胜极为困难。

21. 炮七退一　车 6 退 1

应车 6 退 5，较为安稳。

22. 马三进二　马 3 进 2

黑方进马弃象，容易发生危险。应象 7 进 5，仍可对抗。

23. 炮三进八　将 5 进 1		**24.** 马五进三　象 3 进 5
25. 炮三平一　炮 1 平 7		**26.** 相三进五　炮 7 进 4
27. 车九平八　象 5 退 7		**28.** 车八进三　炮 7 平 8
29. 马三进四　炮 8 进 3		**30.** 仕四进五　车 6 平 8
31. 马四进五　车 3 进 4		**32.** 马五进三　将 5 退 1
33. 车八平五　士 4 进 5		**34.** 车五进四　将 5 平 4
35. 车五平四　炮 8 平 4		**36.** 车四进一　将 4 进 1
37. 车四退一　将 4 进 1		**38.** 马三进四

红胜。

第 132 局　刘殿中胜徐天红

1. 炮二平五　马 8 进 7	**2.** 马二进三　车 9 平 8
3. 车一平二　卒 7 进 1	**4.** 车二进六　马 2 进 3
5. 兵七进一　炮 8 平 9	**6.** 车二平三　炮 9 退 1
7. 马八进七　车 1 进 1	**8.** 炮八平九　车 1 平 6
9. 马七进六　士 6 进 5	**10.** 炮五平七　炮 9 平 7

平七路炮构思奇特。以往多车三退一，车 6 进 1，车九进一，炮 2 进 4，双方对抢攻势。如车 6 进 4，炮七进四，象 3 进 1，车九平八，炮 9 平 7，车三平二，车 8 进 3，炮七平二，红方占优。

11. 炮七进四　象 3 进 1	**12.** 车三平二　车 8 进 3
13. 炮七平二　马 3 进 4	**14.** 车九平八　炮 2 平 4
15. 兵七进一　马 4 进 6	

如炮 4 进 3，兵七平六，马 7 进 6，相七进五，红方占优。

16. 相七进五　车 6 进 2

应马 7 进 8，尚可对抗下去。

17. 炮九进四　炮 4 进 1	**18.** 车八进七　将 5 平 6（图 132）

图 132，如马 6 进 7，仕六进五，车 6 平 8，车八平三，红方弃子有攻势，较占优势。

19. 仕六进五　马6进8
20. 马六退四　马7进6
21. 炮二进三　象7进5
22. 车八退三　卒7进1
23. 车八平三　车6退2
24. 炮九平八　马6退7
25. 车三进三　车6进5
26. 炮八退五　炮4退2
27. 兵七进一　卒5进1
28. 兵七进一　车6退3
29. 兵七进一　车6平2
30. 马三退一　车2进5
31. 马一进二

红胜。

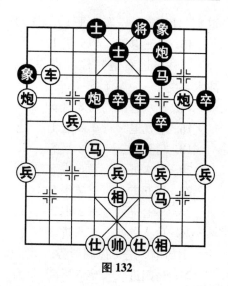

图 132

第 133 局　吕钦胜苗利明

1. 炮二平五　马8进7
2. 马二进三　车9平8
3. 车一平二　卒7进1
4. 车二进六　马2进3
5. 兵七进一　炮8平9
6. 车二平三　炮9退1
7. 马八进七　士4进5
8. 炮八平九　车1平2
9. 车九平八　炮9平7
10. 车三平四　马7进8
11. 炮五进四　马3进5
12. 车四平五（图133）　炮7进5

图 133，如卒7进1，兵三进一，马8进6，马三进四，炮7进8，仕四进五，炮7平9，车八进四，车8进9，仕五退四，象3进5，炮九平八，车2平4，车八进三，车4进8，车八平九，士5进6，车九进二，将5进1，车五平三，将5平4，车九退一，将4退1，马四进五，车8

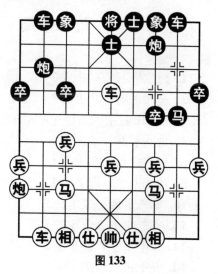

图 133

退8，仕四进五，车8平1，车三平二，车1平2，黑方好走。

13. 马三退五　卒7进1

以往多进右炮封住红方左车，再进行反击，而此时即刻开展攻势是新战术。

14. 车八进四　马8进6　　**15.** 车五退二　车8进8

16. 炮九退一　车8退1　　**17.** 相三进五　炮7平8

18. 马五退三　车8平7　　**19.** 炮九平八　炮8退1

20. 炮八进六　马6进5　　**21.** 相七进五　炮8平5

22. 兵五进一　车7平5　　**23.** 仕四进五　象3进5

24. 马七进六　车5退2　　**25.** 马六进七　卒7平6

26. 马三进四　车5进2

不如车5进1控制形势。

27. 马四进二　卒6平7　　**28.** 马二进三　车2平1

跃出二路马，攻击力度加强。如车2平3，马七退六，车5退3，炮八进二，黑方仍难抵抗。

29. 马三进二　车5退4　　**30.** 兵七进一　车5平8

31. 马七退五　象5进3　　**32.** 马二进三　车8平5

33. 炮八平一　象3退5　　**34.** 马三退二　士5进6

35. 炮一进二　象5退7　　**36.** 马二退三

红胜。

第 134 局　朱琼思负姚洪新

1. 炮二平五　马8进7　　**2.** 马二进三　车9平8

3. 马八进七　马2进3

红方不出右车，而是先进左马，是有准备的布局方法。

4. 炮八平九　卒7进1　　**5.** 车九平八　车1平2

6. 车八进六　卒3进1　　**7.** 车一平二　炮8进1

8. 车八退二　炮2平1　　**9.** 车八进五　马3退2

10. 车二进四　象7进5　　**11.** 兵七进一　卒3进1

12. 车二平七　士6进5　　**13.** 兵三进一　卒7进1

14. 车七平三　炮8退2　　**15.** 相三进五　马2进3

16. 马七进八　炮8平9　　**17.** 车二平三　马3进2（图134）

图134，如车8进2，马八进七，炮9平7，车三平七，炮1退1，马七进五，象3进5，车七进三，炮7进6，车七平五，红方弃子，占有优势。

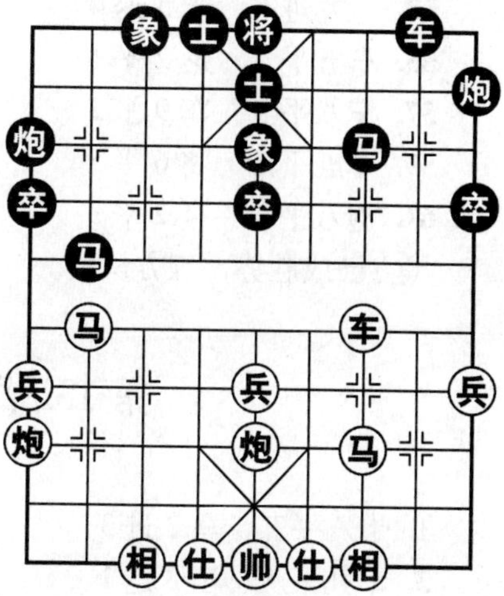

18. 马八进六　车8进4

19. 马三进四　马2进4

20. 马六进四　车8退3

如车三进三，车8平4，马四进六，炮1平7，形成均势。

21. 后马进六　马4进2

22. 炮五平八　马7进6

应仕六进五，马2进3，帅五平六，炮1平4，炮九平六，红方好走。

23. 仕六进五　士5进6

上士机智，伏了车8平3的手段，给红方造成很大压力。

24. 车三平七　车8平4　　　　**25.** 车七退一　炮9进5

26. 兵五进一　车4进3　　　　**27.** 车七平一　马6进4

如车七平八，炮9平5，相七进五，士4进5，黑方占优。

28. 车一进三　炮1进4　　　　**29.** 车一进三　将5进1

30. 车一退二　马2退3　　　　**31.** 马四退三　车4平7

如车一平四，炮1平5，相三进五，马4进5，相七进五，将5平4，黑胜。

32. 相三进五　炮1退1　　　　**33.** 车一平四　马3进5

34. 马三退五　车7平2　　　　**35.** 炮八平六　车2进2

36. 马五进七　车2退1　　　　**37.** 马七进六　马5退4

38. 炮六进四　车2退2　　　　**39.** 炮六进一　车2平4

40. 炮六退三　车4进2

如炮六平八，马4进2，炮九平八，炮1平5，黑胜。

41. 车四退一　车4退2　　　　**42.** 仕五进四　将5退1

43. 仕四进五　士4进5　　　　**44.** 帅五平四　炮1平2

45. 炮九平七　卒1进1　　　　**46.** 炮七进二　炮2进4

47. 相七进九　卒1进1　　　　**48.** 车四平二　卒1进1

49. 炮七平一　车4进6　　　　**50.** 帅四进一　车4平9

51. 炮一平九　炮2退1　　　　**52.** 仕五进六　卒1进1

图134

185

53. 炮九进五	士 5 退 4	54. 车二平五	车 9 退 7
55. 车五平八	炮 2 平 1	56. 炮九平八	车 9 进 3
57. 车八平五	车 9 平 2	58. 车五进一	将 5 平 6
59. 车五平四	将 6 平 5	60. 炮八退二	卒 1 平 2
61. 炮八平七	卒 2 平 3		

黑方已成胜势，红方认负。

第 135 局　徐超负汪洋

1. 炮八平五	马 2 进 3	2. 马八进七	车 1 平 2
3. 车九平八	卒 3 进 1	4. 车八进六	马 8 进 7
5. 兵三进一	炮 2 平 1	6. 车八平七	炮 1 退 1
7. 马二进三	士 6 进 5	8. 炮二平一	车 9 平 8
9. 车一平二	炮 1 平 3	10. 车七平六	马 3 进 2
11. 炮五进四	马 7 进 5	12. 车六平五	炮 3 进 5
13. 马七退五	卒 3 进 1	14. 马三进四	马 2 进 4
15. 车五退二	车 2 进 8		

如马四进六，炮 8 进 6，车五平三，车 2 进 4，马六进四，红方占优。

16. 炮一退一	炮 8 进 6	17. 马五进三	车 2 退 6

可相三进五，车 2 平 4，马五进三，可通过次序变化，提高攻守效率。

18. 相三进五　车 2 平 4

19. 仕四进五　卒 3 平 2

20. 马四进三　马 4 进 2

21. 车五平八　马 2 进 3

22. 帅五平四　车 4 进 6

23. 帅四进一（图 135）　炮 3 进 3

图 135，帅四进一无可奈何。如相五退三，炮 3 进 3，帅四进一，车 8 进 6，车八平四，马 3 退 2，黑方占优。

24. 后马退四　炮 3 平 6

25. 帅四退一　车 4 退 5

26. 马三退四　车 8 进 6

27. 帅四进一　马 3 退 5

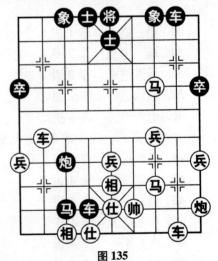

图 135

28. 马四退五　车8平6　　　29. 仕五进四　车6进1

30. 帅四平五　车4进4　　　31. 帅五退一　车6平5

32. 仕六进五　车4平3　　　33. 车八平六　炮8平6

34. 车二进三　车5平9　　　35. 炮一平二　车9平7

36. 车二平四　车7进2　　　37. 仕五退四　车3平5

38. 帅五平六　车7平6　　　39. 帅六进一　车5平8

黑胜。

第136局　张申宏负许银川

1. 炮二平五　马8进7　　　2. 马二进三　车9平8

3. 车一平二　马2进3　　　4. 兵七进一　卒7进1

5. 车二进六　炮8平9　　　6. 车二平三　炮9退1

7. 马八进七　士4进5　　　8. 炮八平九　车1平2

9. 车九平八　炮9平7　　　10. 车三平四　马7进8

11. 炮五进四　马3进5　　　12. 车四平五　卒7进1

13. 兵三进一　马8进6

黑方弃去卒马抢先攻击，是一种变化。

14. 马三进四　炮7进8　　　15. 仕四进五　炮2进6

也可炮7平9，对攻较为紧张，成另一种变化。

16. 炮九进四　车8进9　　　17. 相七进五　炮7平4

18. 仕五退四　炮4平6　　　19. 马四退三　炮6平2

20. 马三退二　前炮平8　　　21. 车五平七　车2进7

如帅五进一，形势仍然复杂。

22. 马七进六　炮2平7　　　23. 车七平二　炮7平8

24. 车二平四　卒9进1

进边卒细致，防止炮九平一，加强防守反击。

25. 车四退四　车2进2　　　26. 帅五进一　车2退6

27. 炮九退一　象3进5　　　28. 兵七进一　车2进2（图136）

图136，应车2进5，帅五退一，前炮平9，车四平一，炮8平9，车一平二，象5进3，黑方有攻势。

29. 马六进四　前炮平9　　　30. 车四平一　炮9平2

31. 相五进七　炮2平7

如车2进3，帅五退一，炮8平3，炮
九平八。黑方无法攻击，红方多兵占优势。

32. 车一平二　　车2平3

33. 兵七平八　　炮7平8

34. 车二平三　　后炮平9

35. 车三平一　　炮8平9

36. 车一平三　　后炮平8

37. 车三平一　　炮8平9

38. 车一平二　　后炮平7

39. 兵九进一　　车3平7

应炮九进四，尽力牵制对方，将会
形成多兵的有利局势。

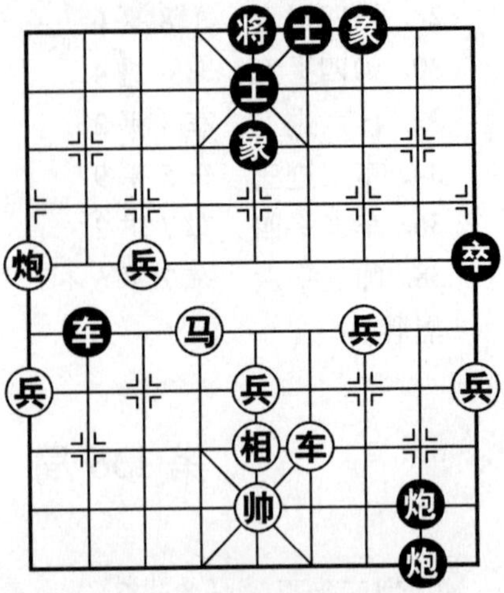

图 136

40. 马四进六　　车7平4

41. 车二进四　　士5进4　　**42.** 兵八进一　　士6进5

43. 炮九平五　　炮9退1　　**44.** 帅五退一　　将5平4

45. 马六退五　　车4平1　　**46.** 炮五平六　　将4平5

47. 马五进四　　车1进4　　**48.** 炮六退五　　炮7退6

49. 马四进三　　将5平6　　**50.** 车二平四　　炮7平6

如车二平六，炮9平7，车六平三，前炮退4，兵五进一，后炮平6，黑方
占优。

51. 马三退二　　炮9进1　　**52.** 马二进四　　士5进6

53. 车四进一　　将6平5

如车四平六，炮9平4，车六退六，车1退3，车六进七，车1平5，帅五
平六，士6退5，车六退一，尚有谋和之机。

54. 车四退六　　炮9平4　　**55.** 车四平六　　炮4平3

56. 车六进六　　炮3退5　　**57.** 帅五进一　　车1退1

58. 帅五退一　　车1退2　　**59.** 兵五进一　　车1平5

60. 帅五平六　　车5退1　　**61.** 兵八平七　　炮3进5

红方无法应付上象进车叫将，然后平炮的攻势，认负。

第 137 局　　焦明理胜徐健秒

1. 炮二平五　　马8进7　　**2.** 马二进三　　车9平8

3. 车一平二　卒7进1

4. 车二进六　马2进3

5. 兵七进一　炮8平9

6. 车二平三　炮9退1

7. 马八进七　士4进5

8. 炮八平九　炮9平7

9. 车三平四　马7进8

10. 车九平八　车1平2

11. 炮五进四　马3进5

12. 车四平五　炮7进5

13. 马三退五　炮2进6

14. 马七进六　马8进9

15. 炮九平六（图137）　车8进2

图137，如马五进七，车2进7或车8进8反击，红方不占好处。

16. 相七进五　车8平6

17. 马五进七　炮7进1

18. 车五平一　车6平9

如炮7平4，车一退三，黑方4路炮处境不利。

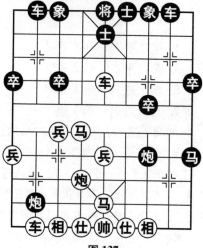

图137

19. 车一进一　象7进9

20. 炮六退一　车2进7

21. 炮六平一　象9退7

22. 炮一进一　卒7进1

23. 仕六进五　车2退5

上仕巧妙。不但巩固了中路，还伏下马七退六捉炮的有力手段。

24. 马六进四　卒7平6

25. 马七进六　炮7进1

26. 马四进六　车2平4

27. 后马进四　卒6进1

28. 兵五进一　炮7平8

29. 仕五退六　炮2平6

30. 车八进三　炮6退4

31. 马六退四　炮8平6

32. 马四退二　车4平8

33. 马二退四　车8进4

34. 仕六进五　象7进5

35. 相五退七　车8平7

36. 炮一平九　马9退8

37. 马四退六　车7平2

38. 马六进八　炮6退2

39. 马八进六　卒3进1

40. 兵七进一　象5进3

红方多双兵，已形成胜势。

42. 兵五进一　马8进6

43. 相七进五　象3进5

44. 炮九平六　炮8退5

45. 马六进四　象5进7

46. 炮六平一　士5进6

47. 炮一进三　士6进5

48. 马四进三　象3退5

49. 兵五平四　将5平4

50. 相五进三　象7退9　　　　**51.** 兵九进一　炮8进5

52. 兵九进一　马6进7　　　　**53.** 仕五进四　炮8平7

54. 相三退一　炮7平5　　　　**55.** 马三退二

形成马炮双兵对马炮的残局，红方已成必胜之势。

第 138 局　张申宏负徐超

1. 炮二平五　马8进7　　　　**2.** 马二进三　车9平8

3. 车一平二　马2进3　　　　**4.** 兵七进一　卒7进1

5. 车二进六　炮8平9　　　　**6.** 车二平三　炮9退1

7. 马八进七　车1进1　　　　**8.** 炮八平九　车1平6

如马七进六，车1平4，马六进七，车4进6，红方不占便宜。

9. 车三退一　炮2平1

如车九平八，炮9平7，车八进七，炮7进2，车八平七，车8进8，炮五平六，炮7进3，双方对攻，红方难以掌握局势。

10. 车九平八（图138）　炮9平7

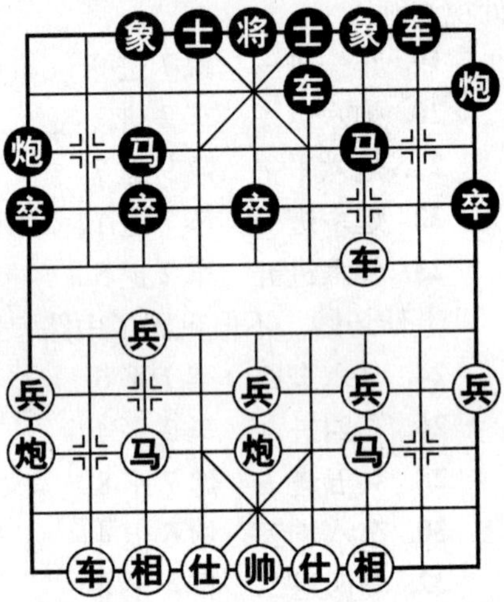

图138，如车九进一，车6进1，兵三进一，卒3进1，车三平七，炮9平3，兵三进一，炮3进3，兵七进一，车8进6，各有千秋。

图 138

11. 车三平六　马7进8

如车6进1，车八进七，士6进5，兵三进一，卒3进1，车六平七，象7进5，车七进一，马7进8，车八平七，马8进6，炮五进四，炮7进6，黑方好走。

12. 车六平三　象3进5　　　　**13.** 车三退一　马8进6

如车三进三，车6平7，车八进七，马8进6，伏马6进8的攻势，黑方主动。

14. 马七进六　炮1进4　　　　**15.** 马六进七　象5进7

应车八进七捉马，还可对抗。

16. 车三进一　炮7进5　　　　**17.** 马三退一　车8进8

18. 炮五平四　马6进4　　　　**19.** 炮四平六　车8平4

20. 车三退二　车4退1　　**21. 车八进一　车4平1**

如仕六进五，车4平1，黑方胜势。

22. 车八平六　马4进2　　**23. 车六进六　马2进3**

24. 车三退二　车1平6　　**25. 车六平七　前车进2**

如仕四进五，前车退5，黑方得子胜势。

26. 帅五进一　前车平4　　**27. 车七平五　士4进5**

28. 相三进五　车4平5

黑胜。

第139局　宗永生胜王斌

1. 炮二平五　马8进7　　**2. 马二进三　车9平8**

3. 兵七进一　卒7进1　　**4. 马八进七　炮8平9**

5. 炮八平九　马2进3

如车8进5，兵五进一，炮2平5，车九平八，马2进3，车八进五，红方先手。

6. 车九平八　车1平2　　**7. 车八进六　炮2平1**

也可炮2退1，可以应付。

8. 车八进三　马3退2

红方兑车稳健。如车八平七，炮1退1，七路线容易受到反击，反而不好。

9. 炮九进四（图139）　马2进3

图139，炮打边卒先得实利。如车一进一，马2进3，兵五进一，士6进5，车一平四，车8进6，马七进五，炮1进4，仕四进五，车8平7，兵五进一，卒5进1，车四进五，卒5进1，炮五进二，马7进5，局势平稳。

10. 炮九平八　象3进5

可车8进1，马七进六，车8平2，炮八平五，马3进5，马六进五，象3进5，黑方仍可对抗。

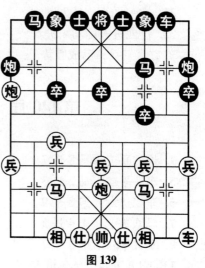

图139

11. 车一进一　车8进6　　**12. 车一平四　士4进5**

13. 炮八退三　车8退1

应炮五平六，车8退2，炮八退五，红方好走。

14. 兵五进一 卒7进1　　　　**15. 兵三进一 车8平7**

16. 马七进五 车7退1

如马三进五，车7进4，兵五进一，卒5进1，马五进六，马3退1，红方失相之后，在防守上有不利之处。

17. 相三进一 车7平2

不如车7平4较为有力。

18. 炮八平七 象5进7

不如卒3进1，形成牵制为好。

19. 炮七退二 车2进4　　　　**20. 兵五进一 卒5进1**

21. 马三进四 车2退2　　　　**22. 马四进六 车2平4**

23. 炮七进五 卒5进1

不如马7进5，伏炮9平5的机会，形势会好一些。

24. 炮五进二 马7进5　　　　**25. 车四平六 车4进2**

26. 马五退六 炮9平5

应象7退5，对防守较有好处。

27. 炮五进三 炮1平5　　　　**28. 前马进五 象7退5**

29. 炮七平一 马3进2　　　　**30. 兵九进一 马5进7**

31. 炮一平八 马2退4　　　　**32. 马六进五 马7进5**

33. 仕四进五 马4进6　　　　**34. 马五进三**

红方多三兵，已成胜势。

第140局　卜凤波胜李雪松

1. 炮二平五 马8进7　　　　**2. 马二进三 车9平8**

3. 车一平二 马2进3　　　　**4. 兵七进一 卒7进1**

5. 车二进六 炮8平9　　　　**6. 车二平三 炮9退1**

7. 马八进七 士4进5　　　　**8. 炮八平九 车1平2**

9. 车九平八 炮9平7　　　　**10. 车三平四 马7进8**

11. 炮九进四 卒7进1　　　　**12. 炮五进四 象3进5**

如炮九平五打中卒，象3进5，车四平三，马8退9，车三退二，车8进3，马七进六，炮2进3，马三退五，马3进5，马六进五，炮2进1，马五退六，车8平6，黑方有一定潜在攻势，红方不乐观。

13. 车四平三 马8退9　　**14.** 车三退二 炮2进5

15. 马三退五 卒3进1　　**16.** 马五进六 马3进1

17. 车八进二 车2进7　　**18.** 马六退八 车8进3

19. 马七进六 卒3进1　　**20.** 马八进七 马1进3

21. 炮五退一（图140）　　车8平4

图140，如炮五平七，车8平4，车三平二，士5进4，炮七进二，炮7进8，仕四进五，马9进7，马六进四，车4进1，车二退四，形成平稳之势。

22. 炮五平二 马9进7

23. 马六进四 车4平6

马六进四巧妙。如炮二进一，炮7进4，炮二平六，炮7平3，黑方得子好走。

24. 炮二进一 车6进1

进炮打车强行兑子，由此获得多兵的优势。

25. 车三进二　炮7平9

26. 炮二进三 炮9进5　　**27.** 车三平一 车6平8

28. 车一退三 车8退4　　**29.** 车一进三

红方多兵，红胜定。

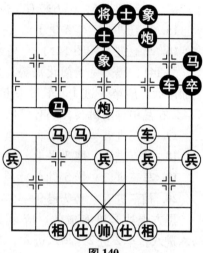

图 140

第141局　蒋川胜郑一泓

1. 炮二平五 马8进7　　**2.** 马二进三 车9平8

3. 兵七进一 卒7进1　　**4.** 马八进七 象3进5

5. 车一平二 炮8进4　　**6.** 炮八平九 马2进3

如炮八进七，车1平2，车九平八，炮2进4，马七进六，士6进5，兵七进一，车2进5，马六退八，炮8平5，仕六进五，车8进9，马三退二，炮5平9，黑方弃子之后，成多卒之势，并控制了局势，比较乐观。

7. 车九平八 车1平2　　**8.** 车八进六 士4进5

9. 兵五进一 炮8退3

如炮2平1，车八进三，马3退2，车二进一，黑方右路空虚，不利于防守，红优。

10. 车二进四　卒 3 进 1　　　11. 车八退二　卒 3 进 1

12. 车八平七　马 3 进 4　　　13. 兵三进一　卒 7 进 1

14. 车二平三　炮 2 平 3

平炮易被红方所利用。应炮 8 退 2，车三平二，马 4 退 6，黑方较有反击机会。

15. 兵五进一　卒 5 进 1

16. 马七进五（图 141）　马 4 进 5

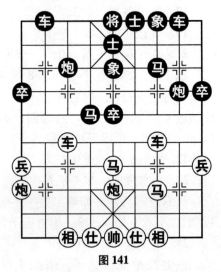

图 141

图 141，黑方兑子简化局势，使局势更加落后。应卒 5 进 1，车三平五，炮 3 平 4，在乱中寻求机会，仍有变化。

17. 马三进五　炮 8 平 5

18. 马五进六　炮 3 平 4

19. 车三进二　炮 5 进 4

20. 相三进五　马 7 退 9

黑方退边马难有成效。应车 8 进 6，马六进八，车 2 进 2，马八进六，车 2 平 4，车三进一，车 8 平 1，黑方仍有谋取和局的机会。

21. 马六进八　炮 4 平 2

平炮无可奈何。如车 8 进 3，马八进六，士 5 进 4，车三进二，红方得子，仍是胜势。

22. 炮九进四　车 8 进 6　　　23. 兵九进一　车 8 平 9

24. 兵九进一　车 9 平 4　　　25. 车七进三　炮 2 退 1

26. 马八进七　车 4 退 5

如将 5 平 4，炮九平六，将 4 进 1，车七平八，下一着可马七退八，黑方难以应付。

27. 车三平八　马 9 进 7　　　28. 仕四进五　马 7 进 8

29. 炮九进二　士 5 退 4　　　30. 车七平六　将 5 进 1

31. 马七退六

红方多子胜定。

第 142 局　靳玉砚负刘殿中

1. 炮二平五　马 8 进 7　　　2. 马二进三　车 9 平 8

3. 车一平二　马2进3　　　　4. 兵七进一　卒7进1

5. 车二进六　炮8平9　　　　6. 车二平三　炮9退1

7. 马八进七　士4进5　　　　8. 炮八平九　车1平2

9. 车九平八　炮9平7　　　　10. 车三平四　马7进8

11. 车八进六　卒7进1　　　　12. 车四退一　卒7进1

退骑河车谋求复杂变化。如车四平三，马8退7，车三平四，卒7进1，马三退五，象7进5，马七进六，车8进4，马六进七，炮2平1，形成平稳之势。

13. 马三退五　马8退7　　　　14. 车四进三　炮2退1

进车捉炮毫无意义，反使黑炮连成担子炮，使防守加强。应车四进一，较为稳妥。

15. 车四退四（图142）　　象3进5

图142，如车四退二，象3进5，车八进一，车2平3，炮九进四，炮2平4，黑方防守稳健，红方难占便宜。

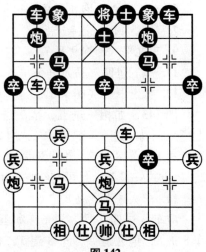

图142

16. 马七进六　车8进4

17. 车八平七　车2平3

如马六进七，车8平6，车四平二，车6平8，车二进一，马7进8，相三进一，马8进6，黑方反夺先手。

18. 炮五平六　车8平5

应炮九平七。因黑方的防守形势比较稳固，保持中路攻势比较有利。炮2进4，炮七退一，炮2平4，车四平六，马3退1，车七进三，马1退3。红方虽然无好处可占，但战线由此拉长，尚可对抗下去。

19. 兵五进一　车5平6　　　　20. 车四进一　马7进6

如车四平二闪开其锋芒，车6进4，兵五进一，马7进6，车二平三，炮7平6，马五进七，车6进1，帅五进一，马6退8，车三进二，炮6进2，黑方占优。

21. 炮九平七　炮2进5　　　　22. 炮七进一　马6进4

进炮拦阻黑方反击，已是形势所迫。如车七进一，炮2平5，马五进六，炮7进8，帅五进一，车3平2，黑方弃子后攻势猛烈，红方很难防守。

23. 车七进一　车3进2　　　　24. 炮七进四　卒5进1

25. 兵五进一　炮2平5

如马五进六，卒 5 进 1，黑方多卒占优。

26. 马五进六　马 4 进 6　　　**27.** 相三进一　炮 7 平 8

黑胜。

第 143 局　赵伟负孙浩宇

1. 炮二平五　马 8 进 7　　　**2.** 马二进三　车 9 平 8

3. 车一平二　马 2 进 3　　　**4.** 兵七进一　卒 7 进 1

5. 车二进六　炮 8 平 9　　　**6.** 车二平三　炮 9 退 1

7. 马八进七　士 4 进 5　　　**8.** 炮八平九　车 1 平 2

9. 车九平八　炮 9 平 7　　　**10.** 车三平四　马 7 进 8

11. 炮五进四　马 3 进 5　　　**12.** 车四平五　炮 7 进 5

13. 马三退五（图 143）　卒 7 进 1

图 143，如相三进五，卒 7 进 1，马七进六，马 8 进 6，车五退二，炮 2 进 6，马六进七，车 8 进 2，炮九平六，车 2 进 2，黑方攻守兼备，足可与红方抗争。

14. 车八进六　马 8 进 6

应车八进四，马 8 进 6，车五退二，车 8 进 8，炮九退一，车 8 退 1，相三进五，炮 7 平 8，马五退三，车 8 平 7，炮九平八，炮 8 退 1，炮八进六，象 3 进 5，马七进六，马 6 退 7，车五进二，炮 8 平 4，兵七进一，红方好走。

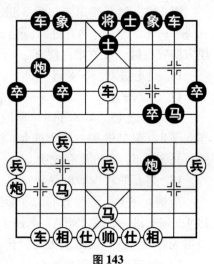

图 143

15. 车五平七　车 8 进 8

应车五退二，牵制黑方子力为好。

16. 炮九退一　炮 7 进 2　　　**17.** 炮九平三　车 8 平 7

18. 马七进六　车 7 平 6　　　**19.** 马五进七　马 6 进 4

20. 仕六进五　炮 2 平 4　　　**21.** 仕五进六　车 2 进 3

22. 车七平八　车 6 平 3　　　**23.** 相三进五　车 3 退 1

弃马保相无可奈何。如马七进八，车 3 进 1，帅五进一，车 3 平 4。红方无力防守黑方车马炮卒的攻击，形成速败之势。

24. 仕四进五　车 3 退 2　　　**25.** 马六进四　车 3 平 6

26. 马四进二　卒7进1　　　27. 车八平九　卒7平6

28. 马二进三　车6退4　　　29. 马三退四　炮4平9

30. 车九平七　象3进5　　　31. 马四退二　炮9平6

32. 马二退四　马4退3　　　33. 车七平一　车6平8

34. 车一平三　马3进2

红方无法防守，黑胜。

第 144 局　　陈卓和林宏敏

1. 炮二平五　马8进7　　　2. 马二进三　车9平8

3. 车一平二　马2进3　　　4. 兵七进一　卒7进1

5. 车二进六　炮8平9　　　6. 车二平三　炮9退1

7. 马八进七　士4进5　　　8. 炮八平九　车1平2

9. 车九平八　炮9平7　　　10. 车三平四　马7进8

11. 炮五进四　马3进5　　　12. 车四平五　卒7进1

13. 兵三进一　马8进6　　　14. 马三进四　炮7进8

15. 仕四进五　炮2进6（图144）

图144，黑方进右炮封车，稳健。如炮7平9，车八进四，车8进9，仕五退四，象3进5，相七进五，车2平4，车八进三，车4进8，车八进二，士5退4，马七退五，车8退1，相五退三，车4退1，车五平四，红方优势。

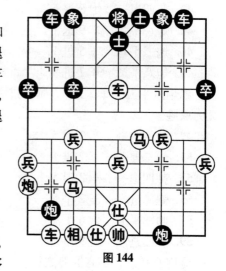

图 144

16. 炮九进四　车8进9

17. 相七进五　炮7平4

18. 仕五退四　炮4平6

19. 马四退三　炮6平2

如炮2平7，帅五进一，车2进9，马七退八，黑方一时难以成势，红方多子占优。

20. 马三退二　前炮平8　　　21. 车五平七　车2进7

如帅五进一，炮2平3，车五平七，炮8退2，相五退三，车2进7，车七进三，士5退4，帅五平六，车2平3，车七平六，将5进1，车六退七，车3

退 2，车六平二，车 3 平 7，车二进四，车 7 进 3，帅六进一，车 7 进 1，双方对攻。

22. 马七进六　炮 2 平 7　　　　**23.** 车七平二　炮 7 平 8

24. 车二平四　卒 9 进 1

如前炮平 9，炮九平一，炮 9 退 6，车四平一，车 2 平 4，车一平六，炮 8 平 4，帅五进一，炮 4 退 3，兵九进一，黑方车炮被牵制，红方多兵好走。

25. 车四退四　象 3 进 5

如后炮平 7，车四平二，炮 8 平 9，兵七进一，象 3 进 5，兵七平八，红方多兵，机会较多。

26. 兵九进一　前炮平 9　　　　**27.** 车四平一　炮 8 平 9

28. 车一平四　后炮平 8　　　　**29.** 车四平一　炮 8 平 9

30. 车一平四　前炮退 3　　　　**31.** 炮九平五　卒 9 进 1

32. 帅五平四　将 5 平 4　　　　**33.** 车四平一　前炮平 3

34. 炮五退二　车 2 退 1　　　　**35.** 炮五平一　车 2 平 5

36. 马六进四　车 5 平 8　　　　**37.** 相五退三　车 8 平 6

38. 帅四平五　车 6 退 2　　　　**39.** 车一进一　车 6 平 5

40. 帅五平四　将 4 平 5　　　　**41.** 车一平四　炮 3 平 8

42. 车四退一　炮 8 退 6　　　　**43.** 相三进五　车 5 平 9

44. 炮一平二　车 9 退 1　　　　**45.** 炮二进一　车 9 平 5

46. 炮二平八　车 5 进 1　　　　**47.** 炮八退四　车 5 平 2

48. 炮八平二　车 2 进 5

如炮八平五，车 2 进 5，帅四进一，炮 8 平 6，车四平二，车 2 平 1，红方无力取胜。

49. 帅四进一　车 2 退 5　　　　**50.** 炮二进五　车 2 退 1

51. 炮二退一　车 2 进 1　　　　**52.** 炮二进一　车 2 进 4

53. 帅四退一　车 2 退 5　　　　**54.** 炮二退一　车 2 进 1

55. 炮二进一　车 2 平 5　　　　**56.** 炮二平八　炮 8 平 6

57. 帅四平五　炮 6 平 9　　　　**58.** 帅五进一　炮 9 进 1

59. 车四进四　炮 9 平 2

应炮八平二，仍有取势之机。

60. 车四平八　士 5 退 4　　　　**61.** 车八平六　象 5 退 3

62. 帅五平六　士 6 进 5　　　　**63.** 车六平三　象 7 进 5

64. 帅六平五　士 5 退 6　　　　**65.** 车三平九　象 5 退 7

66. 帅五平六　车 5 进 3　　　　**67.** 车九平六　车 5 进 1

68. 帅六退一　士6进5　　　**69.** 兵三进一　车5退3

黑方必然吃去一兵，由此形成和局。

第145局　王跃飞负柳大华

1. 炮二平五　马8进7　　　**2.** 马二进三　车9平8

3. 车一平二　卒7进1　　　**4.** 车二进六　马2进3

5. 兵七进一　炮8平9　　　**6.** 车二平三　炮9退1

7. 马八进七　士4进5　　　**8.** 炮八平九　车1平2

9. 车九平八　炮9平7　　　**10.** 车三平四　马7进8

11. 车八进六　卒7进1　　　**12.** 车四退一　象3进5

13. 马三退五　马8退7

退马捉车，以利加强中路的防守。

14. 车四进一　卒7进1　　　**15.** 马七进六　车8进4

如车8进5，马六进五，马7进5，炮五进四，马3进5，车四平五，炮7进1，炮九平八，车8平4，黑方好走。

16. 马六进五　炮2平1　　　**17.** 车八进三　马3退2

18. 前马退四　车8平6

可前马退六，也是一种应法。

19. 炮九进四　炮1进4

20. 车四退一　马7进6

21. 马五进七　炮1平3

22. 马七进九　炮3平2

23. 仕四进五　炮7进8

24. 炮五平八　马2进4

25. 炮九进三（图145）　卒7平6

图145，红方企图在攻击中牵制黑方子力，其实没有必要，因黑方可在缓攻中扩大优势。不如炮九平一，先得实利较好。

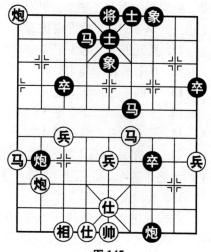

图145

26. 兵五进一　炮2平5

27. 仕五进六　马4进2　　　**28.** 炮九退三　炮5平9

29. 兵五进一　马6进8　　　**30.** 马九进八　马2进1

31. 马八进六　炮9进3　　　**32.** 帅五进一　炮7退8

33. 马四进二　炮9退2　　　　**34.** 马二进四　炮9平2

35. 马四进三　将5平4　　　　**36.** 炮九平八　马8进7

37. 帅五退一　马1进2

红方在忙乱中丢失一炮，形成败局。

第146局　刘宗泽胜许文学

1. 炮二平五　马8进7　　　　**2.** 马二进三　卒3进1

3. 马八进七　车9平8　　　　**4.** 炮八平九　马2进3

5. 车九平八　车1平2　　　　**6.** 车八进六　卒7进1

7. 车一进一　炮2平1

可炮8进1，打车争先。

8. 车八平七　车2进2

9. 车一平四　炮8进1

10. 车四进五（图146）　炮1退1

图146，如车七退一，象7进5，车
七退一，炮8平7，兵五进一，红方主
动。此时黑方可马7进6，进马盘河，车
七退一，马6进4，黑方占优。

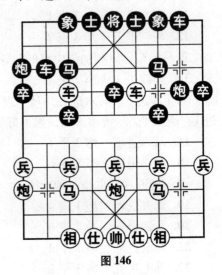

图146

11. 兵五进一　炮1平3

12. 车七平九　马7退5

13. 车四平三　车2进4

14. 车九退二　车2平3

15. 马七进五　马3进4　　　　**16.** 车三平五　马4进5

如车九平六，马4进6，车三退一，车3平1，炮九平七，马6进8，车三
平四，炮3进6，马五退七，车1平7，黑方优势。

17. 马三进五　车3平5　　　　**18.** 车五平七　马5进4

如炮8进2，兵五进一，卒3进1，车九进四，炮8平5，仕六进五，车5
平3，炮九平六，车8进9，车九平七，车3进2，帅五平六，车8平7，黑方
有攻势。

19. 车七平六　炮3进8　　　　**20.** 仕六进五　炮8进6

21. 车六退四　士6进5　　　　**22.** 车九平六　象7进5

23. 兵五进一　车5退2　　　　**24.** 炮九平八　炮8退2

应车 8 进 6，黑方仍然占优势。

25. 炮五进五　象 3 进 5　　　26. 炮八平二　车 8 进 6

27. 炮二平五　车 8 平 7　　　28. 前车平二　炮 3 退 3

29. 车六进三　车 5 退 1　　　30. 车二进五　士 5 退 6

31. 车二退二　士 4 进 5

如士 6 进 5，车六平四，红胜势。

32. 炮五进五　士 5 进 4　　　33. 车六进二　车 5 进 3

34. 车六退二　车 5 平 4

可车二进一，车 5 平 4，车六平九，车 7 平 5，炮五平三，红方胜定。

35. 车六平五　车 7 平 8　　　36. 车二平一　将 5 平 4

37. 车五平七　车 8 平 5　　　38. 炮五平六　车 4 退 3

39. 兵一进一　炮 3 平 2　　　40. 车一进二　车 5 平 6

41. 车七进四　将 4 进 1　　　42. 车一退一　士 6 进 5

43. 车七退一　将 4 进 1　　　44. 车一平五

红方胜。

第 147 局　金波胜柯善林

1. 炮二平五　马 8 进 7　　　2. 马二进三　车 9 平 8

3. 车一平二　卒 7 进 1　　　4. 车二进六　马 2 进 3

5. 兵七进一　炮 8 平 9

6. 车二平三　炮 9 退 1

7. 马八进七　士 4 进 5

8. 炮八平九　车 1 平 2

9. 车九平八　炮 9 平 7

10. 车三平四　马 7 进 8

11. 炮九进四　炮 7 进 5

炮打三路兵，展开对攻，是力争主动的创新之着。

12. 炮五进四　象 7 进 5

13. 炮五退一　卒 3 进 1（图 147）

图 147，如马三退五，黑方可有卒 7 进 1 的反攻手段，所以弃相对攻。

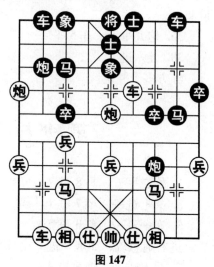

图 147

14. 车八进六　卒7进1

进车抢先牵制车炮。如兵七进一，卒7进1，黑方有反攻之势。

15. 车四平二　车8平7

如车8进3兑车，炮九平二，将5平4，车八平六，士5进4，兵七进一，红方优势。

16. 车二退一　卒3进1　　　　**17.** 炮九平一　炮7进3

18. 仕四进五　卒7进1　　　　**19.** 马三退二　卒3进1

20. 炮一进一　卒3进1

如车7进2，炮一进二，车7退2，炮一平二，卒3进1，车八平四，将5平4，炮五进三，黑方难以防守。

21. 炮一平七　卒7平6　　　　**22.** 相七进五　炮7退1

23. 车二退二　炮7平9　　　　**24.** 车二平四　炮9进1

25. 马二进一　车7进9　　　　**26.** 车四退三　车7退5

27. 车四平一　车7平5　　　　**28.** 马一进三　卒3进1

如车5进2，马三进四，车5进1，马四进六，黑方仍难防守。

29. 马三进五　卒3平4　　　　**30.** 车一平四　车2进1

31. 车四进六　车2平4　　　　**32.** 车八进一　车4进5

33. 炮七退一　将5平4　　　　**34.** 炮七平九　卒4进1

可车八退七防守，使黑方无子可动，比较稳健。

35. 仕五退六　车4平1

如车4进3，帅五进一，将4平5，炮九进三，士5退4，车四进二，红方胜势。

36. 炮九平五　车5平4　　　　**37.** 车八退七　车1进1

38. 仕六进五

红方多子胜定。

第148局　宗永生胜卜凤波

1. 炮二平五　马8进7　　　　**2.** 马二进三　车9平8

3. 兵七进一　卒7进1　　　　**4.** 马八进七　马2进3

5. 车一进一　象3进5　　　　**6.** 车一平四　炮2进4

进右炮急攻，如炮8进2比较平稳。

7. 兵五进一　炮8进4　　　　**8.** 炮八平九　士4进5

9. 车九平八　车 1 平 2

10. 车四进三　车 8 进 4

11. 仕六进五　卒 3 进 1

12. 兵五进一　卒 5 进 1

13. 兵七进一　象 5 进 3

14. 马三进五（图 148）　炮 8 平 5

图 148，红方急冲中兵，然后上中马助攻，力争打开中路通道。

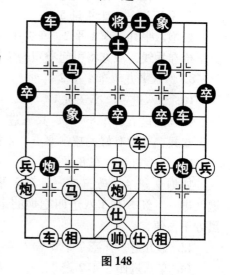

图 148

15. 马七进五　象 7 进 5

16. 马五进七　卒 7 进 1

17. 兵三进一　车 8 进 2

18. 兵三进一　车 2 进 5

进三路兵紧要。如马七进五，车 8 平 5，黑方仍可应付。

19. 兵三进一　马 7 退 8

20. 炮九平六　马 3 进 4

红方平炮六路，伏下了马七进五的攻击手段。

21. 车四平六　卒 5 进 1

22. 车六平五　马 4 进 3

23. 车五平三　炮 2 进 2

不如马 3 进 5，相七进五，车 8 平 9，形势虽然落后，但还可支撑下去。

24. 马七进五　马 3 退 5

25. 炮六进四　马 8 进 6

26. 车八进一　车 2 进 3

车马炮兵已构成强大的攻击力，所以用车换取马炮，由此打开取胜之道。

27. 车三平五　车 2 退 2

28. 车五平八　马 6 进 5

如车 2 平 5，车八进五，士 5 退 4，马五退三，车 5 退 3，兵三平四，车 5 进 2，车八退五，红方得车胜定。

29. 车八退一　车 8 平 2

30. 炮五进四　卒 9 进 1

31. 炮六退四　车 2 平 9

32. 马五退三　车 9 平 1

33. 马三进四　将 5 平 4

34. 炮五退四

红胜。

第 149 局　杨官璘和李来群

1. 炮二平五　马 8 进 7

2. 马二进三　卒 7 进 1

3. 兵七进一　马2进3　　　　**4.** 马八进七　车9平8

5. 车一进一　象3进5　　　　**6.** 车一平四　炮8平9

7. 兵五进一　士4进5

如炮八平九，车1平2，车九平八，炮2进4，兵五进一，车8进6，黑方进车抢夺兵线，双方将引起激烈的争夺。

8. 炮八平九　车1平2　　　　**9.** 车九平八　车8进6

10. 车八进三　卒7进1

如马三进五，车8平7，兵五进一，卒5进1，马五进六，马7进8，红方丢失双兵，又没有好的攻击要点，不能令人满意。

11. 马七进五　车8平7　　　　**12.** 兵九进一　马7进8

如炮9进4，马三进一，车7平9，炮九进一，红方有车八进四吃炮的走法，黑方不占便宜。

13. 炮九进一　卒7平6

14. 车八进四　车2进2

15. 炮九平三　炮9平6

16. 炮三平四　炮6进4（图149）

图149，如卒6平5吃兵打车，车四平六，卒5进1，马三进五，车2进2，双方尚有一番争斗。

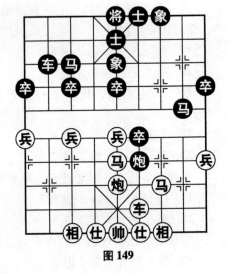

图149

17. 马三进四　马8进6

18. 车四进二　车2进4

19. 车四进一　车2平5

20. 车四平一　卒3进1　　　　**21.** 兵七进一　象5进3

22. 炮五退一　将5平4　　　　**23.** 炮五进一　象3退5

24. 车一进二　车5退1　　　　**25.** 车一退二

双方无力进取，形成和局。

第150局　王盛强负谢靖

1. 炮二平五　马8进7　　　　**2.** 马二进三　车9平8

3. 车一平二　马2进3　　　　**4.** 兵七进一　卒7进1

5. 车二进六　炮8平9　　　　**6.** 车二平三　炮9退1

7. 马八进七　士4进5

8. 炮八平九　车1平2

9. 车九平八　炮9平7

10. 车三平四　马7进8

11. 炮九进四　炮7进5

12. 炮五进四　象3进5

13. 马三退五　卒7进1

如炮五退一，卒7进1，车四平七，炮7进3，仕四进五，马3退4，车八进六，卒7进1，马三退一，炮7平9，车七平二，炮2平3，车八进三，车8进3，炮九进三，马8退6，黑方好走。

14. 车四平一　炮2进4（图150）

图150，如马8退7，车一平四，马7进5，炮九平五，马3进5，车四平五，炮2进5，相七进五，车8进8，相五进三，车8平6，车五平七，车2进4，兵七进一，象5进3，马五退七，红方优势。

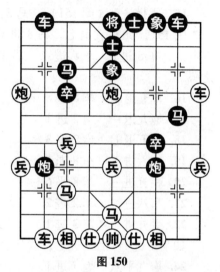

图150

15. 炮五退一　马3进1

16. 车一平七　马1退2

17. 车七平八　车2平4

18. 前车进二　马8进9

马吃边兵可以展开攻势。如车8进3，马七退九，车8平5，马九进八，车5进1，马五进七，马8进9，马八进六，马9进7，相七进五，马7退5，马六进七，双方局势平稳。

19. 相三进一　车8进7

20. 马七退九　车8平4

21. 相七进五　前车退3

22. 兵五进一　前车平5

应马九进八，前车平5，马五进七，炮7平8，马八进六，红方仍可对抗。

23. 兵五进一　炮2平5

应前车退五，车5进1，红方还可应付一阵。

24. 马九进七　炮7进3

25. 相一退三　马9进8

黑胜。

第 151 局　徐健秒胜柯善林

1. 炮二平五　马8进7

2. 马二进三　车9平8

3. 车一平二　卒7进1

4. 车二进六　马2进3

5. 兵七进一　炮8平9

6. 车二平三　炮9退1

7. 马八进七　士4进5

8. 炮八平九　车1平2

9. 车九平八　炮9平7

10. 车三平四　马7进8

11. 炮五进四　马3进5

12. 车四平五　炮7进5

13. 马三退五　炮2进5

如炮2进4，形成另一路变化。

14. 相七进五　卒7进1

15. 马七进六（图151）　马8进6

图151，如马五退七，马8进6，车五退二，车8进8，车八进二，形成对攻之势。

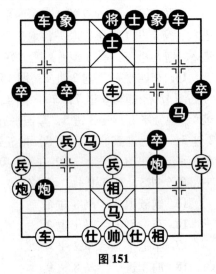

图 151

16. 车五退二　车8进8

17. 炮九退一　炮2进1

18. 马五退七　炮2退3

19. 仕六进五　车8退6

20. 相五进三　车8平6

21. 车八进二　车2进2

22. 兵九进一　卒3进1

23. 马七进六　象3进1

如卒3进1，后马进七，伏马七进六的攻势，黑方不好应付。

24. 炮九平六　炮7进1

不如卒3进1，后马进七，象1进3，仍可支撑下去。

25. 车八进一　炮7平8

26. 车五进一　马6进7

如卒3进1，后马进七，伏下马七进六的攻击，红方占优。

27. 相三退五　炮8退1

28. 车八退一　卒3进1

29. 后马进七　象1进3

30. 车五平七　象7进5

31. 车七平二　车6进3

32. 马七进六　车6平4

33. 马六进八　马7退8

34. 仕五进六　车4平6

35. 马八进九　士5进4

36. 车二平八　炮2进1

37. 前车进四　将5进1

38. 前车退一　将5退1

39. 马九退七　将5进1

40. 后车进一　将5平6

41. 仕六退五　炮8平2

42. 车八退五

红胜。

第152局　肖革联负徐健秒

1. 炮二平五　马8进7　　**2.** 马二进三　车9平8

3. 车一平二　马2进3　　**4.** 兵七进一　卒7进1

5. 车二进六　炮8平9　　**6.** 车二平三　炮9退1

7. 马八进七　士4进5　　**8.** 炮八平九　车1平2

9. 车九平八　炮9平7　　**10.** 车三平四　马7进8

11. 马三退五　卒7进1　　**12.** 车四进二　炮7进5

13. 车八进六　马8进6

如车8进2，形成另一路变化。

14. 炮五平三　车8进8

15. 炮三进二　车8平6

16. 车四平二（图152）　马3退4

图152，红方平车二路，离开牵制地位，导致黑方的反击更加强大，是失利的主因。不如炮九退一，车6退1，炮九平六，红方尚可支撑。

17. 炮九退一　车6退1

18. 炮九进一　车6进1

19. 马五进四　马6进4

先进马要杀，然后再吃马，可以避开红方车二平四的牵制手段。

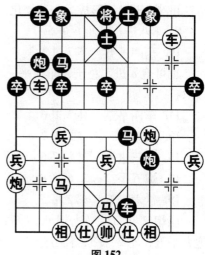

图152

20. 仕六进五　车6退2　　**21.** 炮九平八　炮7平5

22. 马七进五　车6平5　　**23.** 炮八平六　象3进5

24. 炮三进三　炮2退1　　**25.** 车二退四　卒3进1

26. 相三进五　车2平1　　**27.** 车二平六　卒3进1

28. 车六进四　卒3进1

卒1进1加强防守，明智。

29. 炮三退三　卒1进1

30. 炮三平六　卒3进1　　**31.** 后炮退一　车5平5

32. 后炮平八　前马进3　　**33.** 帅五平六　车5退1

34. 炮六平七　炮2进7　　**35.** 车八退五　车1平3

36. 炮七平八　卒3平2　　**37.** 车八进一　马3退4

38. 车八进一　前马退2

黑胜。

第153局　吕钦胜王嘉良

1. 炮二平五　马8进7　　　**2.** 马二进三　车9平8

3. 马八进七　卒3进1　　　**4.** 炮八平九　马2进3

5. 车九平八　车1平2　　　**6.** 车一进一　象7进5

7. 车一平四　炮2进4

可卒7进1，形成另一种变化。

8. 车八进一　士6进5　　　**9.** 车八平六　炮2进1

10. 车四进五　卒7进1

也可炮8进5兑子，车四平三，炮8平5，相三进五，马7退9，黑方可以对抗。

11. 车四平三　马7退6　　　**12.** 车三平二　车8进1

13. 兵五进一　炮8平7　　　**14.** 车二平三　车8进4

15. 马三进五　车8平6　　　**16.** 车六进五　炮2退1

17. 炮五平二　车6平8　　　**18.** 马五退四　车2进5

19. 仕六进五　车2平5

应炮2进3，马七退八，车2进4，炮九平五，车2平3，仕五退六，车3退3，黑方占优。

20. 车六平八　车5平6

21. 车八退三　车6进3

22. 炮二平四　车6平7

23. 兵七进一（图153）　卒7进1

图153，红方在并不乐观的形势下，此时抢进七路兵，企图左车抢占四路，并可跃马中路展开攻击，巧妙。黑方进7路卒正确。如卒3进1，车八平四，炮7平8，马七进五，车8平5，车三平二，然后再架中炮打车，红方有攻势。

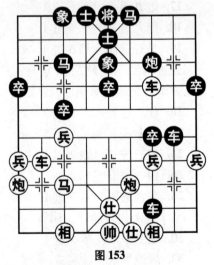

图153

24. 兵七进一　车7退2　　　**25.** 马七进六　车7平2

26. 马六退八　卒5进1

进中卒诱引兵七进一，然后车8退2迫兑子力，以利化解红方的攻击力。

27. 炮四进六　车8退4　　　　**28.** 车三进一　车8平6

29. 车三退一　车6进4　　　　**30.** 兵七进一　马3退2

31. 马八退六　卒5进1　　　　**32.** 马六进七　象5进3

33. 炮九进四　马6进5　　　　**34.** 车三平一　卒5平4

红方车马炮三兵，并有过河兵的威力，占有很大的优势。

35. 马七退八　车6进1　　　　**36.** 马八进九　车6平2

37. 相三进五　象3进1　　　　**38.** 兵七平六　马2进3

39. 炮九平八　车2退1　　　　**40.** 车一进三　士5退6

41. 兵六进一　马3进4

进兵必得一子，已形成胜势。

42. 兵六平五　象3退5　　　　**43.** 炮八平二　车2进1

44. 炮二进三　象5退7　　　　**45.** 车一退四　马4进6

46. 车一进一　马6进4　　　　**47.** 仕五进六　马4进6

48. 帅五平六　车2平4　　　　**49.** 仕四进五　马6退5

50. 马九进八　士4进5　　　　**51.** 车一平五　车4平3

52. 马八进六　将5平4　　　　**53.** 车五进二

红胜。

第154局　　王晓华负许银川

1. 炮二平五　马8进7　　　　**2.** 马二进三　车9平8

3. 车一平二　马2进3　　　　**4.** 兵七进一　卒7进1

5. 车二进六　炮8平9　　　　**6.** 车二平三　炮9退1

7. 马八进七　车1进1　　　　**8.** 炮八平九　车1平6

9. 马七进六　士6进5

上中士巩固中路，稳健。如炮9平7，马六进五，马7进5，车九平八，士6进5，车八进七，马5进6，车三平七，车8进8，形成复杂的对攻之势。

10. 车九平八　炮9平7　　　　**11.** 车八进七　炮7进2

如马六进五，马3进5，炮五进四，象3进5，车三进一，炮2平7，炮九进四，将5平6，炮五平四，车6进2，炮九平四，车8进7，车八进二，前炮进4，相三进一，车8平9，车八平五，卒7进1，黑方主动。

12. 车八平七　车8进8（图154）

图154，车8进8展开对攻，主动攻击。如炮7进3，相三进一，车6进4，马六进七，象7进5，马七进五，象3进5，炮五平八，车8进8，仕四进五，车6退1，炮八进七，象5退3，炮九平七，炮7平1，车七平三，炮1平3，相七进五，车6平2，炮八平九，车2进3，炮七平六，车2退7，炮九退一，车2进1，炮九进一，双方对攻，红方较为好走。

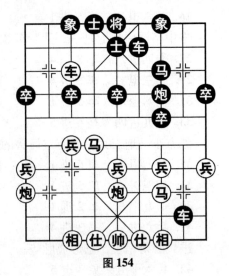

图154

13. 炮五平七　车6进1

14. 车七进二　炮7进3

15. 相三进五　车8平7

16. 仕六进五　炮7平8

如仕四进五，车6进6，炮九退一，车7进1，马三退四，车7平8，黑胜。

17. 炮九进四　车6平1

应车七退三，车6进6，帅五平六，炮8进3，帅六进一，车6进1，炮九进四，双方对攻，红方主动。

18. 炮七平九　炮8进3　　19. 相五退三　车7退1

20. 相七进五　车7退1　　21. 马六进七　车1平2

22. 前炮进三　车2进7　　23. 仕五退六　士5进4

24. 车七退一　士4进5　　25. 马七进八　将5平6

26. 车七平六　车7平6　　27. 马八进六　车2退9

28. 仕六进五　炮8退8

红方失子，终成败局。

第155局　万春林负洪智

1. 炮二平五　马8进7　　2. 马二进三　车9平8

3. 车一平二　马2进3　　4. 兵七进一　卒7进1

5. 车二进六　炮8平9　　6. 车二平三　炮9退1

7. 马八进七　士4进5　　8. 炮八平九　车1平2

9. 车九平八　炮 9 平 7　　　　**10.** 车三平四　马 7 进 8

11. 炮九进四　炮 7 进 5　　　　**12.** 炮五进四　象 3 进 5

如象 7 进 5，炮五退一，炮 2 进 4，车四平二，车 8 平 7，双方变化复杂。

13. 炮五退一（图 155）　　炮 2 进 4

图 155，退中炮力求对攻，力争乱中取势。如马三退五，卒 7 进 1，车四平一，马 8 退 7，车一平四，局势较为平稳。

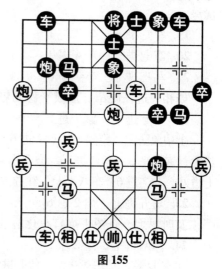

图 155

14. 车四平七　炮 7 进 3

平车吃卒导致被动挨打。不如车四平二，车 8 进 3，炮九平二，还可支撑下去。

15. 帅五进一　马 8 进 7

红方进帅已成败局。不如仕四进五，炮 2 平 3，车七平六，还可应付。

16. 帅五平四　车 8 进 8

17. 帅四进一　车 8 平 7

18. 马七退五　炮 7 退 2　　　　**19.** 车七平四　马 3 进 5

以下伏有炮 7 平 8 的攻势，黑胜。

第 156 局　陶汉明负许银川

1. 炮二平五　马 8 进 7　　　　**2.** 马二进三　车 9 平 8

3. 车一平二　卒 7 进 1　　　　**4.** 车二进六　马 2 进 3

5. 兵七进一　炮 8 平 9　　　　**6.** 车二平三　炮 9 退 1

7. 马八进七　士 4 进 5　　　　**8.** 炮八平九　车 1 平 2

9. 车九平八　炮 9 平 7　　　　**10.** 车三平四　马 7 进 8

11. 车四进二　炮 7 进 5　　　　**12.** 相三进一　炮 2 进 4

13. 马七进六　马 8 退 7

如兵五进一，形成另一路攻法。

14. 仕四进五　车 8 进 5　　　　**15.** 兵五进一　车 8 平 5

16. 车四退五　炮 2 进 1　　　　**17.** 兵七进一　车 5 平 4

平车吃马正确。如卒 3 进 1，车四平三，马 7 进 6，车三平八，红方得子占优势。

18. 车四平三　卒 7 进 1（图 156）

图 156，献卒捉车必然。如卒 3 进 1，车三进二，车 4 退 3，马三进五，红方优势。

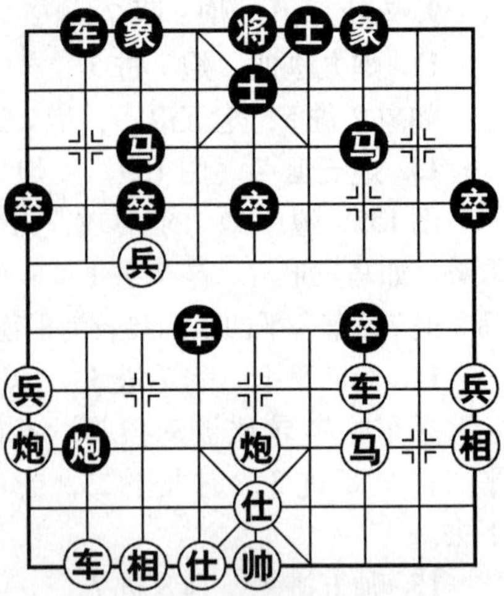

19. 车三平七　卒 3 进 1

20. 车七进二　车 4 退 3

21. 马三进五　卒 7 平 6

如相一进三吃卒，形成平稳局势。

22. 车七进一　象 7 进 5

上中象防守，稳健。如车 2 进 6，马五进七，炮 2 平 3，车八进三，炮 3 退 4，马七进八，马 7 进 6，车八平七，红方占优。

23. 马五进七　炮 2 退 6

及时退炮，企图平炮打车化解红方的攻势。

24. 车八进七　炮 2 平 3

如车七平六，车 4 进 1，马七进六，炮 2 平 4，车八进九，马 3 退 2，黑方多卒好走。

图 156

25. 车八平七　炮 3 进 2	26. 车七退一　车 2 进 4
27. 炮九进四　象 3 进 1	28. 炮九平八　卒 6 平 5
29. 炮五进四　车 4 进 2	30. 马七进六　车 2 平 3
31. 车七退一　车 4 平 3	32. 炮五平二　卒 5 平 4
33. 相七进五　士 5 进 4	34. 炮八进一　车 3 平 4
35. 马六进四　将 5 进 1	36. 相一退三　车 4 平 6
37. 炮二进一　象 1 退 3	38. 兵一进一　将 5 平 6
39. 炮八进一　车 6 平 8	40. 炮二平一　卒 9 进 1
41. 兵一进一　车 8 平 9	42. 炮一平二　车 9 退 2

黑方得子胜定。

第 157 局　吕钦负洪智

1. 炮二平五　马 8 进 7	2. 马二进三　车 9 平 8
3. 车一平二　卒 7 进 1	4. 车二进六　马 2 进 3
5. 兵七进一　炮 8 平 9	6. 车二平三　炮 9 退 1

7. 马八进七　士4进5

8. 炮八平九　车1平2

9. 车九平八　炮9平7

10. 车三平四　马7进8

11. 炮五进四　马3进5

12. 车四平五　炮7进5

13. 马三退五　卒7进1

进车河口防守，稳健。

14. 车八进四　马8进6

15. 车五退二　车8进8

16. 炮九退一　车8退1

17. 炮九进一　车8进1

18. 炮九退一　车8退1

19. 炮九进一　车8进1

20. 炮九退一　车8退1

21. 相三进五　炮7平8

22. 马五退三（图157）　　车8平7

图157，如炮九平八，炮8退1，马七进六，车8平6，马五进七，炮8进4，仕四进五，车6平7，马六进五，车7进2，仕五退四，车7退3，仕四进五，马6退5，车五进二，卒7平8，车五平四，车7退4，大体形成平等局势。

23. 炮九平八　炮8退1

24. 炮八进六　马6进5

进马吃中相，力求保持攻势。如象3进5，马七进六，马6进5，相七进五，炮8平5，兵五进一，卒7平6，兵五进

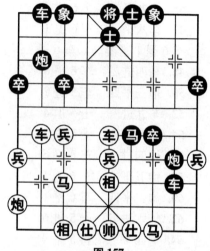

图157

一，车2平4，兵七进一，卒3进1，炮八进二，车4进2，兵五进一，士5进6，炮八平九，卒3进1，车八平七，车4进2，车七平八，车7退3，马三进四，车7平5，兵五平四，卒6平5，马四进三，车5平7，马六退八。红方多子，大占优势。

25. 相七进五　炮8平5

26. 兵五进一　车7平5

如炮八平五，象7进5，车八进五，车7平5，仕六进五，炮5退1，黑方优势。

27. 仕四进五　象3进5

28. 马七进六　车5退2

29. 马六进七　卒7平6

30. 马三进四　车5进1

车5进1可以控制红方四路马的出路。如车5进2，马四进二，卒6平7，马二进三，车2平1，马三进二，车5退4，兵七进一，车5平8，马七退五，象5进3，马二进三，车8平5，炮八平一，象3退5，马三退二，士5进6，炮一进二，象5退7，马二退三，红方胜势。

31. 兵七进一　车5平3　　32. 马七退五　车3退2

可车八进一，车3退2，车八平七，象5进3，炮八进一，红方仍可应付。

33. 马四进六　车3平4　　34. 车八退一　卒6平5

35. 马五退三　车4平7　　36. 马三退四　卒5进1

37. 马六退七　车2平3　　38. 车八平五　车3进8

39. 车五进三　车3平2　　40. 炮八平九　卒9进1

41. 车五平九　车2退2　　42. 炮九进二　车2平9

43. 车九平八　士5进4　　44. 炮九退五　车7平5

45. 炮九平三　士6进5　　46. 炮三退四　车9平6

47. 车八平一　车6退1

车6退1紧凑。如车6进1，车一退一，车5平9，仕五进四，形成和局。

48. 马四进二　车6平8　　49. 马二退四　卒9进1

50. 炮三平四　车5进2　　51. 车一平九　象5进7

52. 车九进三　士5退4　　53. 车九退四　象7退9

54. 车九平四　士4进5　　55. 车四退二　车5平6

56. 炮四进三　车8平6　　57. 炮四平五　将5平6

58. 炮五平二　车6进1　　59. 炮二退三　将6平5

60. 炮二平四　车6平1　　61. 仕五进六　卒9进1

62. 仕六进五　士5进6　　63. 帅五平六　士4退5

64. 炮四平二　将5平4　　65. 帅六平五　卒9进1

66. 马四退二　车1平6　　67. 马二退四　卒9平8

68. 炮二平一　车6平9　　69. 炮一平三　卒8进1

70. 炮三进四　卒8平7　　71. 马四进三　车9平7

72. 炮三平九　车7进1　　73. 炮九退三　将4平5

74. 帅五平六　士5退6　　75. 炮九平八　车7退1

76. 炮八平九　将5进1　　77. 炮九平八　车7平2

78. 炮八平三　车2进3　　79. 帅六进一　将5平4

80. 仕五进四　车2退2

如炮三进一，车2进1，帅六退一，车2平6，黑胜。

第158局　董旭彬负吕钦

1. 炮二平五　马2进3　　2. 马二进三　马8进7

3. 车一平二　　车9平8　　　　**4.** 兵七进一　　卒7进1

5. 车二进六　　车1进1　　　　**6.** 马八进七　　车1平4

7. 炮八平九（图158）　　炮2进4

图158，红方也可车二平三，炮8退1，炮八平九，车4进1，兵五进一，炮8平7，车三平四，车4平6，兵五进一，炮7平5，车四平三，炮5进3，马七进五，红方形势较为有利。

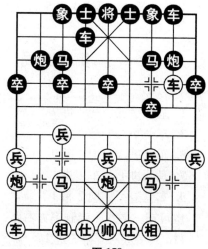

图 158

8. 兵五进一　　车4进5

9. 车九平八　　象7进5

10. 马七进八　　车4平3

可马三退五，车4平3，炮九退一，较为紧凑多变。

11. 马八进九　　炮8平9

12. 车二进三　　马7退8

13. 马九进七　　炮9平3　　　　**14.** 炮五进四　　士6进5

15. 相七进五　　马8进7　　　　**16.** 兵五进一　　炮3平2

17. 车八平七　　车3平7　　　　**18.** 仕六进五　　卒7进1

19. 相三进一　　卒7平6　　　　**20.** 车七平六　　后炮进3

21. 兵九进一　　卒6平5　　　　**22.** 兵七进一　　马7进5

23. 兵五进一　　卒3进1　　　　**24.** 兵九进一　　卒3进1

乘机进3路卒，对红方马炮造成了威胁，由此大占优势。

25. 兵九进一　　卒3进1　　　　**26.** 车六平七　　卒5平4

27. 兵五进一　　象3进5　　　　**28.** 相一退三　　卒4进1

29. 兵一进一　　将5平6　　　　**30.** 车七进一　　后炮平5

可后炮平3，车七平八，炮3平5，兵九平八，卒4进1，黑方更有进取能力。

31. 兵九平八　　卒4进1　　　　**32.** 炮九进一　　卒3进1

33. 车七进一　　炮2退2　　　　**34.** 炮九进六　　将6进1

35. 炮九退一　　将6退1

应车七平六，车7进1，车六进三，还可支撑下去。

36. 炮九进一　　象5退3　　　　**37.** 车七进七　　车7平1

38. 马三进五　　车1进3　　　　**39.** 仕五退六　　炮2进5

40. 仕六进五　　炮2平6　　　　**41.** 仕五退六　　将6进1

42. 车七退三　　炮6平4　　　　**43.** 兵八平九　　车1平2

44. 车七平八　炮 4 平 7　　　　**45.** 车八退六　炮 7 平 2

46. 帅五平六　炮 2 退 5　　　　**47.** 炮九退一　将 6 进 1

伏炮 2 平 4，再炮 4 平 5 的攻击手段。红方无法化解，黑胜。

第 159 局　柳大华负许银川

1. 炮二平五　马 8 进 7　　　　**2.** 马二进三　车 9 平 8

3. 车一平二　马 2 进 3　　　　**4.** 兵七进一　卒 7 进 1

5. 车二进六　炮 8 平 9　　　　**6.** 车二平三　炮 9 退 1

7. 马八进七　车 1 进 1　　　　**8.** 炮八平九　车 1 平 6

9. 车三退一　炮 2 平 1　　　　**10.** 车九进一　车 6 进 1

也可车三平八，牵制黑方右路，等待机会。

11. 兵三进一　卒 3 进 1　　　　**12.** 车三平七　炮 9 平 3

13. 兵三进一　炮 1 退 1　　　　**14.** 车九平四　车 6 进 6

15. 车七进二　炮 3 平 5　　　　**16.** 兵三进一　象 7 进 5

如车七平三，象 7 进 5，以下有炮 1 平 3 及车 8 平 7 的攻势，黑方仍占主动。

17. 兵三进一　车 8 平 7

18. 车七进一　车 7 进 2

19. 车七平九　车 7 进 5

20. 仕六进五　炮 5 平 7

21. 车九平三（图 159）　车 7 退 6

图 159，如相三进一，士 6 进 5，车九退二，炮 7 平 8，黑方大占优势。

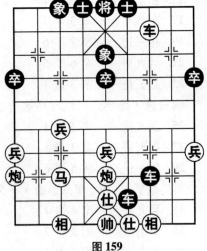

图 159

22. 炮五进四　士 6 进 5

23. 相七进五　车 7 进 2

24. 马七进六　车 7 进 6

25. 炮九退一　车 7 平 6

交换子力，确保车卒可以取胜，着法明快有力。

26. 仕五退四　车 6 平 1　　　　**27.** 仕四进五　车 1 进 1

28. 仕五退六　车 1 退 3　　　　**29.** 马六进四　将 5 平 6

30. 炮五退二　卒 9 进 1　　　　**31.** 炮五平四　将 6 平 5

32. 炮四退二　士 5 进 6　　　　**33.** 仕六进五　士 4 进 5

34. 炮四退二　车1退2　　　35. 仕五进四　车1平5

36. 帅五进一　将5平4

黑胜。

第160局　孙勇征胜张申宏

1. 炮二平五　马8进7　　　2. 马二进三　车9平8

3. 兵七进一　卒7进1　　　4. 马八进七　马2进3

5. 车一进一　炮2进4　　　6. 兵五进一　象3进5

7. 兵五进一　卒5进1

可炮8进2，兵五进一，马3进5，黑方子力较为灵活。

8. 马三进五　士4进5

9. 马五进六　马3进5

10. 炮八平九　炮8进3（图160）

图160，进炮准备平中炮牵制红方的攻势。如车1平4，车九平八，车4进4，车八进三，仍是红方主动。

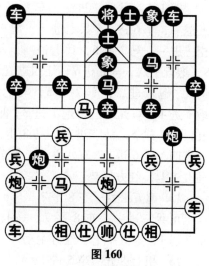

图160

11. 车九平八　炮8平5

12. 马七进五　炮2平7

13. 车一平六　卒3进1

14. 炮五进二　卒5进1

15. 马六进四　马7进6

进马要杀，其势凶悍，迫使黑方穷于防守。如士5进6，马四退五，马7进6，前马进六，红方弃子抢攻，较为主动。

16. 马五退四　车8进8　　　17. 车八进六　马5进6

18. 车六平八　炮7退1

平车八路生根，形成后马进三和前车进三的双重攻势，黑方立成败势。

19. 前车进三　车1平2　　　20. 车八进八　象5退3

21. 车八平七　士5退4　　　22. 炮九进四　车8平6

23. 马四进六　将5进1　　　24. 炮九进一　将5平4

25. 马六进八

红胜。

第 161 局　张申宏负许银川

1. 炮二平五　马 8 进 7　　　　2. 马二进三　车 9 平 8

3. 车一平二　马 2 进 3　　　　4. 兵七进一　卒 7 进 1

5. 车二进六　炮 8 平 9　　　　6. 车二平三　炮 9 退 1

7. 马八进七　车 1 进 1　　　　8. 炮八平九　车 1 平 6

9. 车三退一　炮 2 平 1　　　　10. 车三平八　车 8 进 6

11. 车八进二（图 161）　炮 9 进 1

图 161，可兵三进一，车 8 平 7，炮五退一，车 6 进 7，兵七进一，炮 9 平 7，相三进一，马 7 进 6，兵七进一，马 6 进 8，炮五平八，马 8 进 7，仕四进五，车 6 退 6，炮八进二，车 7 平 5，马七进五，炮 1 进 4，马五退三，炮 1 进 3，炮九平五，象 7 进 5，马三进五，马 3 退 1，炮五进四，士 6 进 5，车八平二，炮 7 平 6，马五进七，红方优势。

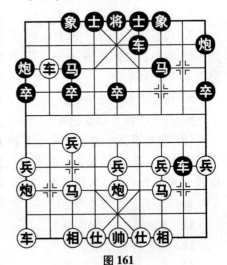

图 161

12. 炮五平六　车 8 平 7

可兵三进一，车 8 平 7，马七进八，车 7 退 1，炮五平七，红方主动。

13. 相七进五　卒 5 进 1　　　　14. 仕六进五　卒 5 进 1

15. 兵五进一　马 3 进 5　　　　16. 车八进二　马 5 进 7

17. 车八平七　前马进 6　　　　18. 兵五进一　马 6 进 7

19. 帅五平六　炮 1 平 4　　　　20. 兵五平六　车 7 平 4

21. 兵七进一　卒 3 进 1　　　　22. 车七退四　后马进 5

黑方进中马捉车，可以乘势消灭过河兵，打开攻击之路。

23. 车七进一　车 4 退 2　　　　24. 车七平五　士 4 进 5

25. 炮六退一　炮 4 进 6

如炮 4 退 2，车五进一，车 6 进 5，车五平二，炮 4 进 8，马七进五，炮 4 退 3，炮九退一，红方还可支撑一阵。

26. 马七进八　车 4 退 4　　　　27. 炮九平六　炮 9 平 4

炮 9 平 4 紧凑有力。如车 4 进 7，仕五进六，车 6 进 8，帅六进一，车 6

平1，黑方一时难以取胜。

28. 马三进五　车6进4

应车九平七抢出左车，较为适宜。

29. 相五进七　后炮进4

如马八进六，前炮退4，马五进六，炮4进5，黑方得子胜定。

30. 车九平七　车4平3　　　**31.** 马五进六　前炮平3

应马八进七，前炮平1，炮六平四，炮4退4，马五退四，炮1平6，车五平三，马7退8，红方仍可周旋下去。

32. 炮六平三　车6平4　　　**33.** 马六进四　炮4平7

炮4平7打将，攻守兼备，由此扩大了攻势。

34. 炮三平六　炮7进3　　　**35.** 帅六进一　车3进5

36. 马八退九　炮3退1　　　**37.** 车七进一　车3退3

38. 车五退三　车3进1　　　**39.** 车五平八　象7进5

40. 车八进六　象5退3　　　**41.** 兵九进一　车3平6

42. 车七进一　马7退5　　　**43.** 车八退五　车4退5

可士5退4，车八平六，炮7退1，仕五进四，马5进6，帅六退一，炮7进1，黑方速胜。

44. 车八平三　炮7退1　　　**45.** 仕五进四　马5进6

46. 帅六平五　炮7平9　　　**47.** 车三退四　车6进4

48. 马九进七　车4进6　　　**49.** 车三平四　车6进2

50. 马七进八　象3进5　　　**51.** 马八进九　车6退6

52. 炮六平五　车6平5

黑胜。

第162局　洪智和蒋川

1. 炮二平五　马8进7　　　**2.** 马二进三　车9平8

3. 车一平二　卒7进1　　　**4.** 车二进六　马2进3

5. 兵七进一　炮8平9　　　**6.** 车二平三　炮9退1

7. 马八进七　士4进5　　　**8.** 炮八平九　车1平2

9. 车九平八　炮9平7　　　**10.** 车三平四　马7进8

11. 炮五进四　马3进5　　　**12.** 车四平五　炮7进5

13. 马三退五　卒7进1　　　**14.** 车八进四　马8进6

15. 车五退二　车8进8

退车牵制马卒，稳健。如车五平七易受攻击。

16. 炮九退一　车8退1　　**17. 相三进五　炮7平8**

18. 马五退三　车8平7　　**19. 炮九平八　炮8退1**

20. 炮八进六　马6进5　　**21. 相七进五　炮8平5**

22. 兵五进一　车7平5　　**23. 仕四进五　象3进5**

24. 马七进六　车5退2　　**25. 马六进七　卒7平6**

26. 马三进四　车5进1

车5进1力图控制红方四路马的出动，稳健。

27. 兵七进一　车5平3

28. 车八进一（图162）　车3退2

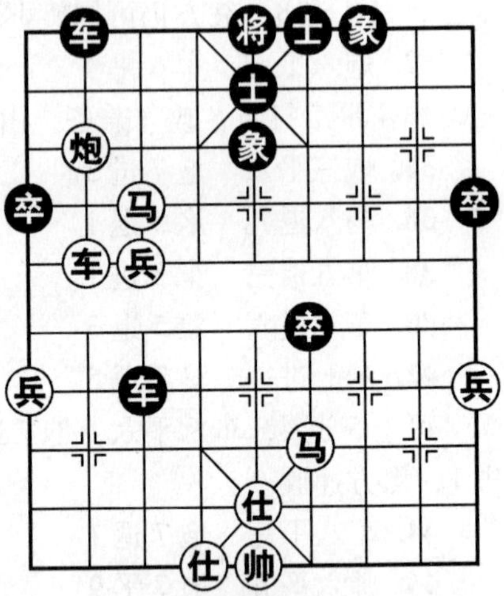

图162，进车保七路兵是创新走法。如马七退五，车3退2，马四进六，车3平4，车八退一，卒6平5，马五退三，车4平7，马三退四，卒5进1，马六退七，车2平3，车八平五，车3进8，黑方优势。

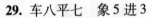

图 162

29. 车八平七　象5进3

30. 炮八进一　车2平3

31. 马七退五　象3退5　　**32. 马四进六　卒6平5**

33. 马六进八　车3进6　　**34. 马八进七　车3退2**

黑方退车控制红马活动，稳健。如车3平9，兵九进一，红方仍有一定的攻击力。

35. 炮八退二　卒9进1

应炮八退六，然后再平炮打边卒，比较稳妥。

36. 兵九进一　车3平2　　**37. 炮八进二　象5进7**

38. 炮八平七　车2平4　　**39. 炮七平八　车4平2**

40. 炮八平九　车2平3　　**41. 炮九平七　车3平4**

42. 马五退三　车4退1　　**43. 马七退八　车4平2**

44. 马八进六　车2平4　　**45. 马六退八　车4平2**

46. 马八进六　车2平3　　**47. 炮七平九　车3平4**

48. 马六退八　卒5平6　　**49. 马三进一　士5进6**

50. 帅五平四　卒6平7

弃卒形成和局。如卒6进1，双方仍有变化。

第 163 局　许银川胜刘殿中

1. 炮二平五　马8进7　　　**2.** 马二进三　车9平8

3. 兵七进一　卒7进1　　　**4.** 马八进七　炮8平9

5. 炮八平九　马2进3　　　**6.** 车九平八　车1平2

7. 车八进六　车8进8

也可炮2平1，车八进三，马3退2，车一进一，车8进5，兵五进一，炮1平5，黑方足可对抗。

8. 炮九进四　士4进5　　　**9.** 车一进一　车8退2

如车8平9兑车，马三退一，红方多兵好走。

10. 马七进六　车8平7　　　**11.** 车一进一　卒7进1

12. 炮五平九　炮2平1　　　**13.** 车八进三　马3退2

14. 相三进五　马2进3　　　**15.** 前炮退二　马7进8

16. 后炮平七　马8进6　　　**17.** 马六进四　象3进5

马六进四之后，有力地牵制了车马卒的反击，为取势创造条件。

18. 炮九平八　车7平6

19. 炮八平四（图163）　卒7进1

图163，不如卒7平6吃炮，马四进六，士5进4，兵七进一，马3进1，黑方仍可应付。

20. 马四进六　士5进4

21. 炮四平一　炮9进3

红方平炮兑炮，使黑方右路马炮失去策应能力。

22. 兵一进一　卒7进1

23. 兵七进一　车6平5

24. 兵七进一　车5平3

26. 马六退七　士4退5

退马牵制黑车，由此扩大了先手。

27. 车一平三　炮1进1

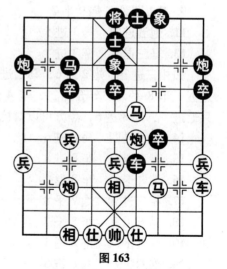

图163

25. 兵七进一　车3进1

28. 车三进一　卒5进1

如车3进1，车三平八，红优。

29. 车三进三　炮1退3　　　**30.** 兵七进一　车3退1

不平车吃卒，而是进七路兵迫近九宫，是有力的攻击。

31. 车三平九　炮1平4　　　**32.** 兵七平六　卒5进1

33. 兵六进一　将5平4　　　**34.** 车九平一　士5进4

35. 车一平六　士6进5　　　**36.** 兵一进一　车3平9

37. 兵一平二　车9平8　　　**38.** 兵二平一　车8平6

39. 车六退一　车6退1

红胜。

第164局　赵剑和吕钦

1. 炮二平五　马8进7　　　**2.** 马二进三　车9平8

3. 车一平二　马2进3　　　**4.** 兵七进一　卒7进1

5. 车二进六　炮8平9　　　**6.** 车二平三　炮9退1

7. 马八进七　士4进5　　　**8.** 炮八平九　车1平2

9. 车九平八　炮9平7　　　**10.** 车三平四　马7进8

11. 炮五进四　马3进5　　　**12.** 车四平五　炮7进5

13. 马三退五　卒7进1

如相三进五，炮2进6，马七进六，卒7进1，马六进七，车8进2，仕六进五，车8平4，车五退二，车4进1，兵七进一，马8进6，黑方可以对抗。

14. 车八进四　马8进6

15. 车五退二　车8进8

16. 炮九退一　车8退1

17. 相三进五　炮7平8

18. 马五退三　车8平7

19. 炮九平八　炮8退1

20. 炮八进六　马6进5

21. 相七进五　炮8平5

22. 兵五进一　车7平5

23. 仕四进五（图164）　象3进5

图164，如仕六进五，车5平3，炮

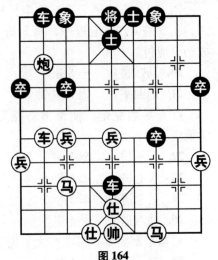

图164

八平五，将5平4，车八进五，车3进2，仕五退六，车3平4，帅五进一，象7进5，马三进二，车4退1，帅五退一，车4进1，帅五进一，车4退4，车八退六，车4平5，帅五平四，车5平3，各有千秋。

24. 马七进六 车5退2   **25.** 马六进七 卒7平6

26. 马三进四 车5进1   **27.** 车八进一 车5平1

如兵七进一，车5平3，车八进一，车3退2，车八平七，象5进3，炮八进一，车2平3，马七退五，象3退5，各有攻守。

28. 炮八进一 车1平9

应车1平3捉七路兵，较为主动。

29. 马七进九 车2平3

应兵七进一，象5进3，车八平七，车2平3，马四退六，车3进2，炮八退六，红方好走。

30. 车八进二 车3进1   **31.** 炮八进一 象5进3

32. 兵七进一 士5进4   **33.** 马四退二 车9进2

34. 车八平六 车3平2   **35.** 车六平二 卒6进1

应马二退四，较为紧凑。

36. 炮八平九 车2平1   **37.** 炮九平八 车1平2

黑方失去良机。应车1平7，马二退四，车7平2，车二平六，卒6进1，卒临城下，攻势较强。

38. 炮八平九 车2平1   **39.** 炮九平八 车1平2

黑方仍然没有看到车1平7的攻法，失去大好时机。

40. 炮八平九 车2平1

双方不变，和局。

第165局　许银川和李雪松

1. 炮二平五 马8进7   **2.** 马二进三 车9平8

3. 兵七进一 卒7进1   **4.** 马八进七 马2进3

5. 车一进一 象3进5   **6.** 车一平四 炮8平9

7. 炮八平九 车1平2

如炮八进二，马7进8，车四平二，炮2进2，马七进六，炮9平8，车二平四，马8进7，炮五平六，士4进5，相七进五，炮8平7，形成平稳局势。

8. 车九平八 炮2进4   **9.** 兵五进一 士4进5

10. 兵九进一　车8进4

11. 仕六进五（图165）　卒7进1

图165，也可车四进二，炮2进2，兵九进一，卒1进1，车四平九，车8进4，炮九退一，卒1进1，炮九进三，车8平3，炮九进五，象5退3，兵五进一，卒5进1，马七进八，马3退4，马八进七，卒5进1，马七进六，车2进1，车九平六，象7进5，炮九退二，象5退7，炮九平一，象7进9，仕六进五，车3退3，帅五平六，红方较为主动。

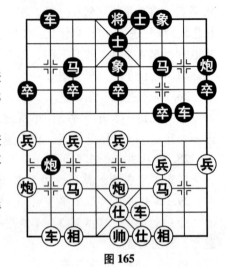

图 165

12. 兵三进一　卒3进1

13. 车四进二　炮2进2

14. 马七进九　卒3进1　　15. 炮九平六　车8平2

如炮九平七，炮2平1，车八进九，马3退2，车四平八，马2进1，车八退二，炮1退3，马九进七，炮1平5，双方对攻。

16. 马九进七　前车平3　　17. 马七退八　炮2平3

18. 炮五平四　炮3退3　　19. 相三进五　炮3平7

20. 炮六退二　马7进8　　21. 兵五进一　炮9平7

弃中兵并不合适，不如马八进六兑车，使被牵制子力得以展开，较为有利。

22. 马三退一　车3平5　　23. 马八进七　车5平3

24. 车八进九　马3退2　　25. 相七进九　前炮退2

26. 仕五进六　马2进3　　27. 仕四进五　前炮平8

不如车3平7，准备车7进2兑车，形势令人满意。

28. 炮四退二　卒9进1　　29. 马一进三　车3平7

30. 马三进五　象5进3　　31. 炮四平一　马8进7

32. 车四退一　马7退5　　33. 车四平二　炮8平6

34. 炮一平三　炮7进7　　35. 炮六平三　车7进4

36. 车二进二　马5退7　　37. 车二进一　马7进5

38. 马五进三　炮6进5　　39. 炮三平四　车7退2

40. 马三进四　马5退6　　41. 炮四进六　象7进5

42. 炮四平一　车7进3　　43. 仕五退四　车7退9

44. 马七退五　车7平9　　45. 炮一平三　卒9进1

应炮6退6，加强防守。

46. 兵一进一　炮6平9　　　　47. 仕四进五　炮9进1

48. 马五进三　车9平7　　　　49. 炮三平二　象5进7

50. 相九退七　象3退5　　　　51. 车二退二　车7平8

52. 马三退五　士5进6　　　　53. 兵一进一　车8进2

54. 马五进七　象5进3　　　　55. 兵一平二　炮9退8

56. 兵二平三　炮9平8　　　　57. 兵三进一　炮8进2

58. 兵三平二　车8退1　　　　59. 兵二进一　车8平2

不如车二进二捉象，可控制河口，较为适当。

60. 车二平六　马3退1　　　　61. 车六进三　马1进2

62. 马七退五　士6退5　　　　63. 马五进四　车2进1

64. 兵二平三　马2进1　　　　65. 车六平九　马1进3

66. 车九平五　马3退4

红方多一兵，黑方缺一象，红方取胜的难度极大。

67. 兵三进一　车2平6　　　　68. 车五退一　马4退5

69. 马四退五　车6进1　　　　70. 兵三进一　车6平3

71. 马五进三　士5退4　　　　72. 兵三平四　将5平6

73. 马三退四　车3退1　　　　74. 马四进五　象3退1

75. 车五进一　象1退3　　　　76. 车五平二　将6平5

77. 马五进四　士4进5　　　　78. 车二进二　士5退6

79. 仕五进四　将5平4　　　　80. 车二退五　车3退1

81. 仕六退五　将4平5　　　　82. 相七进九　车3平6

83. 马四进六　车6平4　　　　84. 马六退五　车4平3

85. 相五进七　车3平4　　　　86. 相七退五　车4平3

87. 相五退七　将5平4　　　　88. 仕五进六　车3平4

89. 车二平七　车4平3　　　　90. 车七平二　将4平5

91. 马五进六　车3平4　　　　92. 马六退八　车4平5

93. 马八进六　车5平4　　　　94. 马六退八　士6进5

95. 车二平七　象3进1

和局。

第166局　党斐负蒋川

1. 炮二平五　马8进7　　　　2. 马二进三　车9平8

3. 车一平二　卒7进1

4. 车二进六　马2进3

5. 兵七进一　炮8平9

6. 车二平三　炮9退1

7. 马八进七　士4进5

8. 炮八平九　车1平2

9. 车九平八　炮9平7

10. 车三平四　马7进8

11. 马三退五　卒7进1

12. 车四退一　卒7进1

13. 车八进六　象7进5

14. 炮五平六（图166）　马8进9

图166，如炮7进2，炮九进四，卒3进1，炮六进四，卒5进1，炮六进三，马3退4，炮九平三，卒3进1，马五进六，卒3进1，马六进五，卒3进1，炮三退二，马4进3，炮三平五，车8进1，车八进一，红方占优。

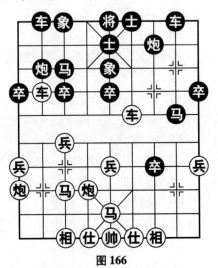

图166

15. 炮九进四　炮2平1

可马9退7，兵五进一，马7退9，炮九退一，车8进8，相三进五，马9进8，炮六退一，车8退1，炮六进二，卒7进1，炮六退一，卒7平6，马七进六，车8进1，炮六退一，卒6进1，黑方占优。

16. 车八进三　马3退2

17. 炮九平五　马2进3

18. 炮五退一　马9退7

19. 相三进五　马7退5

20. 车四平五　车8进3

21. 马七进六　车8平7

22. 车五平六　卒3进1

23. 车六进一　车7平4

24. 炮六进四　卒3进1

25. 马六进四　马3进2

不如相五进七，马3进2，马六进四，炮1进2，马四进二，马2退4，马二进三，将5平4，相七退五，红方仍可对抗。

26. 炮六平八　象5进7

27. 相五进七　炮1进2

28. 马四进三　马2进1

29. 相七进九　炮1平2

30. 马五进六　卒9进1

31. 马六进八　士5进6

32. 马三退四　炮2平5

33. 仕四进五　马1退2

34. 炮八平二　卒7平6

35. 炮二进三　士6进5

36. 兵五进一　炮5退1

37. 马八退七　象3进5

应炮二平七打象，形势会好一些。

38. 炮二退三　炮5平3

39. 马七进六　炮3平1

40. 马六退七　炮1进2　　　　　**41.** 马七进八　士5进4

42. 相七退五　炮7平6　　　　　**43.** 炮二平五　士4退5

44. 马四进三　炮1平5　　　　　**45.** 马八进六　炮5退1

46. 相九进七　卒6进1　　　　　**47.** 马六退五　马2进4

48. 炮五平八　卒6平5　　　　　**49.** 相七退五　马4进5

50. 仕五进四　炮6进6　　　　　**51.** 仕六进五　炮6退2

52. 马三退四　马5进3　　　　　**53.** 帅五平四　卒9进1

54. 炮八退二　卒9进1　　　　　**55.** 马五进七　炮6平2

56. 马七进五　炮2平8　　　　　**57.** 马四退五　卒9平8

58. 后马退七　卒8平7　　　　　**59.** 马五退六　马3退5

60. 帅四平五　马5进7　　　　　**61.** 帅五平六　将5平4

62. 仕五进六　马7退5　　　　　**63.** 帅六进一　卒7平6

64. 马六进五　卒6平5　　　　　**65.** 马七进六　马5进6

66. 帅六平五　马6退7　　　　　**67.** 帅五退一　炮8平5

68. 帅五平六　卒5平4　　　　　**69.** 马六退八　炮5进1

黑胜。

第167局　许银川胜刘殿中

1. 炮二平五　马8进7　　　　　**2.** 马二进三　马2进3

3. 车一平二　车9平8　　　　　**4.** 兵七进一　卒7进1

5. 车二进六　马7进6　　　　　**6.** 马八进七　象3进5

7. 炮八平九　卒7进1　　　　　**8.** 车二退一　马6退7

退车捉马是一种变化。如车二平四，马6进8，马三退五，卒7进1，马七进六，炮8平9，车九平八，车1平2，车八进六，士4进5，各有千秋。

9. 车二进一　卒7进1　　　　　**10.** 车九平八　车1平2

11. 马三退五　炮8平9　　　　　**12.** 车二平三　车8进2

13. 马七进六　卒7平6　　　　　**14.** 马六进四　炮2进1

如炮2退1，马四进六，炮2平4，车八进九，马3退2，炮五平八，红方主动。

15. 兵七进一　卒3进1

献七路兵是扩大攻势的好着。

16. 马四进六　炮9进4　　　　　**17.** 兵五进一　车8退1

18. 炮五平六（图167）　炮2平3

图167，如炮2进3，马五进四，车2进3，马四进六，卒3进1，前马退七，车2进2，马六进七，车2平3，车八进三，红方仍占优势。

19. 车八进九　马3退2

20. 车三进一　炮9平1

21. 兵五进一　炮1平5

22. 马五进四　炮3进6

23. 帅五进一　马2进3

24. 车三退三　卒5进1

25. 马四进五　马3进5

26. 炮九平七　车8进7

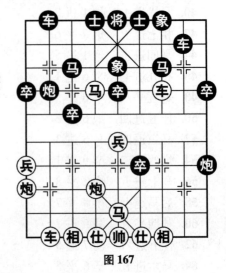

图167

平炮扩展攻势，并牵制了黑车的活动方向，紧凑。

27. 帅五进一　炮5平3	**28. 车三进二　车8退2**
29. 车三平五　车8平5	**30. 帅五平四　士4进5**
31. 炮六退一　前炮平1	**32. 炮七进三**

红胜。

第168局　吕钦胜赵鑫鑫

1. 炮二平五　马8进7	**2. 马二进三　车9平8**
3. 兵七进一　卒7进1	

也可炮8平9，马八进七，车8进5，兵五进一，炮2平5，马七进五，马2进3，炮八平七，车1平2，兵七进一，车2进6，兵七进一，马3退5，双方各有所得，形成对攻之势。

4. 马八进七　炮8平9	**5. 炮八平九　马2进3**
6. 车九平八　车1平2	**7. 车八进六　炮2平1**
8. 车八进三　马3退2	

兑车稳健。如车八平七，炮1退1，兵五进一，炮1平3，车七平六，士6进5，兵五进一，象3进5，红方左路受到威胁，不能满意。

9. 车一进一　车8进5

车8进5蓄意进取。如马2进3，车一平四，象7进5，车四进五，马7

进8，车四平一，炮9平7，局势平稳。

10. 兵五进一　炮1平5　　　　**11.** 车一平八　马2进3

12. 车八进四　车8平6

可马7进8，车八平三，车8进1，足可与红方对抗。

13. 兵三进一　车6平7

可车6退1兑车求变。车八平四，马7进6，兵三进一，马6进7，马七进五，炮5进3，炮九平七，红方略优，黑可抗衡。

14. 马七进五　车7进1

15. 炮九退一（图168）　炮9进4

图168，如车7平6，车八平三，马7进6，马三进二，车6平5，马二进四，车5平4，车三进四，炮5进3，炮九平五，炮9平5，马四进五，炮5退3，前炮进五，象3进5，车三退二，士4进5，炮五平二，车4平8，炮二平三，红方较优。

16. 马三进一　车7平9

17. 车八平三　马7进6

18. 马五退三　车9平1

应车9退2，车三进四，马6退4，黑方仍可应付。

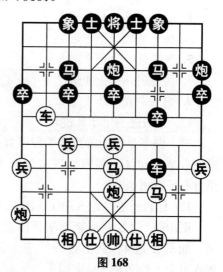

图168

19. 炮九平三　车1平6　　　　**20.** 车三进四　车6进2

应车6平8抢占要道，尚能周旋下去。

21. 马三进一　炮5进3

如炮5平7，炮三平二，车6平7，仕四进五，红方优势。

22. 仕六进五　象3进5

23. 车三退五　卒5进1　　　　**24.** 炮三平二　士6进5

25. 炮二进八　马6进5　　　　**26.** 车三进二　车6退4

27. 炮二平一　将5平6　　　　**28.** 炮五进二　卒5进1

29. 车三平七　卒9进1　　　　**30.** 马一退二　马3退2

红方如不细看而车七进一吃马，卒9进1，马一退二，车6平9，黑方得还失子，红方不占便宜。此时黑方马3退2不太明智。应马3退1防止失子，将使红方的取胜增加困难。

31. 马二进三　马5退7　　　　**32.** 车七平三　卒5平6

33. 相三进五　车6退1　　　**34.** 车三进三　将6进1

35. 相五进三　卒6进1　　　**36.** 马三退一

红胜。

第169局　刘殿中胜郭福人

1. 炮二平五　马8进7　　　**2.** 马二进三　车9平8

3. 兵七进一　卒7进1　　　**4.** 马八进七　马2进3

5. 车一进一　象3进5　　　**6.** 车一平四　炮2进4

7. 兵五进一　士4进5　　　**8.** 车四进二　炮2退2

9. 炮八平九　车1平2　　　**10.** 车九平八　炮8进4

11. 车四进一　车8进4　　　**12.** 车八进四　卒3进1

进3路卒是有力的反击手段。如兵七进一，卒7进1，车四平三，车8平3，黑方有反抗机会。

13. 仕六进五　炮8退1（图169）

图169，退8路炮牵制车兵活动，正确。如马3进4，兵五进一，卒3进1，车八平七，炮2平5，车四平六，红方集结重兵，对黑方右路产生很大威胁。

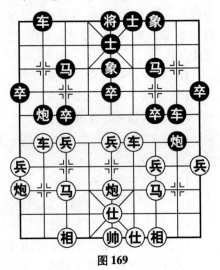

图169

14. 车八退一　车2平3

15. 兵五进一　炮8进1

16. 兵三进一　卒3进1

17. 车四平七　卒7进1

18. 马七进六　炮8平7

跃马抢攻，而不吃7路卒，不给黑方反击的机会。

19. 相三进一　车8平5　　　**20.** 马六进七　车5平4

如车5平7，相一进三，红方可保持稳健的攻势。

21. 马三进五　炮7平2　　　**22.** 马五进六　车3平4

23. 马六进七　前炮进3　　　**24.** 仕五退六　车4进9

25. 帅五进一　车4退7

若马7进6，车七平八，仍是红方胜势。

26. 后马退六　后炮平3　　　**27.** 马七退九　炮3平5

28. 炮五平六　车4平2　　29. 车七平八　车2进3

30. 马九退八　卒7平6　　31. 马六进七　炮5平8

32. 马八进六　卒6进1　　33. 炮九平八　炮2平6

34. 马七进九　炮8退3　　35. 马六进八

红胜。

第170局　赵鑫鑫胜张学潮

1. 炮二平五　马8进7　　2. 马二进三　车9平8

3. 车一平二　马2进3　　4. 兵七进一　卒7进1

5. 马八进七　象3进5

6. 炮八平九　炮2进4 （图170）

图170，不如炮8进4，车九平八，车1平2，车八进六，士4进5，兵五进一，马7进6，炮五进四，马3进5，兵五进一，象5退3，炮九平八，马5退4，炮八进五，马6退7，炮八进一，炮8退2，黑方有一定的对抗能力。

7. 车九平八　炮2平3

应车1平2，车二进六，炮8退1，兵五进一，炮8平5，黑方足可对应。

8. 车二进四　炮8平9

9. 车二平六　炮3平7

10. 相三进一　车8进4

也可马3退5，再马5退3。

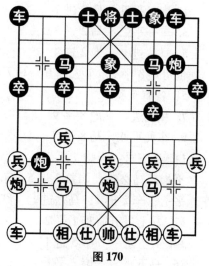

图170

11. 车八进七　士4进5

12. 马七进八　马7进6　　13. 车六平四　卒7进1

14. 车四平三　车8进1　　15. 马八进七　车8平7

16. 相一进三　炮7平8　　17. 炮五平七　车1平2

18. 车八进二　马3退2　　19. 炮九进四　马2进3

20. 炮九进三　炮8平1　　21. 炮七平八　将5平4

22. 马三进四　炮1平3　　23. 马七进九　马3退1

24. 马四进六　炮9平1　　25. 炮九退二　炮3平2

应马1进3，马六退七，马3进2，先弃后取，还可应付一阵。

26. 炮八平六　将4平5

平炮叫将扩大攻势，为先手进马叫将创造了条件。

27. 马六进八　马1进3　　　　**28.** 马八进七　将5平4

29. 炮九退六　炮2进2　　　　**30.** 炮九进四　炮2退5

退2路炮无济于事。不如将4进1，还可应付下去。

31. 兵七进一　马6进5　　　　**32.** 相三退五

以下如象5进3，炮九退二，红胜。

第171局　蔡忠诚胜洪智

1. 炮二平五　马8进7　　　　**2.** 马二进三　车9平8

3. 车一平二　马2进3　　　　**4.** 兵七进一　卒7进1

5. 马八进七　炮2进4　　　　**6.** 车二进四　炮2平7

也可炮8平9，车二进五，马7退8，兵五进一，炮9平5，马七进八，士4进5，各有千秋。

7. 相三进一　炮8平9　　　　**8.** 车二进五　马7退8

9. 车九平八　马8进7　　　　**10.** 炮八平九　士4进5

11. 兵五进一　炮7平3

平炮压马必要。如象3进5，车八进三，马7进8，马七进六，车1平2，车八平七，车2进4，马六进七，红方优势。

12. 马七进五　车1平2　　　　**13.** 车八进九　马3退2

14. 兵五进一　卒5进1　　　　**15.** 炮五进三　象3进5

16. 马五进六　炮3平6　　　　**17.** 炮五退一　马7进5

18. 马三进二　炮6退4　　　　**19.** 马二进三　炮9进4

20. 马三进四　马2进4　　　　**21.** 炮九平六　炮9平4

22. 炮六平三　炮4平7　　　　**23.** 炮五退一　马5进4

退中炮机智。如马六进五，士5进4，炮三平五，炮7平5，仕六进五，将5进1，红方失子，颇为不利。

24. 马四退二（图171）　　炮6进2

图171，应马六进五吃中象，前马退5，马五进七，红方得象之后，再加强中路防守，红方形势占优。

25. 仕四进五　炮6平5　　　　**26.** 炮五进一　后马进2

27. 马二退四　马2进4

应卒 3 进 1 兑兵，局势仍有发展。

28. 炮三进三　　前马进 3

29. 帅五平四　　马 3 退 1

30. 炮五平六　　炮 7 平 4

31. 炮三进一　　马 4 退 6

如马 1 退 3 保马，马四进三，将 5 平 4，马六进八，红方得子占优。

32. 马六进八　　炮 5 平 4

33. 兵七进一　　象 5 进 3

34. 炮六平五　　后炮平 5

35. 马四进六　　将 5 平 4

36. 炮五平六　　马 6 进 4

37. 马六退四　　马 4 退 6

38. 炮三平七　　马 1 退 2

39. 炮七平六　　炮 5 平 4

40. 马八进六　　马 6 退 4

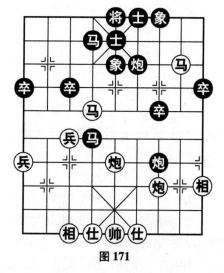

图 171

进马叫将失误。应前炮平五，士 5 进 4，马八进六，将 4 进 1，马六退五，将 4 平 5，炮五平一，象 3 退 5，炮六平五，红方得子胜定。黑方退马失去兑子之机。应马 6 进 4 吃炮，马六进八，将 4 进 1，红方并无杀势。

41. 马六进八

红胜。

第 172 局　　吕钦负赵鑫鑫

1. 炮二平五　　马 8 进 7　　　　**2.** 兵七进一　　卒 7 进 1

3. 马二进三　　车 9 平 8　　　　**4.** 马八进七　　马 2 进 3

5. 车一进一　　象 3 进 5　　　　**6.** 炮八平九　　炮 2 进 4

7. 兵五进一　　车 8 进 1

如车九平八，车 1 平 2，兵五进一，炮 8 进 4，车一平四，士 4 进 5，车四进三，车 8 进 4，炮九退一，炮 8 进 1，炮九平五，炮 2 平 3，车四退一，车 2 进 6，车四进五，车 8 进 2，黑方主动。

8. 车一平四　　车 1 平 2　　　　**9.** 车四进五（图 172）　　马 7 进 8

图 172，如力求稳健可车四进二，牵制黑方过河炮。如马 7 进 8，兵五进一，卒 5 进 1，车四平五，红方主动。

10. 车四平二 马8进7

11. 马三进五 车8平4

应车九平八，牵制车炮，较为稳妥。

12. 车二进一 车4进5

13. 马五退三 车4平3

不如仕六进五，炮2平5，马七进五，车4平5，炮五平四，红方少兵，但仍可对抗。

14. 炮九平八 车2平3

15. 马三退五 马7退5

黑方弃子得势。此时退马吃中兵，反击力度更为强烈。

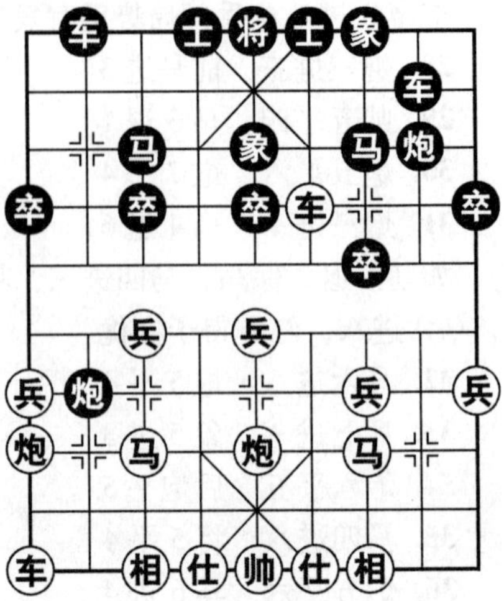

16. 车二平四 卒7进1

17. 兵九进一 士4进5

图 172

18. 车四进一 后车平4

19. 车九进三 车4进8

应炮五平三，象7进9，车九进三，车4进8，炮三退一，化解黑方攻势。

20. 炮五平三 将5平4

出将解杀还杀，是巧妙的反击手段。

21. 炮八退二 车4平2　　**22.** 相三进五 卒7进1

23. 炮三平一 卒7进1　　**24.** 相五退三 卒7平8

25. 车四退六 马5进6　　**26.** 炮一平四 卒8平7

27. 炮四进四 卒7平6　　**28.** 炮四平七 车3退1

29. 炮八进三 车3退2　　**30.** 炮八平六 将4平5

31. 马七进六 车3进2　　**32.** 马六进四 卒6进1

33. 马五进四 车2平4

如前马进六，卒6进1，帅五平四，车4进1，帅四进一，车3进3，马四退五，士5进4，黑胜。

第 173 局　许天华胜李国明

1. 炮二平五 马8进7　　**2.** 马二进三 车9平8

3. 车一平二 马2进3　　**4.** 兵七进一 卒7进1

5. 车二进六 士4进5　　**6.** 马八进七 炮8平9

7. 车二平三　炮9退1　　　　**8.** 炮八平九　车1平2

9. 车九平八　炮9平7　　　　**10.** 车三平四　马7进8

11. 车八进六　卒7进1　　　　**12.** 车四退一　卒7进1

13. 马三退五　象7进5　　　　**14.** 马七进六　马8退7

如车八平七，炮2进4，兵七进一，形成另一路变化。

15. 车四退一　车8进4　　　　**16.** 车八平七　马3退4

如炮2进4，兵七进一，车8平3，车七退一，象5进3，马六退八，车2进6，车四进四，炮7平9，车四平三，炮9进5，车三退一，炮9平5，车三平七，象3进5，黑方有攻势。

17. 马六进五　炮2平4　　　　**18.** 车四进四　炮7退1

19. 车七进二　车8平6　　　　**20.** 车四平三　车2进3

21. 前马退六　车6退2　　　　**22.** 车七平六　车2平6

不如马五进七，仍可稳中占先。

23. 马五进三　卒7进1

24. 仕六进五　卒7进1（图173）

图173，应前车平2加强防守，炮九平七，象3进1，马六进七，马7进6，马七退五，车6平7，马五进六，士5进4，炮五进五，车7退1，车六平三，马4进5，车三进一，车2进6，黑方多子占优。

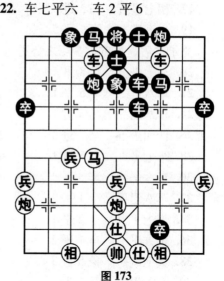

图 173

25. 炮九平七　象3进1

26. 马六进七　象5进3

27. 车三进一　炮4平5

28. 炮五进五　象3退5

29. 马七进九　象5退7　　　　**30.** 马九进七　前车平3

弃子跃马抢攻，黑方虽然有双车马也无法防守。

31. 炮七进四　车6平3　　　　**32.** 帅五平六

红胜。

第 174 局　柳大华负廖二平

1. 炮二平五　马8进7　　　　**2.** 马二进三　车9平8

3. 车一平二　卒7进1　　　4. 车二进六　马2进3

5. 兵七进一　士4进5　　　6. 马八进七　炮8平9

7. 车二平三　炮9退1　　　8. 炮八平九　炮9平7

9. 车三平四　马7进8　　　10. 车九平八　车1平2

11. 马三退五　卒7进1　　　12. 车四进二　炮7进5

13. 车八进六　马8进6　　　14. 马七进六　象3进5

15. 车四退三　车8进6

进车兵线，准备炮7平9打开通道，是稳健的反击方法。

16. 马六进五　马6进5

马六进五失误。如炮五进四，炮7平9，兵五进一，车8平3，黑方也可对抗。

17. 相七进五　马3进5　　　18. 车四平八　炮7平9

19. 马五进七　炮9平5

兑子之后，黑方以多卒之势进入残局的争斗。

20. 马七进五　车8平5　　　21. 前车进一　车2进2

22. 车八进二　车5平1　　　23. 炮九平六　卒7平6

24. 车八退一　马5进7　　　25. 车八平七　卒9进1

26. 仕四进五　马7进8　　　27. 炮六退一　卒1进1

28. 车七平九　卒1进1　　　29. 车九平六　车1平3

30. 车六平八　车3平4　　　31. 炮六平七　卒1进1

32. 车八退四　卒1平2　　　33. 车八平九　卒9进1

34. 炮七平九　卒2平1　　　35. 车九平七　车4进2

36. 炮九平七　卒1平2　　　37. 帅五平四　马8进7

38. 兵七进一　象5进3　　　39. 车七进三　象7进5

40. 车七退一　马7退8　　　41. 车七进二　车4退2

42. 车七平八　卒2平3　　　43. 车八平七　卒9平8

44. 炮七平九　车4平6　　　45. 帅四平五　卒3平2

46. 车七平八　卒2平1　　　47. 车八进三　士5退4

48. 车八退二　卒1进1

黑方弃象冲1路卒，力争尽快形成杀势。

49. 车八平五　士4进5　　　50. 炮九平七　卒1平2

51. 车五平七　卒2进1　　　52. 炮七平六　车6平4

53. 炮六进一　马8进7　　　54. 帅五平四　卒8进1

55. 车七进二　士5退4　　　56. 车七退五　卒6进1

57. 炮六平九　卒6平7 **58.** 炮九进七　将5进1

59. 车七进四　将5进1 **60.** 车七退一　将5退1

61. 车七进一　将5进1 **62.** 炮九退七　车4平6

63. 仕五进四　卒7进1 **64.** 仕六进五　卒8进1

65. 车七退一　将5退1 **66.** 车七进一　将5进1

67. 车七退一　将5退1 **68.** 车七进一　将5进1

69. 车七退四　卒7平6 **70.** 车七平五　将5平4

71. 仕五进四　马7退8 **72.** 车五平六　将4平5

73. 车六退三　马8进6

也可车6平2保卒，仍是胜势。

74. 车六平八　将5平6

75. 车八进六　将6退1

76. 帅四进一（图174）　马6退8

图174，如炮九平四打马，车6进1，帅四平五，车6进2，帅五进一，车6退1，帅五退一，卒8进1，黑方胜势。

77. 帅四平五　车6进2

78. 帅五退一　卒8进1

79. 车八退四　马8退6

80. 相五进七　马6进7

81. 炮九退二　车6平5

82. 帅五平六　马7退5 **83.** 车八平六　车5平1

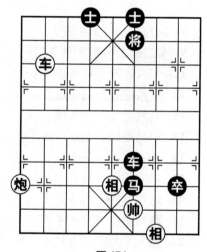

图174

车平1路，可以更好地配合马卒展开攻势。如卒8平7，相三进五，反而不好。

84. 炮九平七　马5进6 **85.** 帅六平五　士6进5

86. 炮七进二　车1平3 **87.** 车六平四　士5进6

88. 车四退一　卒8平7 **89.** 相三进一　车3进1

90. 帅五进一　车3退1 **91.** 帅五退一　车3平4

92. 相七退九　马6退4 **93.** 炮七进三　马4退2

94. 炮七平四　士6退5 **95.** 炮四平三　士5进6

96. 炮三平四　士6退5 **97.** 炮四平二　士5进6

98. 炮二退五　卒7平6 **99.** 车四平八　卒6平5

100. 帅五平四　车4退1

黑胜。

第175局 赵国荣胜胡荣华

1. 炮二平五　马8进7　　2. 马二进三　车9平8
3. 车一平二　卒7进1　　4. 车二进六　马2进3
5. 马八进七　卒3进1　　6. 炮八平九　车1平2

如炮8退1，车九平八，炮2进2，伏炮8平2的反击手段，与红方对抢先手。

7. 兵五进一　士4进5　　8. 车九平八　炮2进1
9. 车二退二　炮8平9　　10. 车二进五　马7退8
11. 车八进四　马8进7　　12. 兵七进一　炮2平3
13. 车八进五　马3退2　　14. 马七进六　炮3进2
15. 马六进五　马7进6　　16. 马五退三　象3进5
17. 前马退四　马6进8　　18. 马四退五　马8退6
19. 炮五进一　马2进3　　20. 相三进五　炮3进1
21. 兵五进一　马6进7　　22. 马五退三　炮3平4
23. 后马进四　卒3进1　　24. 马四进三　卒3平4
25. 前马进二　卒4平5　　26. 马二进三　将5平4
27. 炮九平六　士5进4　　28. 炮五平四　炮9平7
29. 仕四进五　炮7进5　　30. 炮六平三　炮4平5
31. 马三退四　卒5平6

如炮5退2，马四退五，局势平稳。

32. 炮四退二　士4退5
33. 炮四平一　炮5平9
34. 炮一进五　炮9平1
35. 相五进三　炮1平5
36. 帅五平四　马7退9（图175）

图175，马7退9失误。应马7退5加强防守，基本形成和局。

37. 炮三平六　将4平5

如马3进2，红方马四进三，仍难抵抗。

38. 马四进三　将5平4

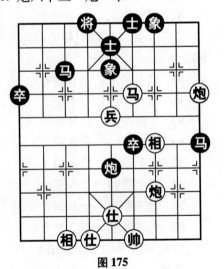

图175

39. 炮一平七 卒 6 平 5 **40. 炮七退五**

红胜。

第 176 局 吕钦胜徐天红

1. 炮二平五 马 8 进 7 **2. 马二进三 车 9 平 8**

3. 车一平二 马 2 进 3 **4. 兵七进一 卒 7 进 1**

5. 车二进六 炮 8 平 9 **6. 车二平三 炮 9 退 1**

7. 马八进七 车 1 进 1 **8. 炮八平九 车 1 平 6**

9. 车三退一 炮 2 平 1 **10. 兵三进一 炮 9 平 7**

11. 车三平八 马 7 进 8 **12. 马七进六 士 6 进 5**

13. 车九进一 马 8 进 9

进左车加强右路防守。如相三进一，炮 7 进 6，炮九平三，马 8 进 9，炮三退二，车 6 进 4，马六进五，马 3 进 5，炮五进四，炮 1 平 5，黑方有一定的反击力。

14. 车八平三 象 3 进 5

15. 车三进一 马 9 进 7

16. 炮九平三 炮 1 退 1

17. 炮五平八 车 8 进 6

图 176，可车 6 进 4 捉马，马六退七，车 8 进 7，仕六进五，车 6 平 3，相七进五，车 3 进 1，炮三平四，卒 3 进 1，黑方形势可满意。

18. 炮八进六 车 6 进 4

19. 炮八平三 车 6 平 4

20. 前炮平九 马 3 退 1

21. 车九平四 车 8 退 5

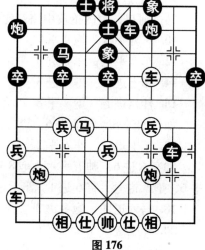

图 176

不如车 8 平 5 吃中兵，炮三平五，士 5 退 6，车四进七，士 4 进 5，车三进三，马 1 进 2，仕四进五，将 5 平 4。黑方形势虽然不令人满意，但还有一定的反击机会。

22. 炮三平五 马 1 进 3 **23. 车四平八 士 5 退 6**

24. 兵三进一 车 8 平 4 **25. 仕四进五 前车平 7**

26. 车八进六 车 7 进 4 **27. 仕五退四 车 4 平 3**

28. 车八退一　车 3 退 1　　　29. 车八平七　士 4 进 5

30. 兵七进一　车 7 退 3　　　31. 兵七平六　车 7 平 5

32. 仕四进五　车 5 平 7　　　33. 炮五平七　车 3 平 4

34. 车七进一　车 4 进 4　　　35. 车三平五　车 7 退 2

36. 车五平九

针对 3 路马的不利因素加以攻击，红方胜。

第 177 局　　申鹏负王斌

1. 炮二平五　马 8 进 7　　　2. 马二进三　马 2 进 3

3. 车一平二　车 9 平 8　　　4. 兵七进一　卒 7 进 1

5. 车二进六　炮 8 平 9　　　6. 车二平三　炮 9 退 1

7. 马八进七　车 1 进 1　　　8. 炮八平九　车 1 平 6

9. 马七进六　士 6 进 5

马进河口，力图抢攻中路，比车三退一吃卒较为积极。

10. 车九平八　炮 9 平 7　　　11. 车八进七　炮 7 进 2

12. 车八平七　车 8 进 8　　　13. 炮五平六　车 6 进 1

14. 车七进二　炮 7 进 3　　　15. 相三进五　车 8 平 7

16. 仕六进五　炮 7 平 8

如仕四进五，车 6 进 6，黑方优势。

17. 车七退三　车 6 平 2

如车 6 进 6，帅五平六，炮 8 进 3，帅六进一，车 6 进 1，炮六平八，将 5 平 6，炮八进七，将 6 进 1，车七进一，红胜。

18. 马六退四　炮 8 进 3　　　19. 相五退三　炮 8 退 6

20. 车七进二　车 7 平 6

如炮六进四，车 7 退 1，炮六平二，车 7 退 1，黑方占优。

21. 马四进三　象 7 进 5　　　22. 前马退二　马 7 进 8

可车 2 进 7，马二进四，车 2 平 3，炮六退二，车 6 平 7，黑方优势。

23. 马二退四　车 2 进 7　　　24. 炮六退二　车 2 平 3

25. 车七退一　马 8 进 7　　　26. 车七平五　炮 8 平 7

如炮 8 进 3，车五退一，马 7 进 5，炮九进四，红方的攻击速度快于黑方。

27. 车五退一　马 7 进 5　　　28. 车五平三　马 5 进 3

29. 马四退六　马 3 退 1

形势简化之后，红方闯过了难关，黑方一时难有杀入的机会，红方多兵的优势逐渐显示出来。

30. 车三平八　马1进3　　　　**31.** 车八退四　马3进1

32. 车八平九　车6退5　　　　**33.** 兵五进一　车6平4

应车6平5，先得实利，较为好一些。

34. 马三进五　车4进3

35. 车九退一（图177）　车4平2

图177，可兵五进一，车4平5，车九退二，车5进2，仕四进五，车3平1，马六进五，红方仍有较多机会。

36. 马五进三　马1退3

37. 马三退四　车2平9

应兵一进一等待机会，黑方双车马难以成杀。

38. 兵五进一　车9平6

39. 兵五进一　卒9进1

可车九平八，车6平2，车八平九，车2平6，车九平八，双方不便形成和局。

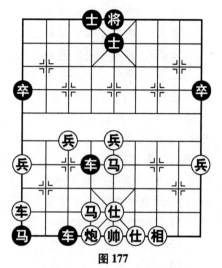

图 177

40. 兵五进一　卒9进1　　　　**41.** 兵九进一　卒9平8

42. 兵九进一　卒8平7

应车九平八，还有反击机会。

43. 兵九进一　卒7进1　　　　**44.** 兵九平八　卒7进1

应车九平八，卒7进1，车八进一，还可防守一阵。

45. 兵五进一　将5进1　　　　**46.** 车九进四　卒7平6

47. 车九平五　将5平6　　　　**48.** 仕五进四　车6进1

49. 仕四进五　车6进1　　　　**50.** 车五退三　马3进1

51. 车五平九　车3退1　　　　**52.** 车九平六　车3退3

53. 车六平五　车3进3　　　　**54.** 车五平六　马1退2

55. 车六平八　车3平4　　　　**56.** 车八平五　车4退5

57. 兵八进一　车4退1　　　　**58.** 兵八进一　车4退1

59. 车五平八　车4平5　　　　**60.** 车八退一　车5进2

双方经过一波三折的争斗，黑方幸运获胜。

第178局 杨德琪负李智屏

1. 炮二平五 马8进7	2. 马二进三 车9平8
3. 车一平二 卒7进1	4. 车二进六 马2进3
5. 兵七进一 炮2进4	6. 兵五进一 象3进5
7. 马八进七 士4进5	8. 炮八平九 车1平4

也可兵九进一，炮2平3，车二平三，炮8进3，车三进一，车1平2，车三进一，炮8平3，车九进三，前炮进3，仕六进五，卒3进1，车三平四，车8进2，车四退三，车8进4，兵五进一，后炮平7，兵五进一，炮7进2，兵五进一，象7进5，车四平五，车2进7，炮五平八，炮7平2，车九平八，炮2平1，车八退三，炮3退1，车五进二，马3退4，车五退四，红方胜势。

9. 车九平八 炮2平3	10. 车八进三 炮3进3
11. 仕六进五 炮3平1	12. 马三进五 炮8平9
13. 车二进三 马7退8	14. 兵三进一 马8进7
15. 兵三进一 象5进7	16. 马五进三 车4进8
17. 炮五平三 车4平3	18. 仕五进四 象7进5
19. 兵五进一 炮9平8	20. 炮三平二 炮8进2
21. 马七进五 卒5进1	22. 马五进六 马3进5
23. 马六进八 车3进1	24. 帅五进一 车3平4
25. 炮九平六 士5进4	

红方及时平炮牵制黑方车的活动，由此控制了形势。

26. 马八进七 将5进1
27. 车八平二 卒5进1
28. 炮六平八 车4平2
29. 炮八平五 卒5平6
30. 炮二进三 卒6平7
31. 炮二平一 将5平4
32. 炮五平六 马5进4
33. 炮一退一 卒7进1
34. 车二进一（图178） 马7进5

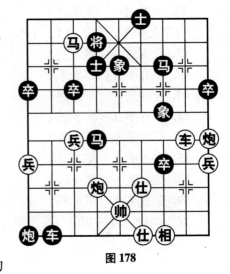

图178

图178，应车二进五打将，使黑将的

活动范围减少，以利于攻杀。士6进5，车二退四，马7进5，炮一平六，马5进4，车二平六，车2退3，帅五平六，以下运炮打士，红方胜势。

35. 炮一平六　马5进4　　　　　**36.** 车二平六　车2退3

37. 帅五平六　炮1平7　　　　　**38.** 炮六平五　车2进2

应炮六进五，将4平5，炮六平九，将5平6，炮九进一，车2退5，车六平四，将6平5，车四平二，红方胜势。

39. 帅六进一　车2退6　　　　　**40.** 炮五进三　卒7平6

应马七进九，车2平1，炮五进三，红方多子优势。

41. 马七进九　车2平1

不如车2进5打将，帅六退一，车2进1，帅六进一，炮7退2，炮五退三，士6进5，炮五平三，车2退8，黑方有谋取和局机会。

42. 车六平四　卒6平5　　　　　**43.** 车四进四　将4退1

44. 车四进一　将4进1　　　　　**45.** 车四平八　车1退1

46. 帅六退一　卒1进1　　　　.

不如卒5平4，消除红方借帅攻击的能力。

47. 车八平二　车1进1

应车八平四，车1进1，车四退一，将4退1，车四退二，红方胜势。

48. 车二退一　将4退1　　　　　**49.** 炮五平六　士4退5

50. 车二进一　象5退7　　　　　**51.** 马九退七　车1平3

52. 马七进九　卒3进1　　　　　**53.** 车二退六　卒5进1

54. 车二平五　卒5平6　　　　　**55.** 车五进五　卒3进1

56. 车五平七　车3平1　　　　　**57.** 车七进一　将4进1

58. 车七平八　车1平3　　　　　**59.** 车八退一　将4退1

60. 车八退一　车3进2　　　　　**61.** 车八平六　将4平5

62. 仕四进五　卒6平5　　　　　**63.** 炮六平五　卒3平4

64. 车六退三　车3进4

黑胜。

第179局　蒋川胜孟辰

1. 炮二平五　马8进7　　　　　**2.** 马二进三　车9平8

3. 兵七进一　卒7进1　　　　　**4.** 马八进七　马2进3

5. 车一进一　象3进5　　　　　**6.** 车一平四　炮8进2

如炮8平9，炮八进二，士4进5，车九进一，车1平4，马七进六，车4进4，炮五平六，车4平2，炮八进三，车2退2，相七进五，车2进5，车四平六，车8进3，车九平八，车2进1，车六平八，卒5进1，红方好走。

7. 炮八平九　卒3进1　　**8.** 车九平八　车1平2

9. 车八进四　卒3进1　　**10.** 车八平七　马3进4

11. 车四平八　车8进1　　**12.** 兵三进一　卒7进1

13. 车七平三　车8平3　　**14.** 马三退五　车2进1

可马4进3，车八进五，车2进1，炮九进四，马3进5，相七进五，炮2平1，炮九平五，马7进5，车八平五，车3进5，车三进五，炮1平3。黑方少象，但子力活跃，可以对抗。

15. 马七进六　车3平6

如炮8退3，形势比较平稳。

16. 马五进三　炮2平4　　**17.** 车八进七　车6平2

18. 炮五平六　炮8退3　　**19.** 炮六进三　炮8平7

20. 车三平四　炮7进6　　**21.** 炮九进四　炮7退3

22. 炮六平九　士4进5　　**23.** 前炮平七　炮7平4

24. 相三进五　车2进2　　**25.** 炮七进一　车2进2

26. 炮九进四　车2退3　　**27.** 炮七退六　车2平1

28. 炮九平八　车1退2　　**29.** 炮八退二　车1进6

30. 马六进八　车1退3　　**31.** 马八退七　前炮平8

不如炮七平三，车1平2，车四进四，马7进6，马八退七，车2退1，马七进六，红方好走。

32. 炮八进二　车1平2

33. 炮八平九　炮8平3

34. 马七进九　车2进5

35. 炮七进一　车2退4

36. 炮七平九　卒9进1

37. 仕四进五　马7进9（图179）

图179，进边马效力太差。应炮4平3，车四平六，马7进6，车六平五，马6退7，黑方足可对抗。

38. 车四平六　炮3平4

39. 马九退七　车2进2

40. 车六平七　前炮平3

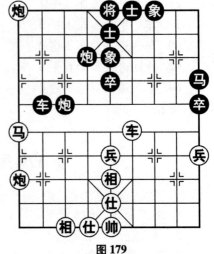

图179

41. 马七进五　炮4平3　　　　　**42.** 车七平九　前炮平5

如马9进7，马五进三，象5进7，车九进二，黑方子力位置不好，谋和不易。

43. 车九进三　炮3平4　　　　　**44.** 后炮平七　马9退7

45. 炮七进六　马7进6　　　　　**46.** 车九进一　马6进8

进马失误。不如炮4退1，炮七进一，车2退6，炮七退四，炮4退1，炮七平四，炮4平1，车九退二，车2平4，车九平五，炮5进2，马五进四，车4进6，车五平八，炮1平3，黑方还可应付。

47. 炮七进一　车2退6　　　　　**48.** 炮七退五　炮4退2

如象5退3，炮七平二，炮4退2，车九退二，车2平1，车九平五，车1进4，炮二进一，炮5进2，马五进四，车1平6，炮二进三。黑方失炮，仍成败势。

49. 炮九平六　车2平4　　　　　**50.** 炮七平二　车4进6

51. 马五退三　车4平5　　　　　**52.** 马三进四　车5平9

53. 炮二平五　车9平8　　　　　**54.** 车九退二　车8退2

55. 马四退三　车8进2　　　　　**56.** 马三进四　车8退2

57. 马四退三　车8进2　　　　　**58.** 马三进四　车8进3

59. 仕五退四　车8退5　　　　　**60.** 马四进三　车8进1

61. 车九退二　士5退4　　　　　**62.** 仕六进五　士6进5

63. 炮五平八　象5退3　　　　　**64.** 炮八平三　象7进5

65. 马三退四　车8退1　　　　　**66.** 马四退五　车8进2

67. 马五进六　车8平4　　　　　**68.** 马六进八　车4平3

69. 相七进九　炮5平7　　　　　**70.** 车九平五　车3退3

71. 马八退七　炮7平5　　　　　**72.** 炮三退一　炮5平3

73. 车五平二　车3平4　　　　　**74.** 车二进二　卒9进1

75. 炮三进五　车4平1　　　　　**76.** 相九退七　士5退6

77. 炮三平一　象5退7　　　　　**78.** 炮一退二　车1平3

79. 车二平三　象3进5　　　　　**80.** 车三退二　车3退2

81. 车三进二　车3进2　　　　　**82.** 车三进三　象5退7

83. 炮一平七　卒9平8　　　　　**84.** 炮七平九　士4进5

85. 帅五平六　士5进4　　　　　**86.** 仕五进四　士6进5

87. 炮九退五　卒8进1　　　　　**88.** 炮九平五　炮3平5

89. 相五退三　炮5平3　　　　　**90.** 马七退五　炮3平5

91. 马五进四　炮5平1　　　　　**92.** 相七进五　炮1平5

93. 相五进七

红方保住仕相，吃去中卒后形成胜局。

第180局 杨官璘负柳大华

1. 炮二平五   马8进7　　　**2. 马二进三   卒7进1**

3. 车一平二   车9平8　　　**4. 车二进六   马2进3**

5. 兵七进一   士4进5　　　**6. 马八进七   炮8平9**

7. 车二平三   炮9退1　　　**8. 炮八平九   炮9平7**

如车九进一，形成另一路变化。

9. 车三平四   炮2进4

进2路炮意在避开熟路。如车1平2，车九平八，马7进8，形成流行布局。

10. 车九平八   车1平2

11. 车四进二（图180）   炮7平8

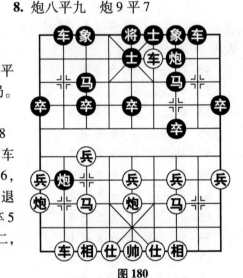

图180，如兵五进一，象7进5，车四退三，炮2退2，车八进四，车8进6，兵五进一，卒7进1，车四进五，炮7退1，车四平三，马7进8，车三退四，卒5进1，马七进五，马8退6，车三进二，马6进5，黑方较为主动。

图180

12. 兵五进一   炮8进5

13. 仕六进五   车8进2

上左仕效果不好。不如炮五退一，炮2进1，兵九进一，炮8进1，相七进五，车8进2，兵五进一，卒5进1，车四退二，红方先手。

14. 车四退四   象7进5

不如马三进五较为积极。

15. 车八进二   车2进4　　　**16. 马三进五   炮8平5**

应兵三进一，炮2平7，相三进一，车2进3，炮五平八，车8进3，马七进五，炮8平5，马三进五，卒7进1，车四平三，马7进6，各有千秋。

17. 马七进五   车8进4　　　**18. 兵九进一   车8平7**

进边兵不利。应兵五进一，形势要好一些。

19. 炮九进一   车7进3　　　**20. 兵五进一   卒5进1**

21. 马五进六　马3退4　　**22.** 车四退一　车2平4

23. 车八进一　车7退4　　**24.** 车四进三　车7平3

25. 相七进九　车3平5　　**26.** 相九退七　车4平3

27. 炮五平六　车3进5　　**28.** 炮六退二　车5平1

29. 车八平二　马4进3

如车四平三，车3平1，炮九进三，后车退2，车三进一，卒3进1，黑方多卒胜势。

30. 炮九平四　卒7进1　　**31.** 炮四退一　车1平6

也可马7进5，炮四进七，士5退6，车二进六，车1平6，仍是胜势。

32. 车四平六　车3退4　　**33.** 炮四平一　马3进5

34. 仕五进六　马5进7　　**35.** 仕四进五　卒7平8

36. 车二平八　车3平2　　**37.** 车八平九　前马进8

38. 炮一平二　车2平5　　**39.** 炮六平八　车5平2

也可马8进6，帅五平六，车5平2，仍为黑方胜势。

40. 炮二退二　马8进7　　**41.** 帅五平六　后马进6

42. 车六平七　车6平4　　**43.** 炮八平七　卒5进1

44. 炮七进一　马7退5　　**45.** 帅六平五　车4平3

46. 车九进三　卒9进1　　**47.** 炮七平九　卒5进1

48. 车七平四　马6进4

黑方胜。

图书在版编目（CIP）数据

五九炮对屏风马：象棋大师精彩实战集锦/方长勤编著. —北京：经济管理出版社，2013.7

ISBN 978-5-5096-2474-6

Ⅰ.①五… Ⅱ.①方… Ⅲ.①中国象棋-对局（棋类运动） Ⅳ.①G891.2

中国版本图书馆 CIP 数据核字（2013）第 104860 号

组稿编辑：张　达
责任编辑：王　琼　史岩龙　曾　辉
责任印制：杨国强
责任校对：陈　颖

出版发行：经济管理出版社
　　　　　（北京市海淀区北蜂窝 8 号中雅大厦 A 座 11 层　100038）
网　　址：www. E-mp. com. cn
电　　话：（010）51915602
印　　刷：三河市沟河印刷厂
经　　销：新华书店
开　　本：720mm×1000mm/16
印　　张：16.25
字　　数：301 千字
版　　次：2013 年 8 月第 1 版　2013 年 8 月第 1 次印刷
印　　数：1-4000 册
书　　号：ISBN 978-7-5096-2474-6
定　　价：32.00 元